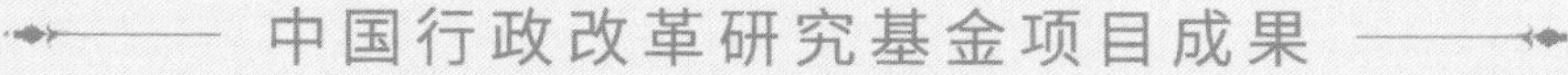
中国行政改革研究基金项目成果

新时代中国特色社会主义行政改革研究

胡仙芝 等／著

XINSHIDAI ZHONGGUO TESE SHEHUIZHUYI
XINGZHENG GAIGE YANJIU

人民出版社

目　录

序

中国特色社会主义进入了新时代。站在新的历史方位上研究中国特色社会主义行政改革，是我国行政学者在新时代的历史担当。《新时代中国特色社会主义行政改革研究》这本书，是2018—2019年度中国行政体制改革研究基金立项资助的重大项目，由中央党校（国家行政学院）公共管理教研部研究员、中国行政体制改革研究会研究部原主任胡仙芝主持，团结课题组的资深学者及年轻学者进行悉心研究的产物。一年多来，课题组日夜兼程、马不停蹄，先后发表了20余篇阶段性成果的论文，探讨新时代中国特色社会主义行政改革的目标、路径、特点以及具体改革领域的经验、存在的问题及对策等等，并有4篇咨询报告在内部刊物上刊登。课题结项后，在取得阶段性成果的基础上，课题组组织撰写了本书，取得了可喜的成果。

本书以新时代中国实现全面小康和建设社会主义现代化强国为背景和起点，认真学习领悟习近平总书记关于新时代行政改革相关论述的精神实质，集中阐述了中国特色社会主义行政体制改革的一系列基本问题：一是关于行政改革的指导原则——必须坚持党的全面领导、坚持以人民为中心、坚持优化协同高效、坚持全面依法治国；二是关于行政改革的核心理念——要注重行政管理体制改革的系统性、整体性、协同性，形成职责明确、依法行政的现代化政府治理体系；三是关于行政改革的主旨议题——在行政改革中如何加强党的领导；四是关于行政改革的重点内容——探索党政机构改革，构建新型党政关系，理顺政府与市场、社会的关系，建设适度有限政府，协同推进“放管服”改革，加快转变政府职能，统筹各类机构设置，建构科学合理的管理体制，创新行政管理方式，增强政府公信力和执行力，再造政府运作流程，构建跨部门协同共享体系，合理配置政府权力，赋予省级及以下政府更多自主权，优化行政层级和行政区划设置，探索跨区域治理模式，直面行政改革动力问题，健全干部激励和保障机制，等等；五是关于行政改革的基本保障——要坚持党的领导和加强党的建设，强化廉政监督和国家监察体制改革，坚持反对腐败，培养忠诚干净担当的高素质干部队伍或公务员队伍。全书立意高远，内涵宏富，重点突出，观点鲜明。

本书对于新时代行政体制改革的诸多思考，都充满了创新的意蕴。如，提出中国特色社会主义行政改革应以习近平新时代中国特色社会主义思想为理论指引和根本遵循，全面深化改革，推进“五位一体”总体布局、“四个全面”战略布局及其方略，瞄准全面建设社会主义现代化强国的目标，有步骤地推进国家治理体系和治理能力现代化。又如，提出新时代行政改革要在坚持制度自信、道路自信、理论自信的基础上明确五个基本原则：一是必须坚持中国特色社会主义方向；二是必须坚持党的全面领导的根本原则；三是必须坚持以人民为中心的原则；四是必须坚持全面依法治国的原则；五是必须坚持优化协同高效的原则。再如，根据国家治理体系和治理能力现代化的要求，中国特色社会主义行政改革的目标必须坚持“五化”：一是国家治理法治化，确保政府依照法律的要求为人民服务，使政府各项权力都在法治的轨道上平稳运行，确保公权力不被滥用。二是权力行使规范化，使每一项权力的职能和责任明晰化，行使中能够制度化、程序化和透明化，建立一整套完备的议事行事规则体系。三是公共决策民主化，公共政策要从根本上体现人民的意志和人民的主体地位，实现多元主体的共同参与。四是组织运转协调化，把现代国家治理体系建成一个有机的制度系统，从横向的管理分工，到纵向的层级节制，构成一个统一整体，相互协调，无缝衔接。五是政府管理高效化，既讲求效果，又讲求效率，使政策有效贯彻落实、财政资金有效使用、公共资源有效配置、公共福利有效增加。尤为重要的是，该书根据行政改革的实际需求和存在的问题，提出了为实现新时代中国特色社会主义行政改革目标的改革路径和方案选择，指出要在全面深化改革中推进行政改革、在国家治理体系现代化中推进行政改革、在坚持以人民为中心的初心上推进行政改革。新时代行政改革的基本路径是坚持法治政府建设、人民回应性政府建设、协调高效政府建设、智慧政府建设、廉洁政府建设等等，并在行政改革与加强党的领导、行政体制改革与机构改革、政府职能转变与“放管服”改革、理顺中央与地方职责关系、政府与市场和社会的关系、依法行政与法治政府建设、数字治理与智慧政府建设、强化廉政监督和国家监察体制改革、高素质干部及公务员队伍建设等主要改革领域，形成了进一步改革的对策思路和措施方法。

本书的谋篇布局和章节结构，实际上建构了新时代我国行政改革的基本范式和理论框架，有助于推动我国公共管理理论的创新与学科的发展；有助于从理论层面认识当前中国行政改革的现状与问题，深化对国家治理体系和治理能力现代化的理解；有助于在全面深化改革大潮中进一步推进行政改革，增强政府公信力和执行力，建设人民满意的服务型政府。

本书汲取和体现了当前我国公共管理学科在学习贯彻习近平中国特色社会主义思想基础上对新时代行政体制改革研究的新认识，是胡仙芝等课题组全体成员辛勤探索的智慧结晶。当然，该书也存在不足之处，对有些问题讨论得还不够深入，相关的改革举措也需要进一步推敲、深思熟虑。期望作者今后继续跟踪研究和深入研究，推出更新的学术成果。

是为序。

中国行政体制改革研究会副会长　许耀桐
中共中央党校（国家行政学院）一级教授

2019 年 7 月

绪 论

2017 年 10 月 18 日，中国共产党第十九次全国代表大会在北京开幕。习近平代表第十八届中央委员会向大会作了题为《决胜全面建成小康社会 夺取新时代中国特色社会主义伟大胜利》的报告，报告郑重宣布：中国特色社会主义进入了新时代。

一、中国特色社会主义进入新时代的重要意义

中国特色社会主义进入新时代是一个新判断，它为中华人民共和国的发展提供了一个新的历史方位。基于新的历史方位，中国发展呼唤新的方略和新的部署。站在党和国家事业发展的全局视野，站在新中国建设 70 周年、改革开放 40 多年历程和十八大召开以来取得的历史性成就和历史性变革的方位上，全面谋划科学发展的国家战略，紧紧围绕实现中华民族伟大复兴中国梦的宏图战略，全面推进改革，需要实施全新的方略，也为我国各方面的改革和社会主义现代化建设事业提出了新的需求。归纳而言，中国特色社会主义进入新时代，主要从以下几个方面凸显出重大意义：

（一）中国特色社会主义进入新时代，意味着中华民族复兴进入新历程。从中华民族复兴历程来看，中国特色社会主义进入新时代，意味着近代以来久经磨难的中华民族迎来了从站起来、富起来到强起来的伟大飞跃，迎来了实现中华民族伟大复兴的光明前景。

（二）中国特色社会主义进入新时代，意味着世界科学社会主义的发展取得新成就。从科学社会主义的发展进程看，中国特色社会主义进入新时

代，意味着科学社会主义在 21 世纪的中国焕发出强大生机活力，在世界上高高举起了中国特色社会主义伟大旗帜。

（三）中国特色社会主义进入新时代意味着国家治理现代化走进新阶段。从人类历史进程看，中国特色社会主义进入新时代，意味着中国特色社会主义道路、理论、制度、文化不断发展，拓展了发展中国家走向现代化的途径，给世界上那些既希望加快发展又希望保持自身独立的国家和民族提供了全新选择，为解决人类问题贡献了中国智慧和中国方案。①

（四）中国特色社会主义进入新时代意味着社会主义现代化强国建设进入新征程。从中国近现代历史和世界历史来看，中国特色社会主义进入的新时代，是中国必将实现中华民族伟大复兴中国梦的新时代，是科学社会主义必将大放异彩的新时代，也是改革开放不断深入、富强民主文明和谐美丽的社会主义现代化强国必将建成的新时代。②

（五）中国特色社会主义进入新时代意味着中国特色社会主义改革进入攻坚克难的新阶段。方位决定方略，在新的历史条件下，要不忘初心，牢记使命。实现中华民族伟大复兴就是新时代中国共产党的历史使命，这也是近代以来中华民族最伟大的梦想。在未来前进道路上，要明确“五位一体”总体布局，要坚决实施“四个全面”战略布局，根据新时代要求，与时俱进，推出诸多新举措，要“一张蓝图干到底”。③ 这个过程不可能是一帆风顺、一蹴而就的，还需要为了实现伟大梦想而进行伟大斗争、建设伟大工程、推进伟大事业。

（六）中国特色社会主义进入新时代意味着中国特色社会主义行政改革也将开启新征程。总之，“中国特色社会主义进入了新时代，这是我国发展

---

① 陈曙光：《新时代的划时代意义》，《人民日报》2017 年 10 月 31 日。

② 马敏：《从历史视角看中国特色社会主义进入新时代》，《人民日报》2018 年 11 月 7 日。

③ 习近平：《决胜全面建成小康社会　夺取新时代中国特色社会主义伟大胜利——在中国共产党第十九次全国代表大会上的报告》，《人民日报》2017 年 10 月 28 日。

新的历史方位”。我们只有深刻把握新时代的历史方位，明确方位才能找准方向，把握大势才能赢得未来。党的十九大在承前启后、继往开来的关键节点上，对我国发展所处历史方位作出新的重大政治论断，为制定党和国家大政方针提供了理论依据，进一步指明了党和国家事业的前进方向，具有重大现实意义和深远历史意义。深刻领会“新时代”的丰富内涵，才能准确把握我国发展新的历史方位，才能更好地肩负起新时代的历史使命，这也是广大行政学者在学习贯彻十九大精神研究和推进中国特色社会主义行政改革过程中所必需明确的一个前提，所必需理解的一个历史时代背景。新时代的中国特色社会主义行政改革是站在新时代的历史方位，全面评估我国社会主义现代化强国建设的客观需求，从国家治理体系和治理能力现代化的目标出发，对行政权力、行政组织、行政体制、行政机制、行政方式、行政文化等一系列的变革。

二、新时代中国特色社会主义行政改革的基本指导是习近平新时代中国特色社会主义思想

有学者提出，自党的十八大以来，以习近平同志为核心的党中央所提出的治国理政新理念新思想新战略已形成了中国特色社会主义的新的理论形态。这些治国理政新理念新思想新战略中包含着一系列新范畴、新观点，并蕴含着严密的理论新逻辑。[①] 党的十九大报告之后，对治国理政新理念新思想新战略又有了新的阐述和实践，与时俱进地增添和丰富了一些新的思想内容。我们把十八大以来尤其是十九大以来习近平总书记提出的治国理政新理念新思想新战略的内容概括和统称为“习近平新时代中国特色社会主义思想”。可以说，习近平总书记是我们中国社会主义进入新时代后的

① 范文：《治国理政新理念新思想新战略的内在逻辑》，《行政管理改革》2017 年第 10 期。

政治领导核心，习近平新时代中国特色社会主义思想是十九大贡献的重要理论成果，是十九大精神的核心内容，是我党和国家必须长期坚持的指导思想。

习近平新时代中国特色社会主义思想的主要内容，就是十九大报告中所提出的“八个明确”和“十四个坚持”。有学者将其概括为十二个方面，包括历史方位、鲜明主题、奋斗目标、发展方式、总体布局、战略布局、发展动力、发展保障、安全保障、外部环境、政治保证、治国理政世界观方法论价值观等方面，具有严密而又开放的内在逻辑，构成其理论的“四梁八柱”及科学体系。① 习近平新时代中国特色社会主义思想的理论框架，是以中国特色社会主义进入“新时代”为历史方位，以坚持和发展中国特色社会主义为鲜明主题，以“新目标”即“分两步走在本世纪中叶建成富强民主文明和谐美丽的社会主义现代化强国”及实现中华民族伟大复兴的“中国梦”为奋斗目标，以“人民日益增长的美好生活需要和不平衡不充分的发展之间的矛盾”为社会主要“新矛盾”，以五大发展为“新发展理念”，以统筹推进“五位一体”总体布局和协调推进“四个全面”战略布局为发展布局，以全面推进国防和军队现代化建设为安全保障，以“构建人类命运共同体”为外交理念，以马克思主义哲学为世界观方法论，以坚持和加强中国共产党的全面领导和全面从严治党的“新要求”为政治保证，以推进国家治理现代化为治理指向，以“以人民为中心”为主体力量和理论灵魂。② 从以上可以看出：习近平新时代中国特色社会主义思想本身包含着关于新时代中国特色社会主义行政改革的相关内容，新时代中国特色社会主义行政改革必须坚持和贯彻习近平新时代中国特色社会主义思想的精神和内容。

---

① 范文：《习近平新时代中国特色社会主义思想的理论框架》，《国家行政学院学报》2018 年第 2 期。

② 范文：《习近平新时代中国特色社会主义思想的理论框架》，《国家行政学院学报》2018 年第 2 期。

（一）习近平新时代中国特色社会主义思想中阐明了“以人民为中心”的治国理政价值观

十九大报告的主题词之一就是“不忘初心，牢记使命”，其含义就是强调为中国人民谋幸福和为中华民族谋复兴，为人类进步事业而奋斗。习近平新时代中国特色社会主义思想中也明确提出了“治国理政为了谁，依靠谁和成果由谁享有”这个治国理政的核心问题。习近平总书记明确提出了“以人民为中心”的光辉论断。要准确把握和充分理解“以人民为中心”的丰富内涵，坚持治国理政为了人民，依靠人民，治国理政的成果和红利由人民群众共享。要坚持以人民为中心的发展思想，不断促进经济社会的发展和人自身的全面发展。要坚持中国梦归根到底是人民的幸福梦。这些指导思想落实到行政管理和改革发展中，也就是要坚持服务型政府的建设，坚持建设为人民服务的政府。

（二）习近平新时代中国特色社会主义思想中阐明了要把马克思主义哲学的创新成果作为治国理政的世界观方法论

习近平新时代中国特色社会主义思想开宗明义是马克思主义继承和创新的成果，“坚持解放思想、实事求是、与时俱进、求真务实，坚持辩证唯物主义和历史唯物主义”[①]，马克思主义是中国共产党人治国理政的世界观和方法论。中国特色社会主义行政改革作为中国共产党领导下的社会主义改革事业，也必须坚持解放思想、实事求是、与时俱进、求真务实，坚持辩证唯物主义和历史唯物主义，也就是说，也必须坚持把习近平新时代中国特色社会主义思想作为中国特色社会主义行政改革的世界观方法论。这也就要求我们在改革的过程中，坚持科学的思维方法，提高战略思维、历史思维、辩证思维、系统思维、创新思维、法治思维、底线思维能力。坚持科学的工作

---

① 习近平：《决胜全面建成小康社会　夺取新时代中国特色社会主义伟大胜利——在中国共产党第十九次全国代表大会上的报告》，《人民日报》2017年10月28日。

方法：加强社会调查研究，准确把握我国经济社会发展的规律性及阶段性特点，保持战略定力；强调妥善处理解放思想与实事求是、整体推进与重点突破、全局与局部、顶层设计与“摸着石头过河”、胆子要大与步子要稳、改革发展稳定等一系列重大关系。① 坚持站在国家治理体系和治理能力现代化的战略高度上系统协调推进中国特色社会主义行政改革，为实现国家治理现代化保驾护航。

（三）习近平新时代中国特色社会主义思想中阐明了中国特色社会主义事业发展过程中的总体布局是“五位一体”、战略布局是“四个全面”

习近平新时代中国特色社会主义思想提出了经济建设、政治建设、文化建设、社会建设、生态文明建设的“五位一体”，这是中国特色社会主义的总体布局。全面建成小康社会，全面深化改革、全面依法治国、全面从严治党是中国特色社会主义的战略布局。在这两者关系中，“五位一体”是总体部署，“四个全面”是主要抓手，两者只有相互联动，相互促进，才能顺利和谐地坚持和发展中国特色社会主义。“五位一体”中，行政改革既是政治建设中的重要组成部分，同时对经济建设、文化建设、社会建设、生态文明建设又起着能动的组织作用，行政管理部门作为执行党和国家意志和决策的重要执行机构，在统筹推进“五位一体”总体布局中是重要的依靠力量，在协调推进“四个全面”战略布局，尤其是全面深化改革和全面依法治国中更是主要的战略主体，必须发挥其积极的必不可少的重要作用。

（四）习近平新时代中国特色社会主义思想中阐明了全面深化改革的总目标和主要内容

十九大报告指出：“全面深化改革总目标是完善和发展中国特色社会主

① 范文：《治国理政新理念新思想新战略的内在逻辑》，《行政管理改革》2017年第10期。

义制度、推进国家治理体系和治理能力现代化。”① 国家治理体系和治理能力现代化是习近平新时代中国特色社会主义思想的重要内容和重大创新，从另一个侧面也说明了中国特色社会主义行政改革必须高度重视国家制度体系及其制度执行力的现代化问题。党的十九届三中全会做出了《中共中央关于深化党和国家机构改革的决定》，统筹推进党政军群机构改革，这是推进国家治理现代化的重要举措，也是实现全面深化改革总目标的重点和关键。党的十九届四中全会通过《中共中央关于坚持和完善中国特色社会主义制度 推进国家治理体系和国家治理能力现代化若干重大问题的决定》。全面深化改革，不管是经济，还是政治、文化、社会、生态方面，体制改革具有根本性的作用，因此，要把制度建设作为关键环节，要破除藩篱就必须改革不合时宜的旧制度，要构建公平正义的利益分配方式，要通过各项改革措施构建有利于经济社会发展和人的自由全面发展的体制机制。因此，全面深化改革重点是要协调推进包括行政体制改革在内的各项体制机制改革，完善和发展中国特色社会主义制度，逐步实现国家治理体系和治理能力现代化。

（五）习近平新时代中国特色社会主义思想中阐明了全面依法治国的总目标和主要内容

“四个全面”战略中提出了全面推进依法治国。十九大报告明确指出，“全面推进依法治国总目标是建设中国特色社会主义法治体系、建设社会主义法治国家。”② 全面依法治国为全面建成小康社会及实现中华民族伟大复兴的新征程营造良好的法治环境，提供有力的法治保障。习近平总书记多次强调，不全面依法治国，国家和社会生活就不能良性运行，就难以实现社会和谐稳定。习近平新时代中国特色社会主义思想中对于依法治国的论述非常清

① 习近平：《决胜全面建成小康社会 夺取新时代中国特色社会主义伟大胜利——在中国共产党第十九次全国代表大会上的报告》，《人民日报》2017 年 10 月 28 日。

② 习近平：《决胜全面建成小康社会 夺取新时代中国特色社会主义伟大胜利——在中国共产党第十九次全国代表大会上的报告》，《人民日报》2017 年 10 月 28 日。

晰，其主要内容包括：全面推进依法治国，坚持厉行法治，推进科学立法、严格执法、公正司法、全民守法；加强宪法实施和监督，推进合宪性审查工作，维护宪法权威；健全党和国家监督体系，实现对所有行使公权力的公职人员监察全覆盖等；不断提升全民族的法治素养和道德素质，坚持以德治国和依法治国相辅相成等。坚持用习近平新时代中国特色社会主义思想来研究中国特色社会主义行政改革，也必然要研究新时代改革中的依法行政、法治政府建设以及监察体制改革等相关内容。

（六）习近平新时代中国特色社会主义思想中阐明了党的建设是新时代改革的政治保证

全面从严治党是“四个全面”战略的主要政治保证，也是习近平新时代中国特色社会主义思想的核心内容。十九大报告强调要“明确中国特色社会主义最本质的特征是中国共产党领导”，还提出了“坚持和加强党的全面领导，坚持全面从严治党，不断提高党的执政能力和领导水平”这一新时代党的建设总要求。总要求阐明了新时代党的建设的主线、统领、根基、着力点、领域和质量等，强调了政治建设在党的建设中的重要地位。强调要全面持续开展反腐倡廉建设，构建不敢腐、不能腐、不想腐的有效机制和长效机制，对腐败零容忍等等，这是对中国共产党党建理论的继承和发展。在全面从严治党的总要求下，习近平总书记又提出了新时代背景下的组织路线和干部路线，提出要全面贯彻新时代中国特色社会主义思想，以组织体系建设为重点，着力培养忠诚干净担当的高素质干部，着力集聚爱国奉献的各方面优秀人才，坚持德才兼备、以德为先、任人唯贤，为坚持和加强党的全面领导、坚持和发展中国特色社会主义提供坚强组织保障。习近平新时代中国特色社会主义思想的这些内容对于在行政系统内推行反腐倡廉，对于在推进党的建设中树立“四个意识”即政治意识、大局意识、核心意识和看齐意识，对于培养忠诚干净担当的高素质干部队伍或公务员队伍都具有直接的指导意义，为研究中国特色社会主义行政改革提供了直接的思想武器和理论依据。

总之，习近平新时代中国特色社会主义思想是经受实践检验的强大思想武器，是全党全国各族人民决胜全面建成小康社会、夺取新时代中国特色社会主义伟大胜利、实现中华民族伟大复兴中国梦的根本指引，是解决举什么旗、走什么路、以什么样的精神状态、担负什么样的历史使命、实现什么样的奋斗目标等关键问题的重要理论指导，是我们研究新时代中国特色社会主义行政改革的基本理论依据。为此，新时代中国特色社会主义行政改革的研究和实践，必须以习近平新时代中国特色社会主义思想为指导，在充分学习贯彻习近平新时代中国特色社会主义思想的基础上，在充分贯彻落实党的十八大、十九大及各次重要会议精神，尤其是贯彻落实十九届四中全会精神，全面掌握和充分理解以习近平同志为核心的党中央的重要论述和主要会议精神的前提下，认真研究中国特色社会主义的行政改革思路和举措，着力推进国家治理体系和治理能力现代化建设。

第一章　新时代要求深化行政改革

党的十九大以来，中国特色社会主义发展进入了新时代，站在党和国家事业发展的战略全局高度，习近平总书记就如何推进国家治理体系和治理能力现代化提出了一系列新思想和新战略。党的十八届三中全会通过的《中共中央关于全面深化改革若干重大问题的决定》明确提出："全面深化改革的总目标是完善和发展中国特色社会主义制度，推进国家治理体系和治理能力现代化。"[①] 不少学者将"国家治理现代化"看作是继20世纪五六十年代工业、农业、国防、科技这"四个现代化"后的"第五个现代化"。[②] 这"第五个现代化"既立足于前"四化"，又对它们进行了扬弃。改革开放40多年，经济取得高速增长的同时，也带来了环境污染、贫富分化、社会道德滑坡等诸多社会问题，民众的关注点从追求经济发展逐步转向要求参与民主政治和渴求实现国家、政府有效治理。在此基础上，习近平总书记适时提出"推进国家治理体系和治理能力现代化"战略，顺应了时代的要求，响应了人民的呼声。然而，国家治理体系与治理能力现代化战略的推进是一项复杂而艰巨的伟大工程，而政府治理能否实现现代化是国家治理现代化战略能否实现的基础与关键，这就需要中央—地方两级政府联动，中央层面负责国家的战略规划，地方政府作为国家权力的执行者，负责把中央的规划贯彻落实到位。站在"两个一百年"奋斗目标的历史交汇点和全面深化改

---

① 《中共中央关于全面深化改革若干重大问题的决定》，《人民日报》2013年11月16日。

② 《外媒：习近平为何提出"第五个现代化"》，中国新闻网，2014年8月14日，http://www.chinanews.com/gn/2014/08-14/6492356.shtml。

革的深水区，如何理解和界定政府治理现代化的丰富内涵，如何选择政府治理现代化的前进目标，如何选择推进和实现政府治理现代化的基本路径，新时代中国特色社会主义行政改革应该做何重要战略选择，这些都是关系根本、关系全局、关系长远的重大理论和现实问题。本章将围绕以上问题，在习近平中国特色社会主义思想和治国理政新理念新思想新战略的相关论述指导下，结合我国社会主义行政体制改革的实际现状和存在的问题，探索中国特色社会主义行政改革需要解决的基本特点、改革目标以及主要路径等基本问题。

第一节　新时代行政改革的基本特点

“中国特色社会主义进入了新时代，这是我国发展新的历史方位。”① 习近平总书记在党的十九大报告中的宣告，既说明了新时代是当前我国行政改革的时代背景，同时也提出了改革的新任务、新起点和新目标。

一、新时代行政改革的新背景和新任务

党的十九大报告对我国当前的背景情况做了很好的论述。在国内形势上，“实体经济水平有待提高，生态环境保护任重道远；脱贫攻坚任务艰巨，城乡区域发展和收入分配差距依然较大，群众在就业、教育、医疗、居住、养老等方面面临不少难题。”② 同时，我国发展的国际环境复杂多变，“全球治理体系正经历深刻变革，世界多极化、经济全球化、文化多样化、社会信

① 习近平：《决胜全面建成小康社会　夺取新时代中国特色社会主义伟大胜利——在中国共产党第十九次全国代表大会上的报告》，《人民日报》2017 年 10 月 28 日。

② 习近平：《决胜全面建成小康社会　夺取新时代中国特色社会主义伟大胜利——在中国共产党第十九次全国代表大会上的报告》，《人民日报》2017 年 10 月 28 日。

息化深入发展，我国的周边地缘政治关系复杂变化，外部环境不稳定不确定因素增多。”[①]以上表明，我国全面深化改革进入攻坚期和深水区，我国改革发展稳定任务繁重，诸多矛盾叠加、风险隐患增多。

以习近平同志为核心的党中央针对国内外形势和环境的变化，运用历史唯物主义和辩证唯物主义，以深厚的战略定力，紧紧围绕中国特色社会主义建设的重大问题，绘制了中华民族伟大复兴的宏伟蓝图。相对这些战略宏图和实施方略，我国行政管理体系和行政机构职能配置及其运行状况与统筹推进“五位一体”总体布局、协调推进“四个全面”战略布局的要求还不完全适应，同坚持和加强党的全面领导的要求还不完全适应，同坚持以人民为中心的发展思想的要求还不完全适应，同实现国家和政府治理现代化的要求还不完全适应。[②]

针对这个新形势，面对新时代发展、改革和治理的新要求，在新时代的历史起点上，中国特色社会主义行政改革迫切需要以发展着的马克思主义为指导，以习近平中国特色社会主义思想为理论指引和根本遵循，全面深化改革，推进“五位一体”总体布局、“四个全面”战略布局及其方略，瞄准全面建设社会主义现代化强国的目标，有步骤地推进国家治理体系和治理能力现代化。为此，新时代中国特色社会主义行政改革必须坚持如下基本原则。

二、新时代行政改革的基本方向和原则

制度自信、道路自信、理论自信是中国特色社会主义的应有品质，新时代中国特色社会主义行政改革，也应该坚持这个基本原则和中国特色社会主义方向。

---

① 习近平：《决胜全面建成小康社会　夺取新时代中国特色社会主义伟大胜利——在中国共产党第十九次全国代表大会上的报告》，《人民日报》2017 年 10 月 28 日。

② 中国行政管理学会课题组：《习近平新时代中国特色社会主义行政管理体系建设思想研究》，《中国行政管理》2018 年第 6 期。

（一）必须坚持中国特色社会主义方向

习近平总书记指出："方向决定道路，道路决定命运"，"全党同志必须牢记，我们要建设的是中国特色社会主义，而不是其他什么主义。"[①] 因此，新时代行政管理体系建设和行政管理改革必须沿着中国特色社会主义道路，实现中国特色社会主义的不断完善和发展。

（二）必须坚持党的全面领导的根本原则

习近平总书记在党的十九大报告中郑重强调党是领导一切的。要保证党在国家治理全过程中始终处于核心领导地位，新时代中国特色社会主义行政管理体系建设必须在党的统筹规划和坚强领导下进行，必须有助于党对国家与社会事务的全面领导。

（三）必须坚持以人民为中心的原则

习近平总书记指出："必须坚持以人民为中心的发展思想，不断促进人的全面发展、全体人民共同富裕。"[②] 坚持以人民为中心，必须做到为人民利益而改革，改革成果由人民共享，改革成绩由人民评判。"一切国家机关工作人员，无论身居多高的职位，都必须牢记我们的共和国是中华人民共和国，始终要把人民放在心中最高的位置，始终全心全意为人民服务，始终为人民利益和幸福而努力工作。"[③] 这是我们党对人民做出的庄严承诺，也是行政管理体系建设必须始终坚持的人民性原则。

---

① 《习近平谈治国理政》第二卷，外文出版社 2017 年版，第 115—127 页。

② 习近平：《决胜全面建成小康社会　夺取新时代中国特色社会主义伟大胜利——在中国共产党第十九次全国代表大会上的报告》，《人民日报》2017 年 10 月 28 日。

③ 《十三届全国人大一次会议在京闭幕　习近平发表重要讲话》，2018 年 3 月 20 日，见 http://www.xinhuanet.com/politics/2018lh/2018-03/20/c_1122566169.htm。

（四）必须坚持全面依法治国的原则

习近平总书记强调，全面推进依法治国，是事关我们党执政兴国的全局性问题，必须加快建设社会主义法治国家。“全面推进依法治国是一个系统工程，是国家治理领域一场广泛而深刻的革命”，①这就表明，全面依法治国是新时代中国特色社会主义行政管理体系建设的根本路径。

（五）必须坚持优化协同高效的原则

习近平总书记强调，“注重系统性、整体性、协同性是全面深化改革的内在要求，也是推进改革的重要方法。”②这就表明，新时代中国特色社会主义行政管理体系建设是复杂的系统工程，需要顶层设计和总体统筹，在改革思路上坚持积极稳妥统筹推进，坚持通盘考虑、左右衔接、上下联动，坚持立足当前、放眼长远；在改革任务中明确党政职能部门分工、明确行政机关横向功能权责划分、纵向财权事权配置；在改革进程中协调各方面协同推进、协同动作、共同努力、形成合力。

三、新时代行政改革的主要特点

站在新时代的历史起点来分析新时代的中国特色社会主义行政改革，我们需要从以下三个方面来把握其基本特点。

（一）在全面深化改革中推进行政改革

实践证明，改革开放是中国共产党在特定中国国情基础上选择的中国特色社会主义现代化建设之路，全面深化改革是新时代中国特色社会主义道路的四个全面基本战略之一。习近平总书记强调，“改革开放只有进行时，没

---

① 《习近平谈治国理政》第二卷，外文出版社 2017 年版，第 124 页。

② 《习近平谈治国理政》第二卷，外文出版社 2017 年版，第 109 页。

有完成时”。① 中国特色社会主义行政改革作为全面深化改革战略的重要组成部分，必然也要遵循习近平新时代中国特色社会主义思想的基本准则，在全面深化改革中得以推进。全面深化改革的总目标是完善和发展中国特色社会主义制度，推进国家治理体系和治理能力现代化。在全面深化改革战略中推进行政改革，必须注意以下几点：

一是要牢牢把握正确方向，也就是要把握好坚持和发展中国特色社会主义的根本政治方向。这个根本政治方向就是要完善和发展中国特色社会主义制度，要坚持中国特色社会主义道路，要明确政治定位，保持政治坚定性。不生搬硬套西方的理论和观点，对涉及道路、理论、制度、文化等根本性的问题，对大是大非的问题，坚持立场坚定、旗帜鲜明，在基本方向正确的前提下，坚持对准目标任务，认清形势和问题，改革其中与改革方向和目标不相一致的问题和阻碍，确保我国行政体制机制符合新时代改革战略目标和要求。

二是要牢牢坚持党的全面领导。中国共产党是全面深化改革的领导核心，也是确保改革取得成功的关键所在。习近平总书记亲自担任中央全面深化改革委员会主任，运筹帷幄，统揽全局，亲自谋划改革的顶层设计、总体布局，形成了集中统一的改革领导体制、务实高效的统筹决策体制、上下联动的协调推进机制、有力有序的督办落实机制。如果没有这些作为保障，行政改革必然会遭遇到各种利益制肘和种种困难；有了党的全面领导，改革才有可能获得全面的成功。

三是牢牢坚持改革开放的正确方法论。对于全面深化改革，以习近平同志为核心的党中央在深入总结和归纳改革规律和特点的基础上形成了一套系统全面而丰富的改革方法论，可以成为中国特色社会主义行政改革的科学指导和行动指南。如，坚持以问题带导向，确保改革积极有效；坚持以法治思维和法治方式推进改革，确保改革步步为营、稳中求进；坚持改革的系统

---

① 中共中央宣传部：《习近平新时代中国特色社会主义思想三十讲》，学习出版社2018年版，第95页。

性、整体性，确保改革取得整体效益；坚持顶层设计和基层探索良性互动，确保全国上下一盘棋；坚持蹄疾步稳推进改革、确保改革有序推进等。

（二）在国家治理体系现代化中推进行政改革

全面深化改革的总目标把推进国家治理体系和治理能力现代化作为重点，中国特色社会主义行政改革必然也要围绕国家治理体系和治理能力现代化这个中心来进行。国家治理体系和治理能力的现代化，是完善和发展中国特色社会主义制度的必然要求，更是中国特色社会主义行政体系的核心目标。习近平总书记在十九大报告中强调，“到2035年基本实现国家治理体系和治理能力现代化，到本世纪中叶实现国家治理体系和治理能力现代化”。① 这是我党对不断提高中国特色社会主义制度有效治理国家的能力做出的重要战略安排，也是为了实现改革总目标安排的时间节点和方法路径。而中国特色社会主义行政改革也必然要从属并服务于这个总目标和总战略的总体安排。

站在国家治理体系现代化目标中推进行政改革，就是要适应时代变化，不断改革不适应实践发展要求的体制机制，不断推进制度创新，使各方面的体制机制更加科学和更加完善。② 习近平总书记在对行政改革的论述中明确指出，“以加强党的全面领导为统领，以国家治理体系和治理能力现代化为导向，以推进党和国家机构职能优化协同高效为着力点，改革机构设置，优化职能配置，深化转职能、转方式、转作风，提高效率效能，全面提高国家治理能力和水平”。③

---

① 习近平：《决胜全面建成小康社会　夺取新时代中国特色社会主义伟大胜利——在中国共产党第十九次全国代表大会上的报告》，《人民日报》2017年10月28日。

② 中共中央宣传部：《习近平新时代中国特色社会主义思想三十讲》，学习出版社2018年版，第99页。

③ 中共中央宣传部：《习近平新时代中国特色社会主义思想三十讲》，学习出版社2018年版，第159—170页。

（三）坚持以人民为中心的行政改革

习近平总书记指出："必须牢记我们的共和国是中华人民共和国，始终要把人民放在心中最高的位置，始终全心全意为人民服务，始终为人民利益和幸福而努力工作。"① 可以说，以人民为中心是新时代坚持和发展中国特色社会主义的根本立场，也是中国特色社会主义行政改革必须始终坚持的一项基本原则。正如习近平总书记所指出的，"不论行政体制怎么改、政府职能怎么转，为人民服务的宗旨都不能变"，"要坚持以人为本、执政为民，接地气、通下情，想群众之所想，急群众之所急，解群众之所忧，在服务中实施管理，在管理中实现服务。要加强公务员队伍建设和政风建设，改进工作方式，转变工作作风，提高工作效率和服务水平，提高政府公信力和执行力。"②

坚持以人民为中心的行政改革意味着改革要服务于人民利益和人民幸福，意味着要依靠人民支持和参与，意味着要把党的群众路线贯彻到治国理政的全部活动中。这也就从另一个侧面提出，新时代的中国特色社会主义行政管理体系必须坚持建设人民满意的服务型政府，必须建设以民生和人民幸福为福祉的民生政府，以人民参与为特点的民主化科学化的公共决策体系，以廉洁节约高效为特点的公共服务和公共管理体系。

第二节　新时代行政改革的基本目标

诚如上文所言，完善和发展中国特色社会主义制度、推进国家治理体系和治理能力现代化是全面深化改革的总目标，那么推进政府治理现代化则是新时代中国特色社会主义改革的首要目标。可以说，国家治理体系和治理能

---

① 中共中央宣传部：《习近平新时代中国特色社会主义思想三十讲》，学习出版社2018年版，第85页。

② 中共中央宣传部：《习近平总书记系列重要讲话读本》，学习出版社、人民出版社2014年版，第88—91页。

力现代化是当前中国特色社会主义建设与发展的重要时代命题，政府治理现代化则是当前全面深化中国特色社会主义行政改革的时代命题。我们可以通过探讨政府治理现代化的需求来探究新时代中国特色社会主义行政改革的基本目标。

一、作为行政改革目标的政府治理现代化

所谓国家治理，是指一国范围内的所有治理，它既包含了政治、经济、社会、文化、生态文明、国防军队和党的建设等各个领域的治理，也包含了政党治理、政府治理、市场治理、社会治理、第三方治理、小区治理、源头治理等各个方面的治理。① 国家治理现代化，一般来说，包含着国家治理体系的现代化和政府治理能力的现代化两个方面。国家治理体系就是在党领导下管理国家的制度体系，从治理结构来看，主要包含六大体系，即经济治理、政治治理、社会治理、生态治理、文化治理和党的建设。这六大体系是一整套密切相关、相互协调的国家制度。从政治属性来看，国家治理体系是在党的政治领导推动下治理国家的一系列制度和程序，其本质是中国特色社会主义制度体系的集中体现。而国家治理能力则是国家治理体系在实践中的绩效体现，是检验一个国家治理体系是否科学、是否合理的重要标志。从逻辑关系看，国家治理能力现代化显然是国家治理体系现代化的目的和结果。

综上所述，政府治理概念是包含在国家治理概念之中的。政府治理是一个体现现代性的概念，根据治理理论研究权威学者詹姆斯·罗西瑙、罗茨、格里·斯托克等人的定义，治理意味着政府管理行为必须符合法治、民主、责任、效率、有限、合作、协调等理念。② 北京大学何增科教授认为，政府

---

① 李莉等：《中国社会治理的制度内核分析：以社会资本为视角》，《武汉科技大学学报（社会科学版）》2015 年第 3 期。

② ［英］格里·斯托克：《作为理论的治理：五个论点》，《国际社会科学（中文版）》1999 年第 2 期。

治理是国家治理的核心地位，是国家治理体系中最重要的子系统。国家治理主要表现为政府治理，但国家治理中还包含了市场治理和社会治理。这三种治理各有侧重，其中市场治理依靠价格机制和竞争机制调节供需关系，引导企业实现利润最大化并提供商品和服务以此来增进社会利益。社会治理依靠志愿机制和自治自律机制来动员资源、提供社会服务以及约束社会成员和社会组织行为以增进社会利益。政府治理则是以合法的强制力量做后盾来动员各方资源、约束各主体行为、提供必要公共服务以增进全社会的公共利益。[①] 因此从“治理”的基本理念出发，我们可以归纳总结并提炼政府治理的定义是，政府治理应是多主体参与下的共同治理，具有“多元共治”的特征。政府治理的主体应该是多元的，除政府之外，企业、社会组织和公民都可以成为治理主体；政府治理的对象也是多元的，包含了政府对于自身、对于市场以及对于社会实施的公共管理活动；政府治理存在强制性，但更多时候是可协商的；政府治理中权力的运行不仅是自上而下的，但更多是平行的；政府治理目的是维护社会秩序，增进公共利益，保障公民的自由和权利。[②] 从这些特征中可以看出，政府治理有两个面向：一是面向政府内部，强调管理的效率和治理的有效性，它以行政效率高、治理能力强为基础，属于有效治理的范畴；二是面向政府治理行为的正当性，以社会对政府约束的有效性为基础，属于民本治理（古代）或民主治理（现代）的范畴。[③] 在中国政治话语和语境中，政府治理概念还应该与我国国情相适应。因此，可以认为，政府治理是在中国共产党领导下，由政府主导，协同多方力量，一起对社会公共事务进行合作管理，接受社会各方对权力运行的监督和制约，其目的在于规范公权力的运作，维护社会秩序，增进公益和福利，保障公民的权利和民主自由发展，达到“善治”的目标。

---

① 何增科:《政府治理现代化与政府治理改革》,《行政科学论坛》2014 年第 2 期。

② 包国宪、霍春龙:《中国政府治理研究的回顾与展望》,《南京社会科学》2011 年第 9 期。

③ 何增科:《政府治理现代化与政府治理改革》,《行政科学论坛》2014 年第 2 期。

那么，政府治理现代化都有哪些基本属性和特征？这里有必要先探讨一下现代化的基本含义。现代化，曾经是特指从农业化到工业化过程中特定的一个历史发展阶段，后来泛指一个由传统走向现代的过程。政府治理现代化指的也是由从传统阶段的政府治理走向现代意义的政府治理的过程。有学者认为，“自 1949 年新中国成立，中国共产党执掌政权、统领国事后，经历了国家统治、国家管理和国家治理现代化的三个发展阶段。从国家统治到国家管理，是重大的历史转折；再从国家管理到国家治理现代化，更是跨越式的飞跃。”① 国家治理现代化比单纯的国家统治、国家管理显得更科学、更文明、更高尚、更进步。在当前的中国语境下谈国家治理现代化，首先必须坚持党的领导，以国家为主导力量，充分调动各方积极性和参与度，充分运用市场力量、社会力量、法治力量和群众力量，不懈追求自由民主公平正义，最终实现国家的法治、德治、共治、自治，实现各项事务治理的制度化、规范化、程序化、民主化。② 那么，在中国特色社会主义走到新时代的过程中，政府治理作为国家治理的主要工具，现代化的政府治理具有的一些基本特征也就理所当然地成为政府治理现代化的主要目标和追求，成为下一步新时代中国特色社会主义行政改革的基本目标。

二、新时代中国特色社会主义行政改革的基本目标

综合以上政府治理现代化的基本特征和要求，新时代中国特色社会主义行政改革的基本目标可以归纳为以下几个方面：

（一）国家治理法治化

在现代国家，法治与国家治理息息相关。法治化是国家治理的基本方

---

① 许耀桐：《应提“国家治理现代化”》，《北京日报》2014 年 6 月 30 日。

② 刘东超：《从中华优秀文化中汲取国家治理现代化力量》，《瞭望》2017 年第 16 期。

式，也是国家治理现代化的重要标志。国家治理法治化是实现国家治理现代化的必经之路。美国思想家潘恩认为，“在专制政府中，国王便是法律，而在自由国家中法律便应该成为国王”。[①] 这充分说明“法治”替代“人治”是社会文明进步的显著标志，法治化在国家治理现代化中是个重要标志。可以说，在政府治理现代化的道路上，法治必然是现代政府治理的基本方式，法治化也必然是政府治理现代化的内在要求。现代法治的核心要义是“良法”“善治”，正是现代法治为政府治理注入了良法的基本价值，提供了善治的创新机制。构建法治政府，就是要求政府依照法律的要求为人民服务，使政府各项权力都在法治的轨道上平稳运行，确保公权力不被滥用。具体而言，法治政府既要做到“有法可依”，又要做到“有法必依”。现代政府治理中的“有法可依”是指，法律应当覆盖社会全方面，法律规范应当清楚明晰，不为权力寻租行为留有监管漏洞，滋生权力的腐败。“有法必依”是指法律的生命力在于执行，政府应该严格按照法律的规范实施法律行为，即“法无授权不可为”。当然，政府治理现代化也意味着法律要根据经济社会的发展变化不断得到完善和健全，要及时修改、废止不合时宜的规定及条文，确保法律规范对于时代发展和现实状况具有强大适应力。

（二）权力行使规范化

政府治理现代化中的“规范化”指的是，按照现代政府制度建设的要求，对国家和社会公共事务进行治理，保障各方面都能得到合理和完善的制度安排。如果说法治化确保了任何公共权力都有法可依有章可循，那么，权力行使规范化则要求公共权力行使中有法必依，违法必究，意味着各项公共事务的治理都必须纳入制度化、规范化和程序化的轨道。“权为民所有”、“权为民所赋”，作为公共权力的代表，政府一旦接受了人民的权力委托，就有责

① 《潘恩选集》，马清槐等译，商务印书馆 1981 年版，第 35—36 页。

任和义务做到“权为民所谋”和“权为民所用”。要想让权力得到正确的行使，就需要建立一整套完备的议事行事规则体系，根据每一项权力对其职能和责任明晰化，使其权力在行使中能够程序化和制度化。如此，方能使公共权力不被滥用。

（三）公共决策民主化

众所周知，民主是现代国家治理体系的本质特征之一，也是区别于传统国家治理体系的根本所在。罗纳德·英格尔哈特指出，现代化的进程与工业社会的进步带来了社会文化的转型，即物质主义的价值观向后物质主义的价值观转型，这种转型会使得民众越发渴求民主制度并在民主制度建立时予以支持。[①] 弗朗西斯·福山也曾谈到民主与善治之间存在着相互促进的关系的观点。可以说，民主就是政府治理现代化中“善治”理念的题中之义。政府治理现代化，必须体现和践行以民为本、依靠人民的民主精神，公共治理和制度安排中要把保障人民当家作主放在首位。所有公共政策要从根本上体现人民的意志和人民的主体地位，实现多元主体的共同参与。在公共治理中，需要公民和社会组织平等、广泛的政治参与，也需要政府立足民众的实际需要，提供更好的公共服务和公共福利。

（四）组织运转协调化

现代化的国家治理体系中，都有一套稳定而高效的公共组织机构以及一套相适应的工作制度。无论是民主选举机制，还是现代文官制度，亦或是权力制衡分工体系，现代国家治理体系是一个有机的制度系统。从横向的管理分工，到纵向的层级节制，从中央到地方各个层级，各种组织结构和制度安排都要作为一个统一的整体，相互协调，无缝衔接。这里既涉及政府与市

---

① ［美］罗纳德·英格尔哈特：《现代化与后现代化》，严挺译，社会科学文献出版社 2013 年版。

场、社会的有机协调问题，更涉及政府内部公共权力的分解和相互配合问题。现代化的专业大分工造成组织机构之间的鸿沟和壁垒，造成一些权力责任分裂脱节和管理服务碎片化、行政组织内卷化和官僚主义等通病，对于后现代化的发展来说，都需要对这些问题进行矫正，确保组织运转协调，反应灵敏，功能正常，服务不断优化和提高。

（五）政府管理高效化

现代化的政府是建立在社会主义市场经济基础上的，效率是市场竞争的一个根本指标，政府管理的高效率同样是现代化政府的一个基本特征。新公共管理、新公共服务都是通过引进市场竞争的方式，力推政府与社会资本合作、创新公共资源配置方式、把竞争引入到公共服务提供中、推进基本公共服务均等化等举措，优化公共资源的配置和利用，其根本原因在于对效率的追求。政府治理能力的现代化也体现了这个指标。建立高效运转的现代政府，不仅是当今世界行政改革的一种趋势，更是我国政府治理现代化的基本方向。高效化政府既讲求效果，又讲求效率。现代化政府治理必然会引进政府绩效管理工具，使政策有效贯彻落实、财政资金有效使用、公共资源有效配置、公共福利有效增加成为善政、善治的一个基本标配。

三、新时代中国特色社会主义行政改革的目标规划及重点任务

党的十九大四中全会提出了坚持和完善中国特色社会主义制度、推进国家治理体系和治理能力现代化的总体目标，同时也规划了中国特色社会主义改革的基本路径和任务节点。根据该决定中的安排，“到我们党成立一百年时，在各方面制度更加成熟更加定型上取得明显成效；到二〇三五年，各方面制度更加完善，基本实现国家治理体系和治理能力现代化；到新中国成立一百年时，全面实现国家治理体系和治理能力现代化，使中国特色社会主义

制度更加巩固、优越性充分展现”。[①] 中国特色社会主义行政制度作为中国特色社会主义制度的主要组成部分，作为国家治理体系的主要支撑体系之一，同样要坚持这个规划，在这个期限内循序渐进、有条不紊地推进。为此，今后的一段时间乃至二三十年内，我国的行政改革都将致力于坚持和完善中国特色社会主义行政体制，构建职责明确、依法行政的政府治理体系，并致力于治理能力现代化的改革，促进国家治理现代化目标的达成。

对于进入十九大以来的中国特色社会主义行政改革，目前明确的重点任务有：

（一）完善国家行政体制

国家行政管理承担着按照党和国家决策部署推动经济社会发展、管理社会事务、服务人民群众的重大职责，科学合理的国家行政体制可以确保决策命令得到有效执行。为此，一定要按照一切行政机关为人民服务、对人民负责、受人民监督的原则，确定科学合理的行政决策、行政执行、行政组织、行政监督体制，并对存在的问题不断进行改革，对体制机制不断进行优化，逐步推进国家机构职能优化协同高效。

在完善行政体制方面，针对当前存在的问题和困难，主要抓好以下重点工作：一是针对政出多门、政策效应相互抵消等问题，着重建立健全部门协调配合机制。二是针对执行力问题，要建立健全强有力的行政执行系统，提高政府执行力和公信力。建设强有力的执行系统。第一，要深化行政执法体制改革，最大限度减少不必要的行政执法事项。第二，要进一步整合行政执法队伍，提高行政执法能力水平。第三，要探索实行跨领域跨部门综合执法，推动执法重心下移，落实行政执法责任制和责任追究制度。第四，要加快推进全国一体化政务服务平台建设，继续创新行政管理和服务方式。三是针对

① 《中共中央关于坚持和完善中国特色社会主义制度　推进国家治理体系和治理能力现代化若干重大问题的决定》，人民出版社 2019 年版，第 5—6 页。

行政效能问题，要千方百计切实提高行政效能，建设人民满意的服务型政府。

（二）优化政府职责体系

新时代中国特色社会主义行政改革的第二个重点任务是优化政府职责体系。科学到位的政府职责体系是加强国家治理的关键要素。现代化的政府治理需要厘清政府和市场、政府和社会的关系，科学界定和完善政府经济调节、市场监管、社会管理、公共服务、生态环境保护等职能。结合我国前期的改革经验，下一步优化政府职责体系方面的改革主要有以下方面：一是科学界定和权威确定政府职能、职权和职责，实行政府权责清单制度；二是深化行政审批制度改革，推进简政放权、放管结合、优化服务，不断改善营商环境，激发各类市场主体活力；三是以国家发展规划为战略导向，以财政政策和货币政策为主要手段，建立和健全就业、产业、投资、消费、区域等政策协同发力的宏观调控制度体系，完善国家重大发展战略和中长期经济社会发展规划制度；四是优化财政管理方面，要完善标准科学、规范透明、约束有力的预算制度，建设现代中央银行制度，完善基础货币投放机制，健全基准利率和市场化利率体系，严格市场监管、质量监管、安全监管，加强违法惩戒。五是公共支出和公共服务方面，要完善公共服务体系，推进基本公共服务均等化、可及性。六是行政管理技术方面，要建立健全运用互联网、大数据、人工智能等技术手段，推进数字政府建设，加强数据有序共享，依法保护个人信息，加强数字政府和智慧政府建设。

（三）优化政府组织结构

国家治理体系的现代化离不开政府组织结构的优化。政府组织和机构的改革将长期是政府治理体系和治理能力现代化的主要途径和任务内容。在政府组织和结构的优化改革方面，还有以下几个方面的任务：一是要推进机构、职能、权限、程序、责任法定化，使政府机构设置更加科学、职能更加优化、权责更加协同。二是要严格机构编制管理，统筹利用行政管理资源，节约行政成本。三是优化行政区划设置，提高中心城市和城市群综合承载和资源优化配置能力，实行扁平化管理，形成高效率组织体系。

（四）健全充分发挥中央和地方两个积极性的体制机制

现代化的国家治理离不开各方面的积极参与和贡献，尤其是离不开中央和地方两个积极性的充分发挥，那就必须建立能够充分发挥中央和地方两个积极性的体制机制，着手进行央地关系的改革和优化。主要内容有：一是不断理顺中央和地方的权责关系，加强中央宏观事务管理，维护国家法制统一、政令统一、市场统一；适当加强中央在知识产权保护、养老保险、跨区域生态环境保护等方面的事权，减少并规范中央和地方共同事权；赋予地方更多自主权，支持地方创造性开展工作。二是按照权责一致原则，规范垂直管理体制和地方分级管理体制。三是优化政府间事权和财权划分，建立权责清晰、财力协调、区域均衡的中央和地方财政关系，形成稳定的各级政府事权、支出责任和财力相适应的制度。四是构建从中央到地方权责清晰、运行顺畅、充满活力的工作体系。

总之，现代化的国家治理要求现代化的政府治理。中国特色社会主义现代化道路选择要求我们认真研究国家治理的现代化之路，并通过政府治理模式变革、政府治理工具更新、政府治理结构优化、政府治理机制完善、政府治理技术革新等方面的努力不断实现政府治理的现代化。新时代中国特色社会主义行政改革，是政治体制改革的重要内容，是推动上层建筑适应经济基础的必然要求，必须随着改革开放的深化和社会主义现代化建设的发展而不断推进。要按照建立中国特色社会主义行政体制改革目标，深入推进政企分开、政资分开、政事分开、政社分开，建设职能科学、结构优化、廉洁高效、人民满意的服务型政府。①

① 中共中央宣传部：《习近平总书记系列重要讲话读本》，学习出版社、人民出版社2014年版，第175—178页。

第三节　基于中国特色道路的政府治理现代化路径选择

实现新时代中国特色社会主义行政改革的目标需要有科学务实的路径和方案选择。站在新时代的历史起点上评估和选择新时代中国特色社会主义的改革目标，需要站在现实的角度充分分析实现政府治理现代化的制约要素，站在历史的角度分析政府治理现代化的历史进程，站在目标与现实的实践结合的角度选择可行的改革路径。

一、实现政府治理现代化的制约要素

改革开放40多年来，伴随着经济体制的转型发展，行政体制的改革进程也在不断推进，政府治理现代化的目标在改革的探索和实践中逐渐清晰，然而制约政府治理现代化的瓶颈要素依然存在。政府职能的定位和政府角色的转变直接关系到政府治理现代化的实现，政府职能转变及行政改革的滞后成为了制约政府治理现代化实现的瓶颈，这一滞后主要体现在三个方面：

（一）治理观念滞后

党的十九大报告、十八大报告指出要“简政放权，创新监管方式”，“推动政府职能向创造良好发展环境、提供优质公共服务、维护社会公平正义转变”，这些提法都为转变政府职能指明了方向。然而，由于制度变迁的路径依赖，政府的治理理念一直滞后于经济社会的发展，尤其体现在政府决策时民主、科学化理念滞后。从无限政府向有限政府转变中，政府习惯大包大揽，“看得见的手”无处不在，过度干预现象时常发生；从管制型政府向服务型政府转变中，政府行政职能依然强大，喜欢用命令、强制等手段管理社会经济事务，不相信市场的自我调节和社会的自我管理能力，不注重培育市场机制和发挥社会组织的作用；从传统型政府向现代型政府转变中，政府治

理的惯常思维仍停留在大搞“运动式”治理，“喊口号”治理，“文山会海”治理。人治思维和长官意识使得政府治理的政策难以稳定、可持续，给我国政府治理现代化进程带来了消极的影响。

（二）治理体制机制滞后

一是运转机制不顺畅。政府机构是政府进行行政管理的载体，是履行政府职能的主体，政府组织机构能否顺畅运行直接关系到政府治理的效能。改革开放40多年来，我国政府先后进行了多次机构改革，通过精简机构设置，完善了组织运转机制，提升了政府行政效能，但组织运转中仍然存在不少“痛点”、“堵点”。由于我国现行的政府机构设置和职能配置形成于计划经济时期，改革的过程就难免受到固有观念的影响，改革惰性较大。加之顶层设计的缺失和制度建设的不足，一方面零碎敲打，顾此失彼，体制改革整体性缺乏；另一方面由于没有完善的制度巩固改革成果，“精简—膨胀—再精简—再膨胀”的怪圈始终存在，组织机构之间职能交叉，争权夺利，推诿扯皮，乱象频生。

二是法治机制不完备。政府职能和权责法定，是构建现代政府的必然要求。“法无授权不可为”、“有权必有责，用权受监督”是政府治理实现法治化和规范化的必然要求。由于我国行政立法起步晚，行政法律体系不健全，导致行政职能立法不足，职能法定程度较低。以往许多行政审批事项的设立是依据行政机关作出的决定、红头文件等法律效力低的规范性文件，这些文件往往笼统且模糊，甚至在一定程度上还同有关行政法律相冲突，使得行政机关拥有较大的自由裁量权，容易出现权力寻租。而政府在推进行政审批制度改革时，又没有根据形势和发展的需要，及时修改或废止一些不合时宜的法律法规，这些问题都会导致改革进程受阻。同时，一些领导干部由于法治信仰缺失、权力思维作祟，没能正确认识和处理权与法的关系。在关系到个人利益的事务上，私利、人情、政绩等不正当因素成为个别领导干部做决策时的主要考虑因素，枉顾实际情况和群众利益，“以权压法”、“以言代法”，有法不依、执法不严、徇私枉法等情况时有发生，个别领导干部不惜以违法的形式来追求自己的利益或政绩，导致法律在实际运用中被权力架空。

三是监管机制不到位。我国的监管机构设置脱胎于计划经济体制，政府监管思路仍停留在传统的监管方式上。一方面重事前审批，轻事中事后监管，政府通过设置审批事项即“发证”的形式，掌握着市场的准入权限，构成了政府对资源配置的重要形式。政府既是准入规则的指定者，又是规则的实施者和监督者，三重身份叠加使得政府可以利用手中的审批权利大肆寻租，而事中事后监管方面，由于一个市场主体的市场行为往往涉及多个政府监管主体，这些主体之间职能交叉，有利可图时“多头执法”、“重复执法”，各部门你争我夺；无利可图时，各部门相互推诿，互踢皮球，导致监管空白出现。另一方面，以罚代管、运动式监管使得政府监管难以持久有效。由于缺乏事中监管，一旦市场失灵就会给人民群众的生命财产造成巨大损失，政府为了“救火”，往往选择用天价罚单的形式惩罚失信市场主体，但这种事后“以罚代管”方式并不能从根本上及时纠正、解决市场失灵现象。同时由于受传统管理思维的影响，政府习惯以专项整治、集中打击、突击检查的运动方式进行监管。这种方式虽然能在短时期内整合执法资源，集中精力解决市场问题，但是却没有形成一种长效的监督机制，这会让部分企业产生侥幸心理，认为“一阵风”过去，又可以从事违法行为。长此以往，监管机制的不到位不但会严重影响我国市场机制的健全，还会严重制约我国政府治理现代化的进程。

（三）治理方式滞后

信息化时代的到来让政府信息化建设成为现代政府建设的重要组成部分，信息化以其高效快捷、传播迅速的特点迅速成为各国政府促进政府管理能力、科学决策能力和公共服务能力提高的重要方式。而我国信息化建设起步晚，政府利用信息化提升治理能力的水平还相对滞后。一方面，信息系统建设不够，信息碎片化，服务割裂化状态需要进一步改革。一些政府部门由于利益冲突和共享理念的缺乏，喜欢以部门为中心，各自为政，信息化仅停留在自建、自用上，不愿共建、共享。这样一来就造成了一系列只能自我展示，无法互动运行的“信息烟囱”、“信息孤岛”，不同部门之间的业务不能协同，内部数据无法共享，极大地影响到政府为群众提供高效便捷的服务，也使得电子政务重复建设，投资浪费现象严重。另一方面，当前我国政府的信息化建设主要针对部门内部业务流程，应用服务水平较弱，只是简单地把信息公开，无法满足人民群众迫切期盼的在线服务需求，政府能够提供的网上办理事项，“不见面审批”事项还很少。与此同时，由于缺乏完善的电子政务法律法规，数据领域缺乏信息安全等级的划分、数据质量的保障、数据采集的标准等，都对信息共享造成很大困难。

政府治理理念、治理体制和治理方式的滞后成为制约政府治理现代化发展的瓶颈要素，如何转变治理理念，理顺治理体制，改进治理方式成为当下我们推进政府治理现代化急需解决的问题。

二、中国特色政府治理现代化道路之选择

在世界近现代现代化的历史中，可以看到西方政府治理实际上经历了两次现代化的进程。有观点认为，近代以来西方政府治理现代化第一次是出现在西方资产阶级在领导民众开展反对君主专制主义政权的民主革命过程中，而20世纪90年代以来伴随着西方治理理论兴起的第二次政府治理现代化，则是对近代以来形成的现代政府体制的一次“再现代化”或“后现代主义”改造，是在政府现代化基础上的政府治理现代化。它既是对20世纪70年代末至80年代兴起的政府改革运动的理论总结，又是一种新的治理现代化的理论范式，其核心是形成一种新的政府治理理论。①

① 何增科：《政府治理现代化与政府治理改革》，《行政科学论坛》2014年第2期。

（一）世界政府治理的第一次现代化

从世界历史的视野中看，英国、美国、法国等发达国家的国家治理现代化进程在现代化的时间和速度上先于中国。西方政府治理的第一次现代化，在时间上大致相当于我国的近代化时期，它沿着政府的民主治理和有效治理两个维度展开。其主要过程及相应的制度创新主要有三：

第一，开展民主革命，反对君主专制主义，逐步建立民主政治制度，实现政府治理民主化。首先，建立代议制政府。在“主权在民”、“君权神授”的思想指导下，西方资产阶级在与王权的斗争中取得胜利，代议制机关成为政府的控制者。政府预算开支、机构设置、税收征收以及重要法案都必须经过议会表决通过，这就意味着政府不再是国王的政府，而变成了代议制的政府。其次，建立宪政政府。在王权与议会的较量中，宪法成为国家治理的最高权威，法院逐渐脱离王权成为独立的国家机构，实现司法权和行政权的并立，确立起立法、行政、司法三权分立的原则，使政府成为在宪法和法律制约下的立宪政府和法治政府。再次，建立民选政府。在代议制政府和立宪政府逐步形成的过程中，国王逐渐失去对政府的控制，政党成为代表民众控制政府的工具，政党政府取代国王政府，随之确立起执政党向议会或选民负责的责任政府体制。20世纪以来，西方各国政府相继实现了自由的、竞争性的普选，成为民选政府。在这个过程中，代议机关对政府的约束、宪法和法律对政府的约束、民选政府的责任制约束促使政府要向社会负责、向民众负责，从而将民本主义的理想诉求转化为民主治理下政府及其官员的内在要求。最终政府治理的民主化，带来了政府治理的规范化、法治化、责任化、廉洁化。

第二，根据马克斯·韦伯科层制的组织原则，改造政府组织，建立现代科层制政府，实现政府的有效治理。近代以来西方政府最重要的成果是按照现代科层制（又被译为官僚制）原则对政府组织进行改造，建立起现代科层制政府。而现代政府组织的产生也成为国家由封建走向现代的重要标志。马克斯·韦伯根据组织权威的类型将组织分为神秘化的组织形态、传统的组织形态和合理化—法律化的组织形态三种，三种形态中存在各自不同的权威，其中：神秘化的组织对应着“超凡魅力型”权威，体现为对领导者的人格魅力、品格和行为的狂热崇拜与绝对服从；传统组织对应着“传统权威”，主要体现为世袭制与家产制；合理化—法律化组织则对应着“法定权威”，它以组织内的各种规则作为领导权威的基础，基于合理、合法的规章制度。人们相信，拥有权威的人在法律规则下有发布命令的权力，且发布的命令都要受规章制度的约束。建立在这种合理—合法的权威基础上的组织就被称为现代科层制组织，并具有如下目标：一是组织内部分工明确，组织手段和组织目标相匹配；二是组织内部严格层级化管理，明确上下级的命令—服从关系；三是组织内部成员之间是理性的，严格按规则和程序办事，表现出非人格化特征；四是官员在任命前要经过专业培训，取得相应资格后才能参加行政管理工作；五是建立行政管理档案制度；六是公私财产分开，办公场所同住所分开，行政管理班子同行政管理的物资和生产完全分开；七是根据才能选拔人才。根据考试成绩或专业资格证书招聘人员，根据评资或业绩决定职务升迁；八是组织内部按照规则和程序进行控制，组织成员要严格遵守法令和规章制度，照章办事。① 按照这个目标，西方政府治理现代化的过程，着重对政府组织进行科层制改造，进入了讲效率、专业化、高效化的现代组织管理状态，告别了国王家产和公产不分、国王私仆与国家公仆不分、带有职位世袭和传统权威特征的前现代政府组织形态。

第三，发展现代文官制，政治与行政适度分离，形成现代政府治理体系的人力保障。19 世纪中后期“政党分赃”体制的弊端日益凸显，执政政党的更替带来大规模的政府职员更换，导致政府政策难以延续、政府管理难以专业、政府官员行为的短期化和政治投机行为盛行、腐败现象猖獗。其后，美英两国政府率先对政党分赃体制进行改革，区分政治和行政，限

① 姜明安：《行政的现代化与行政程序制度》，《中外法学》2008 年第 1 期。

制政治边界，将职业政治家和职业文官分开管理，建立现代公务员制度。在官僚与政客两分之下，政治家作为一种将公众意志上升为国家意志并加以表达的职业，由民意代表（议员）、民选和政治任命的政府领导人构成，他们通过连选连任的激励约束机制来开展自己的政治职业生涯。行政管理则是对国家意志的执行，它被承认为一种具有专业技术含量的事务性管理职业，职业文官（又称事务类或业务类公务员）则通过考试录用、考绩晋升、专业培训、职责法定、常任制来保障其职业生涯的稳定性，进而保障行政管理的专业性。职业文官作为政策的执行者，要不折不扣地执行职业政治家确定的政策，接受职业政治家的领导，同时又不受党派更迭影响，在履行职责过程中保持“政治中立”。法官也成为一种专门的职业。为保证司法的公正性和独立性，法官普遍实行无过错终身任职制、高薪制和职业资格制度等。这种现代化的过程保障了政府治理效率的持久性和稳定性，为政府管理的有效性、公共政策的稳定性和公共服务的公平化提供了一种制度保障。

总之，从历史上政府治理第一次现代化的进程，与公共行政学科的产生和发展历程基本一致，通过宪政、法治和民主国家的构建实现民主治理，同时通过现代科层制政府和现代公务员制度的建立，提高了政府治理的专业化水平和行政效率，从而提高了政府对社会管理的有效性，实现了政府有效治理。政府治理的第一次现代化在民主治理和有效治理方面建立了基础性的制度，保证了对公共权力的刚性约束，保障了公民的自由和权利，形成了政府、社会、公民等现代治理框架体系。但这时政府对社会的管理还是一种政府的独自治理，是一种建立在命令—控制基础上的科层式治理，政府尚未重视联合社会力量进行合作管理。同时，政府治理的民主化程度也有待进一步提高。公民除了参与选举以及依靠议员和代议制机构表达意见外，对政府治理过程的了解和参与明显不足。对行政管理专业性的强调和相对封闭的政府内部决策过程，在很大程度上排除了公民对行政决策的参与，这些都需要进行再次现代化的提高和变革。

（二）世界政府治理的第二次现代化（后现代化）

20世纪中叶起，西方发达国家普遍实行“福利国家”制度。但20世纪六七十年代以来，石油危机、经济滞胀、政府财政危机、公共服务效率不彰等因素叠加，导致社会普遍不满，政府治理变革迫在眉睫。人们开始推崇自由市场，批判“福利国家”，主张用市场过程取代政治或政府过程来配置社会资源并且做出相应的制度安排。公共企业的私营化、公共服务的市场化、公共部门之间的竞争、公共部门与私人部门之间的竞争，广泛进入西方国家的政府改革策略。市场化改革在为政府减负的同时也要求政府放权。私营企业优良的绩效管理和先进的管理方法，成为政府管理创新的可行选择。1980年，英国撒切尔政府进行以“财政管理创新”为中心的改革并推行缩小政府规模，其后梅杰政府（“公民宪章运动”）、布莱尔政府（“第三条道路”）继续推进政府改革，进一步发挥市场化作用。1988年，新西兰开始了以“政府部门法案”为蓝本的改革。1989年，加拿大成立“管理发展中心”，次年发布《加拿大公共服务2000》的政府改革指导性纲领。1993年，美国成立“国家绩效评估委员会”用于指导政府改革。以上改革的共同特征在于，努力发挥市场机制在公共服务供给中的作用，积极借鉴私营企业管理技术和方法，提升政府管理能力和公共服务能力。

与改革同步发展的是，20世纪60年代以来，西方公共行政理论经历了一个从经典行政理论向新公共行政理论、新公共管理理论和新公共服务理论发展演进的过程，并形成了新的公共治理理论。新公共行政理论倡导将社会公平而不是效率当做公共行政的核心价值，倡导民主行政，倡导建立回应性强、应变灵活、顾客导向的政府组织形态等。新公共管理理论提倡顾客至上的价值理念，主张政府的职能是“掌舵”而非“划桨”，倡导在政府管理中引入竞争机制，强调追求效率，建议改造公务员制度增强其政治敏锐性，推动创建有预见性和事业心的政府。新公共服务理论认为，公共管理者应该集中精力于承担为公民服务和向公民放权的职责，他们的工作重点应该是建立具有较强整合力和回应性的公共机构。新公共治理理论在吸收新公共管理理论、公司治理理论和全球治理理论并总结发达国家政府改革实践基础上，以公共治理为研究对象形成了一种新的治理范式。这四种理论既是政府治理第二次现代化的指导理论，同时也是西方政府改革实践运动的理论成果结晶。它是对第二次世界大战后西方发达国家为应对信息化等后工业社会的挑战而展开的政府治理的第二次现代化努力的理论总结，同时又对现实生活产生了深远的影响。这种新的治理范式论述的内容范围广泛，涉及政府治理模式变革、政府治理工具更新、政府治理结构优化、政府治理机制完善、政府治理技术革新等诸多内容，为西方政府当前的“后现代化”的公共治理和政府治理提供了诸多理论准备和治理工具，成为政府治理能力现代化的强力保障。

（三）基于中国特色道路的政府治理现代化路径选择

习近平总书记对当前中国所处的现代化发展阶段和任务，做出了新时代、新阶段、新任务的伟大判断。对于中国的政府治理现代化来说，目前还没有一个完全可以抛弃过去重新开始的起点，当下还需要正视和面对现代化和后现代化“两化叠加”的问题。南开大学副校长、博士生导师朱光磊曾撰文指出，中国治理最难的问题之一就是：中国当前在治理上要面对现代化、后现代化叠加的问题，也就是说，既要面对现代化的问题，又要面对后现代化的问题。实际上，从治理的角度，现代化阶段主要解决的是管理问题；后现代化阶段主要解决的是服务问题，大体上相当于服务型政府和公共服务的概念。① 因此，在现代化、后现代化“两化叠加”的特殊历史时期，中国的政府治理现代化必须和西方有不同的目标设定和路径选择。

一方面，中国特色道路决定了中国政府治理现代化之路有着特殊的阶段站位。首先，在目标上，推进政府治理现代化必须立足于本国国情，建立与经济发展水平相适应的现代化治理体系。只有与经济发展水平相适应的政府

① 朱光磊：《“两化叠加”：中国治理面临的大难题》，《北京日报》2016 年 10 月 24 日。

治理才是行之有效的治理。习近平总书记提出了新时代中国特色社会主义思想，以促进社会公平正义、增进人民福祉为出发点和落脚点，要切实结合新时代我国经济发展进入新常态的发展情况，针对我国当前存在的政府治理问题，设计政府治理的目标、改革的内容和方向，努力开拓有中国特色的社会主义政府治理体系。新时代中国特色社会主义行政改革的目标必然是兼顾现代化和后现代化不同阶段的目标，为此既有治理现代化中的管理现代化问题，同时也有面向公共服务的有效治理问题。政府治理现代化兼顾民主治理和有效治理的双重目标。

另一方面，中国特色道路决定了中国政府治理现代化之路有着特殊的目标设计。由于在阶段上，与西方政府治理的两次现代化进程不一样，我国政府治理的目标一定是多目标齐头并进的目标体系，有效治理、民主治理要紧密结合，政府治理、市场治理和社会治理要良性互动，公民参与和法治政府要互相促进，政党领导、政府主导、社会组织参与、市场运作机制灵活，公共管理和公共政策要走法治化、高效化、灵动化和智慧化的现代化道路。中国特色道路决定了中国政府治理现代化之路必须面向未来面向现代化推进政府治理现代化，不仅要兼顾经济社会的客观要求，同时要采用新的历史发展趋势和有利的科学技术条件，发挥最新的生产力要素和管理要素，努力促成符合历史趋势和现代化要求的政府治理模式变革、政府治理工具更新、政府治理结构优化、政府治理机制完善和政府治理技术革新，以此形成更加高效的政府治理能力，以此来推动民族的复兴和国家的崛起，助力中国梦的实现。

第四节　新时代行政改革目标实现的基本路径

全面深化改革是我国新时代建设中国特色社会主义现代化的基本道路，全面深化中国特色社会主义行政改革是实现我国政府治理现代化的基本途径。站在新时代的历史转折关头，我们对西方政府治理两次现代化的基本进路既要有借鉴，更要有扬弃。笔者认为，正视“两化叠加”的客观现实和现实中的改革难题，推进全面系统的行政体制改革，主要是通过法治政府（责任政府）建设加强政府治理的法治化、规范化和科学化；通过回应性政府（服务型、民主参与型政府）建设实现政府治理的民主化、灵动化；通过协调政府、效能政府建设提供政府运转高效率；通过智慧政府（现代政府）建设实现政府治理的现代化；通过廉洁政府建设实现人民政府、廉洁政府等目标。

一、法治政府建设

基于政府治理在国家治理体系中的特殊地位，党的十八届四中全会明确提出“坚持依法治国首先要坚持依宪治国，坚持依法执政首先要坚持依宪执政”①，清楚地表明国家治理的关键在于“依法治国、厉行法治”。因此，要求我国政府治理必须尽快全面地完成现代化、法治化转型，彻底步入规范化治理形态。

建设法治政府，意味着要限制政府权力，明确权力边界；建设有限政府，意味着要公开权力清单，在公开透明中确保权力规范运行；建设责任政府，意味着要责权利相统一，让责任与权力始终相伴随。否则，绝对的权力绝对导致腐败”，权力失去制度规范，失去监督制约，处在制度的笼子外不受约束，就会被任性滥用。实现从管制型政府向服务型政府转变就要努力建设有限政府、责任政府、透明政府。首先，构建法治政府要求建设“有限政府”。一方面，政府权力的范围是有限的，另一方面政府对权力的使用也应该是有限的，政府权力的行使必须严格在制度的轨道上运行。其次，构建法治政府需要政府的透明公开。透明公开是民主集中的重要体现，它不仅维

① 《中共中央关于全面推进依法治国若干重大问题的决定》，《人民日报》2014 年 10 月 29 日。

护了人民参政议政的权利，还有助于进一步实现政府的顺利转型。1913 年，时任美国最高法院的大法官路易斯·布兰代斯曾说“透明度是社会和经济问题的最佳药品，毋庸置疑，阳光是最好的防腐剂，只有透明才能产生公平和公正。”① 因此，我们要把政府的权力暴露在阳光下，让权力在社会的知晓、监督和评判中运行，切实保障民众的知情权和参与权，促进公民、社会共同实现对国家的治理。再次，建设责任政府，有权必有责，用权受监督，必须对决策实施者实行终身责任制，用制度管住决策权，确保决策者正确行使决策权，用责任约束决策者，在发现决策失误后能及时启动问责机制，用机制激励决策者，调动决策者干事创业的动力和活力，最终将为人民服务的理念落到实处。

二、回应性政府建设

回应性政府是指在民主政治的框架下，通过法定程序组建的、以为公众服务为宗旨、积极响应并满足公众需求的政府。② 政府能否有效回应民众的需求和诉求关系到政府治理质量的核心问题，政府的回应性是政府治理的责任所在，也是政府治理民主化的必然要求和具体体现。美国著名政治学家罗伯特·达尔就提出：“民主政治的一个关键特征就是政府能够持续地回应民众的偏好。”③ 在我国传统的政府治理中，政府对公民和社会的回应度偏低，公民与社会的诉求得不到及时回应而积聚的矛盾导致民众和政府冲突不断，严重影响我国社会的和谐发展。而一个治理现代化的政府，应该是一个能够

---

① 徐思远：《促进建立“四个政府”推进治理现代化——基于国家审计的功能视角》，《财政监督》2017 年第 6 期。

② 王成兰等：《回应性政府：构建和谐社会对政府治理模式的必然要求》，《探索》2005 年第 5 期。

③ Robert a Dahl. *Polyarchy: Participation and Opposition*. New Haven: Yale University Press. 1971: 1.

对社会、对市场需求作出积极回应的政府，即要构建回应性政府。一方面，我们要实现政府的“善治”。在“善治”视域下，治理主体是“善治”的重点，政府要有自我改造、自我革命的能力，重构治理主体的内在结构，改变传统理念中一直被当做治理客体的社会组织与公民，按照善治的要求，重构治理关系，使它们以治理主体的身份参与到治理之中，保证社会组织和公民等多元治理主体，根据政府治理体系的分工，进行有效地资源输出，分化治理权能，共担主体责任，达到多元和谐共治，促进社会发展的目标。另一方面，要加强推进服务型政府建设。服务型政府建设是以公民需求作为本位，以公共服务和公共产品提供作为权力归属的一种政府类型，政府治理现代化的民主化需求必然是以人民为本位，以公共需求作为宗旨，以公民权利的保障和公共福利的供给作为其合法性合理性的基础。作为基本的政府职能内容，政府治理现代化必须是以服务型政府建设作为基本方向，以此来体现政府治理能力的不断提高和现代化水平。

三、协调政府建设

科层制官僚体系虽然是现代化的专业分工的必然结果，但结构僵化、部门分割、组织碎片化、文牍主义、官僚主义等官僚病却不能成为现代化的特征，而且是我们需要克服和批判的。服务型政府的建设要求政府提高全天候无缝隙的政府公共服务，新时代新阶段提出的高质量发展的要求，对公共服务的品质也提出了全新的要求。我们要提供全时间全空间高品质无缝隙的政府公共服务，必须以协调的政府组织体系、灵活的政府响应运转机制作为基础。为此，致力于协调政府建设是后现代化的一个基本内容。主要途径和措施有：一是尽可能在顶层设计上着眼于整体建设，利用全局的眼光和思维对国家治理和政府治理进行规划；二是在政府组织机构改革中，尽可能采用大部门体制和综合服务机构，增强政府之间的协调性和联动性；三是机制建设方面要适应现实需要进行权变创新，引进创新战略，在政府治理中不断实现机制创新；四是利用新技术力量促进公共服务措施的现代化，利用信息技术等非物理手段，构建全天候全空间标准化的公共服务平台，也就是智能化的服务。

四、智慧政府建设

随着现代经济社会发展，政府需要管理的事务日益纷繁复杂，传统政府的管理模式在新形势的发展面前难以为继，时代发展呼唤建立更加高效智能的智慧型政府。智慧政府是指利用云计算、移动互联网、人工智能等技术，提高政府办公、决策、服务、监管的智能化水平，从而形成高效、便民的新型政府。现阶段围绕推进政府治理现代化的目标，建设智慧政府应当统筹发展，构建一体化的电子政务服务平台，打通信息壁垒，在各级政府间建立信息资源共享体系，更好地为社会提供优质公共服务。一要坚持以信息化为导向，大力推广电子政务。习近平总书记强调“没有信息化就没有现代化”，十八大提出了建设“网络强国”的战略目标任务，构建智慧政府，必须要坚决贯彻落实中央精神，推进国家信息化战略、打造一个跨层级、跨地域、跨部门、跨业务的公共服务平台。二要推广应用物联网技术，建设政府云计算数据中心，组织开发政府 App，实现随时、随地处理政府公务，提高政府的监督管理水平和应急反应能力，减少突发状况下人民的生命和财产损失。三要依托“互联网 +”大数据的高新技术手段，打造智慧政府 3.0 版。依靠技术创新驱动政府治理精准高效，建立健全大数据采集、存储、分析、挖掘机制，同时实现依靠技术创新驱动治理协同共享，建立系统高效的协同化治理机制，实现协同与合作，实现政务信息资源的优化配置，降低政府管理的成本，提升政府治理的质量和效率。四要加强干部培训力度，推广智慧政府技术的有效应用，发挥智慧政府在经济调节、市场监管、社会管理和公共服务中的功能作用，努力实现政府职能的智能化、网络化、数字化、精细化和政府治理的现代化。

五、廉洁政府建设

打铁还需自身硬，任何一个时代的政府，廉洁、廉价都是人民对其政府的一个基本要求，也是市场机制对政府治理的一个基本约束。因此，加强政府自身建设，加强政府自我约束，加强廉洁政府、廉价政府建设都是政府治理现代化的基本条件和途径。在这个方面，中国共产党作为执政党，有着清醒的认识和深刻的体验，也有着坚强的信心和全面的举措。党的十八大以来，全面从严治党，实现政治清明、政府清廉是新一届领导集体达成的共识。政府治理过程中应时刻与党中央保持高度一致，坚决贯彻执行改进工作作风、密切联系群众，坚决开展反腐败斗争，“老虎”、“苍蝇”一起打。坚决拥护和贯彻中央巡视制度，经常化对权力进行监督，坚决贯彻《党内问责条例》和《党内监督条例》，将政治清明与政府清廉紧密结合，有力推动法治、廉洁的政府建设。此外，政府也要着眼于体制机制的改革：一要建立和强化权力监督体系，给权力扎牢制度笼子；二要建立绩效审计和民主评估制度，有效深化监督机制；三要开展各类审计，加强效能政府建设；四要强化法律纪律体系，加强对腐败分子的监察和惩处。总之，廉洁政府建设作为政府现代化的一个常规性途径，在确保政府治理效能和规范方面起着重要的作用，需要持久重视和持久建设，久久为功，坚持不懈。

第二章　推进行政改革必须加强党的领导

党的十九大庄严宣告："经过长期努力，中国特色社会主义进入了新时代，这是我国发展新的历史方位。"新时代中国特色社会主义的显著特点在于，坚持党对一切工作的领导，完善坚持党的领导的体制机制，提高党把方向、谋大局、定政策、促改革的能力和定力，确保党始终总揽全局、协调各方；坚持全面深化改革，坚决破除一切不合时宜的思想观念和体制机制弊端，构建系统完备、科学规范、运行有效的制度体系，充分发挥我国社会主义制度优越性。行政体制改革是全面深化改革的重要组成部分，要顺利地推进行政体制改革，完成行政体制改革的任务，必须坚持和加强党的领导。

第一节　新时代党的领导理论的重大发展

中国共产党自建立以来，就形成和确立了党的领导理论。早在1922年7月，中国共产党第二次全国代表大会就指出："共产党应该出来联合全国革新党派，组织民主的联合战线，以扫清封建军阀推翻帝国主义的压迫，建设真正民主政治的独立国家。"[①] 明确地表明共产党应成为中国的领导者。中国的新民主主义革命，就是无产阶级通过它的先锋队组织——中国共产党取得革命的领导权，形成共产党领导的几个革命阶级联合的专政，走向社会主

① 《中国共产党第二次全国大会议决案》，《中共党史参考资料》（一），人民出版社1979年版，第345页。

义。新中国成立后，毛泽东更明确指出："领导我们事业的核心力量是中国共产党。"① 在社会主义建设时期，党的领导理论不断得到丰富深化。现在，在全面深化改革迎来的新时代里，党的领导理论又得到了创新发展。

一、党是最高政治领导力量

中国共产党的领导，是中国革命、建设、改革不断取得胜利的最根本的保证。党的十九大报告指出："中国特色社会主义最本质的特征是中国共产党领导，中国特色社会主义制度的最大优势是中国共产党领导，党是最高政治领导力量。"党是最高政治领导力量，这是对党的领导理论的重大发展。它表明，必须肯定在所有的政治力量中，惟有共产党才是当之无愧的领导者，犹如整个乐队的指挥。

为什么"党是最高政治领导力量"呢？这是因为，中国共产党作为政党，具有政党的一般属性和功能，即政党是一定阶级利益的集中代表者。一方面，政党集中反映了本阶级的意志和利益；另一方面，政党又必须通过政治行动将阶级的利益进行综合和表达。政党表达本阶级利益的主要方式有二：一是通过政党的纲领表达阶级利益，二是通过政策输出的方式表达阶级利益。政党虽然代表阶级的利益，也就是代表国民的一部分利益，但是政党表达的利益不能仅仅局限于部分人的利益而必须力图以全体人民的利益为利益。"政党是表达要求的管道。政党首先而且最重要的是作为一种代表，它们是代表人民表达要求的工具或机构。政党的主要工作，即是代表功能和表达功能。"② 除了政党的一般属性和功能外，中国共产党和其他政党相比又有着明显的区别。

---

① 《毛泽东著作选读》（下册），人民出版社1986年版，第715页。

② ［意］乔万尼·萨托利：《最新政党与政党制度》，雷飞龙译，韦伯文化国际出版有限公司2003年版，第42页。

（一）中国共产党是代表着最广大人民群众利益的政党

《共产党宣言》指出，共产党不同于其他的无产阶级政党以及一切剥削阶级性质的政党，“共产党人同其他无产阶级政党不同的地方只是：一方面，在无产者不同的民族的斗争中，共产党人强调和坚持整个无产阶级共同的不分民族的利益；另一方面，在无产阶级和资产阶级的斗争所经历的各个发展阶段上，共产党人始终代表整个运动的利益。”①“过去的一切运动，都是少数人的，或者为少数人谋利益的运动。无产阶级的运动是绝大多数人的、为绝大多数人谋利益的独立的运动。”②世界上其他政党，虽然也标榜自己代表人民，表达人民的利益，但实际上做不到。只有共产党从来没有自己特殊的利益，而是真正以无产阶级和劳动人民的利益作为自己的利益。

（二）中国共产党是以实现共产主义为最高目标的政党

中国共产党以马克思主义为指导思想，马克思主义是无产阶级利益的理论体现，是人类社会发展规律的思想概括。《共产党宣言》指出：“在实践方面，共产党人是各国工人政党中最坚决的、始终起推动作用的部分；在理论方面，他们胜过其余无产阶级群众的地方在于他们了解无产阶级运动的条件、进程和一般结果。”③在革命、建设、改革的各个时期，中国共产党都能认识和掌握发展的方向、任务和阶段，善于制定正确的战略策略和正确的路线方针政策，同时，能够培养和造就一支优秀的干部队伍，重视和深入群众开展思想宣传、组织群众和依靠群众做好一切工作，带领着人民大众坚定不移地前进，夺取一个又一个的胜利。

（三）中国共产党是具有非凡领导能力的政党

党一建立，就是一个以武装斗争夺取政权的革命党。这与西方国家在民

① 《马克思恩格斯选集》第1卷，人民出版社2012年版，第413页。

② 《马克思恩格斯选集》第1卷，人民出版社2012年版，第412页。

③ 《马克思恩格斯选集》第1卷，人民出版社2012年版，第413页。

主的条件下通过议会产生的政党不同，中国共产党是在极端残酷的白色恐怖下走上革命道路的。为此，中国共产党要组织军队、进行武装斗争，以暴力方式夺取政权。在这样的过程中，中国共产党开辟了以农村包围城市、最后夺取城市的革命道路，领导了红色区域的革命根据地，建立了政权组织，很好地领导了地方各项公共事务。革命胜利后，中国共产党继续领导了社会主义建设，特别是在改革开放新时期，中国共产党以实事求是的思想路线，解放思想、勇于探索，制定了党在社会主义初级阶段建设中国特色社会主义的基本路线，形成了中国特色社会主义理论体系，开启了社会主义现代化建设的伟大事业。建设中国特色社会主义，是包含经济建设、政治建设、文化建设、社会建设、生态文明建设在内的“五位一体”建设，不仅要推进市场经济、民主政治、文化繁荣、社会和谐、生态文明，还要形成生机勃勃的经济体制、政治体制、文化体制、社会体制和生态文明体制。世界舆论普遍认为，中国取得的成就皆因为中国共产党具有非凡的领导力和强大的执行力。

正是以上这些特性，决定了中国共产党具备了成为最高领导力量的资质、资格，成为革命、建设、改革的坚强领导核心。因而，习近平总书记指出：“坚持和完善党的领导，是党和国家的根本所在、命脉所在，是全国各族人民的利益所在、幸福所在。”①

二、坚持党对一切工作的领导

党的领导不仅具有高度，而且具有广度。十九大报告指出：“坚持党对一切工作的领导。党政军民学，东西南北中，党是领导一切的。”十九大以前讲的主要是“坚持党的领导”，现在讲的是“坚持党对一切工作的领导，党是领导一切的”，这里所强调的“一切”，就是指今后所有的工作都

① 《习近平谈治国理政》第二卷，外文出版社 2017 年版，第 43 页。

应纳入党的领导的轨道。这就使得党的领导涵盖所有领域，达到前所未有的广度。

坚持党对一切工作的领导，这是由中国的国情决定的。众所周知，1840年鸦片战争后，中国沦为半殖民地、半封建的国家，几乎受到所有西方列强的侵略和掠夺，成为积贫积弱、一盘散沙、任人宰割的国家。国家的失败，固然有经济、政治、军事方面实力不足的原因，但最根本的原因是缺乏一个坚强的能够领导一切的核心力量。当中国共产党肩负起救亡图存、振兴中华的重任，成为中国人民的主心骨、掌舵人之后，中国的面目就发生了翻天覆地的变化。今天，中国已成为自立于世界民族之林的强国之一，但是，在我们这样一个多民族的发展中大国，要把14亿人的思想统一起来，力量凝聚起来，向着社会主义现代化建设的目标前进，仍然需要中国共产党的坚强领导。否则，还会成为一盘散沙，出现四分五裂，不仅社会主义现代化的伟业、中华民族的伟大复兴实现不了，而且必然陷入混乱的深渊。这是总结近代以来中国发展的历程得出的结论，也是分析许多国家发展的经验教训得出的结论。

当今世界上，存在着社会主义和资本主义两种不同的发展趋势。中国是社会主义国家，中国特色社会主义建设事业必须坚持走中国特色社会主义的道路，这里有一个坚持而不是离开社会主义的根本问题。因而就要求，在中国的国家发展中必须始终坚持中国共产党的领导。只有在中国特色社会主义建设事业中把党的领导作为统领一切的核心，才能贯彻党的基本路线，不走封闭僵化的老路，不走改旗易帜的邪路，始终确保改革开放的正确方向。我们深信，企图转向资本主义的设想是没有出路的。众所周知，世界上100多个实行资本主义制度的国家中，算得上发达国家的充其量只有20多个，其余绝大多数属于发展中国家，有的甚至是最贫穷的国家。这说明，资本主义并没有改变这些国家的贫困落后的状况。走什么路实现民族复兴和国家昌盛，要靠这些国家的人民根据本国的实际来选择。当前，中国特色社会主义建设，是要经过一个较长的初级阶段，去实现发达国家在资本主义条件下实现的工业化、市场化、社会化和现代化。但这并不意味着我们将走到资本主义道路上去。资本主义现代化经历了几个世纪的漫长过程，它使本国人民和殖民地附属国人民付出了难以估量的惨重代价，给人留下了痛苦的回忆。资本主义现代化不可能改变大多数人受剥削、受压迫的命运，不可能消除贫富鸿沟日益扩大等社会不公正现象。中国人民遭受了100多年近代剥削奴役制度的苦难，在中国共产党领导下才走上民族解放、国家振兴、人民幸福的中国特色社会主义道路，我们绝不会再去走资本主义的老路。在当代，中国共产党所领导的治国理政和所从事的社会主义现代化建设，是在社会主义公有制为主体的充满活力的经济体制基础上，依靠全体人民团结奋斗来实现的，其目的是为了增强综合国力、满足人民日益增长的美好生活需要，达到全面建成小康社会和实现中华民族的伟大复兴，这才是中国人民梦寐以求要追寻的中华民族伟大复兴的中国梦。

习近平指出："党是我们各项事业的领导核心，古人讲的'六合同风，九州共贯'，在当代中国，没有党的领导，这个是做不到的。"① 中国特色社会主义建设事业离不开中国共产党这一坚强的领导核心，党对一切的领导必然要成为一个关键的要素。只有坚持中国共产党对一切的领导，才能在中国特色社会主义建设事业极为错综复杂的政治风云中，牢牢掌握社会主义前进的正确方向，才能动员起亿万工人、农民、知识分子和其他劳动群众为之努力奋斗。

三、自觉维护党中央权威和集中统一领导

党的十九大报告指出："增强政治意识、大局意识、核心意识、看齐意识，自觉维护党中央权威和集中统一领导，自觉在思想上政治上行动上同党中央保持高度一致"，"保证全党服从中央，坚持党中央权威和集中统一领

① 习近平：《在十八届中央纪委三次全会上的讲话》，《人民日报》2014年1月15日。

导，是党的政治建设的首要任务”。党中央应具有权威和必须服从中央集中统一领导，这本是党的领导理论中的一个基本原理，但把它上升到“四个意识”的高度，强调是“党的政治建设的首要任务”，则是一个新的理论升华。

在十八大前的几年里，党内违反政治纪律，结党营私、拉帮结派，从事非组织政治活动逐渐形成一定的气候。正如《求是》杂志 2015 年 8 月 15 日第 16 期文章所说，周永康、薄熙来、郭伯雄、徐才厚、令计划等腐败分子政治野心膨胀，权欲熏心，大搞非组织政治活动，破坏了党的团结统一，出现了不受纪律约束的特殊组织和特殊党员。针对这些现象，党的十八届六中全会决议指出，党员、干部特别是高级干部不准在党内搞小山头、小圈子、小团伙，严禁在党内拉私人关系、培植个人势力、结成利益集团。对那些投机取巧、拉帮结派、搞团团伙伙的人，要严格防范，依纪依规处理。坚决防止野心家、阴谋家窃取党和国家权力。

维护中央权威和加强集中统一领导，始终是马克思主义政党建设的重大课题。马克思和恩格斯在总结 1848 年欧洲革命的经验尤其是 1871 年巴黎公社失败教训时，阐述了加强党的集中统一领导的必要性。1872 年 9 月马克思对于第一国际海牙代表大会“赋予总委员会以新的、更为广泛的权力”时说道：“海牙代表大会认为加强总委员会的权力并且为了当前的斗争而把活动集中起来是适当的和必要的，因为分散会使这种活动没有成果。”① 列宁在领导俄共(布) 和共产国际时，也特别强调无产阶级政党应执行“铁的纪律”，应当建设一个集中统一、组织严密、纪律严明的党，通过组织的统一来保证党的坚强团结和步调一致。作为在列宁建党思想和共产国际指导下成立的中国共产党，从一开始就是具有坚强组织和严密纪律的政党，确定了实行集中统一领导原则。中国共产党以民主集中制作为自己根本的组织原则，实行个人服从组织、少数服从多数、下级服从上级、全党服从中央和党的代表大会制度。

① 《马克思恩格斯全集》第 18 卷，人民出版社 1964 年版，第 179 页。

习近平指出："古人云：令之不行，政之不立。党政军民学，东西南北中，党是领导一切的。党中央制定的理论和路线方针政策，是全党全国各族人民统一思想、统一意志、统一行动的依据和基础。只有党中央有权威，才能把全党牢固凝聚起来，进而把全国各族人民紧密团结起来，形成万众一心、无坚不摧的磅礴力量。"①2017年党的十九大全面总结了过去五年的工作，对加强和维护党中央权威和集中统一领导有了新认识，指出必须"全面加强党的领导和党的建设，坚决改变管党治党宽松软状况。推动全党尊崇党章，增强政治意识、大局意识、核心意识、看齐意识，坚决维护党中央权威和集中统一领导，严明党的政治纪律和政治规矩，层层落实管党治党政治责任。十九大将"必须增强政治意识、大局意识、核心意识、看齐意识，自觉维护党中央权威和集中统一领导，自觉在思想上政治上行动上同党中央保持高度一致"等列入新时代坚持和发展中国特色社会主义的基本方略，要求"突出政治标准，提拔重用牢固树立'四个意识'和'四个自信'、坚决维护党中央权威、全面贯彻执行党的理论和路线方针政策、忠诚干净担当的干部"。这些都是加强和维护党中央权威和集中统一领导的战略新部署。在十九大召开期间，习近平在参加党的十九大贵州省代表团讨论时强调指出，"各级党组织和全体党员、各级领导干部必须坚决维护党中央权威，坚决服从党中央集中统一领导，把'四个意识'落实在岗位上、落实在行动上，不折不扣执行党中央决策部署，始终在思想上政治上行动上同党中央保持高度一致"。十九届中央政治局产生后召开的首次会议研究部署学习宣传贯彻党的十九大精神，并审议通过了《中共中央政治局关于加强和维护党中央集中统一领导的若干规定》，又进一步强调指出："党中央集中统一领导是党的领导的最高原则"，"加强和维护党中央集中统一领导是全党共同的政治责任"。

① 习近平：《在省部级主要领导干部学习贯彻党的十八届六中全会精神专题研讨班上的讲话》，《人民日报》2017年2月14日。

第二节　党政关系的由来和发展

中国的行政体制改革，即是政府体制改革。要理解新时代中国的政府体制改革需要中国共产党的领导，就需要了解政党和政府关系的由来和发展进程，以及在新时代中国共产党与政府的关系发生的改革变化和出现的新格局。

一、党政关系的由来和加强党的领导的必要性

中国是一个古老的国家。早在两千多年前，中国在很多小邦小国的基础上建立了秦王朝，形成了统一的国家，进入了漫长的封建社会。1840 年鸦片战争爆发后，在英国等西方列强的侵略下，中国逐渐沦为半殖民地半封建社会。1921 年 7 月诞生的中国共产党，领导人民进行新民主主义革命，开展了推翻三座大山、夺取了国家政权的斗争，其中心任务是到农村去，通过武装斗争取得政权，然后以农村包围城市、夺取城市，建立全国政权。1927 年 8 月，党建立了自己的军队。9 月，毛泽东把党的支部建在连上，实现党对军队的绝对领导，即“党指挥枪”。军队各层级有党的组织，军、师、团、营、连，并有专门的政治工作干部，军政委、师政委、团政委、营政委、连指导员，起政治保障作用。10 月，军队在井冈山开辟了革命根据地，革命根据地建立了人民政府，即红色政权。从这时起，就开始出现了政党和政府之间的关系。

在革命根据地，中国共产党人开始了领导政府的探索和实践。党中央提出了实行“党的一元化领导”。例如，1942 年 9 月 1 日，中共中央政治局作出《关于统一抗日根据地党的领导及调整各组织间关系的决定》，该《决定》指出：“根据地领导的统一与一元化，应当表现在每个根据地有一个统一的领导一切的党的委员会”，“确定中央代表机关（中央局、分局）及各级党

委（区党委、地委）为各地区的最高领导机关，统一各地区的党政军民工作的领导”①。同时规定，中央代表机关(中央局、分局）及各级党委(区党委、地委）为各地区的最高领导机关，统一对各地区党政军民工作的领导；中央代表机关及区党委、地委的决议、决定和指示，同级政府的党团，军队的军政委员会、政治部和民众团体的党团及党员，均须无条件执行；各级党委严格执行民主集中制，下级服从上级，全党服从中央。党的有关决定还指出：革命时期的中心任务是打仗，党的一元化领导是必要的，只有用这种领导方式才能保证夺取全国战争的胜利。

以上事实表明，中国共产党和政府的关系从一开始就是密切的、稳固的。由于革命和战争的需要，在党政关系中实行党对政权的领导，各级政府如村、乡、镇、县、市、省，必须服从同级和上级的党的组织，党成为领导核心。这样的情况与西方国家根本不同。西方国家是先有了议会、政府，然后才有了政党，政党的候选人依靠选举，取得多数票才能进入政府，但政党组织自身也不与政府发生关系，政党只负责组织打赢选举战。而在中国，恰恰是有了政党才有了政府，政府是由政党缔造的。因此，在新民主主义革命时期，党政关系有着如下的特点：第一，这一时期的党政关系实际上离不开党、政、军三方面的关系；党务、政务、军务是革命本身所承担的最重要的三项工作；没有党务工作、党本身的活动不行，一切工作都会停止的；没有政权工作也不行，无法发动群众；没有军队更不行，党和政府无以立足。第二，适应着党务、政务、军务的工作要求，党分成三个部分：首先，党自身有一个系统；其次，军队中党的系统，党的干部很多兼任军职，形成党军合一；再次，政权中党的系统，党的干部特别是军队党的干部兼任政府职务，实行军政合一，实际上是党军政三者合一。第三，在党的三部分结构中，党的自身组织特别是中央组织，坚强有力而且有军队守护，所以，党的中央组

① 中央档案馆编：《中共中央文件选集》第十三册，中共中央党校出版社 1991 年版，第 427 页。

织和军队党组织最为稳固；地方根据地的政权和政府中的党组织，则具有易变性，因为军事斗争一旦失利，地方政权（政府）也就没有了。这说明，地方政府必须紧紧地依赖党的组织和军事斗争的胜利才能生存发展。

党对政府实施领导，取得了成功和成效。例如，在土地革命战争时期，党领导建立和发展红色政权的组织，开展了劳动、土地、财政、国民经济、粮食、教育、内务、司法等各方面工作。在抗日战争时期和解放战争时期，党分别建立了各级抗日民主政权和解放区人民政府，开展了政府的各项工作，有力地支持了革命战争。由此可见，在新民主主义革命时期，坚持党的领导，是取得革命胜利的成功经验。

二、党政关系出现的偏差和改革开放以来的发展

1949 年新中国成立后，中国共产党成为执政党，党成为最强大的力量，掌握了政治、经济和社会资源，并且在 1956 年建立了社会主义制度，进入社会主义社会。此时的党政关系发生了明显的变化。党自上而下按照行政区划层级——农村直至村庄，城市直至居委会，还有在机关、厂矿、学校、医院、商店等单位都建立了各级党的委员会、总支部或支部，相比解放前党是区域性的且不稳定的状态而言，形成了一个完整的覆盖全国的严密组织系统。此时的“政”也不光是政府一家，广义上的“政”即国家政权机构包括：一是人民代表大会，即国家最高权力机关；二是政治协商会议，起着多党合作和政策咨询作用；三是国务院，即政府，国家的行政机关；四是最高法院；五是最高检察院。在以上这些国家政权组织中都成立了党组织；党组织仍然是核心。这些党组织的组成人员和机构，是由党决定的。此时军队中的党组织依然存在，但已不再军政合一，军队领导退出政府，不再兼任政府职务，军队划分为若干个军区，成为相对独立的系统。军队接受党的绝对领导，党的中央委员会主席任中央军事委员会主席；在军区司令部所在的省，地方党的第一把手即省委书记，任该军区政治委员，参与对军队的一些

领导。

这一时期，党政关系表现在以下方面：一是党政各有自己的系统：革命胜利后，党的系统更加独立、完整了；国家政权也有了自己的系统，有了完整的机构和工作人员；但国家政权的各组织必须服从党的领导。二是党的主要领导兼任国家政权各机构的主要领导，实行党的上层人物和国家政权上层人物的融合；但党的机构及其下层工作人员与政权机构及其下层工作人员之间并没有融合，因为党政是两个不同的机构。三是党政虽然是两个序列、两个不同的机构，但党把党组织延伸到国家政权中去，因此，党的系统通过国家政权中的党组织，有了密切的联系。四是中国共产党主张对国家政权进行领导，中国的决策体制是以党为主导的决策体制；党对国家政权的领导，通过两条途径：一条是党的主要领导兼任国家政权各机构的主要领导，这些领导人虽然有政府职务，但是他们非常明确，他们是代表党来执政的，他们本身在党的系统中有职务，因此必须自觉、主动地贯彻党的决定；另一条是通过政权中的党组织起领导作用，党的系统可以对政权系统内的党组织下命令，它们本身是由党的系统委托派出的。五是国家政权各组织的官员，要经过选举形式产生，但候选人名单是由党的系统提出的，能够被选民接受。概而言之，这一时期党政关系的基本特点：一个是国家管理的工作，由党政一起来做，其中党领导一切，政府在党的系统领导下，做了相应分工的事；另一个是政府中的党组织实际上是政府的核心，因此党政是合一的。

“文革”期间，毛泽东认为党和国家政权机构有背离社会主义道路、复辟资本主义的危险，打倒了一大批党和政府的“当权派”，在党政关系上重新实行新民主主义时期的体制，即党的一元化领导，党政机构合并，变成一个机构，即“革命委员会”。军队也介入政权，各军区、省军区的第一把手，出任革命委员会主任。1974 年，党的十大强调要从“思想上、组织上、制度上进一步加强党的一元化领导”。十大修改党章的报告指出：“党的一元化领导，在组织上应体现在两个方面。第一，在同级各组织的相互关系上，工、农、商、学、兵、政、党这七个方面，党是领导一切的。第二，在上下级关系上，下级服从上级，全党服从中央。”1975年通过的宪法甚至作出这样的规定：“全国人民代表大会是在中国共产党领导下的最高国家权力机关”，从而使党完全凌驾于国家最高权力机关之上。

1978年随着党的十一届三中全会召开，中国进入了改革开放新时期。邓小平总结“文革”的经验教训指出：“加强党的领导，变成了党去包办一切、干预一切；实行一元化领导，变成了党政不分、以党代政；坚持中央的统一领导，变成了‘一切统一口径’。”① 他认为，在社会主义建设新时期，这种领导方式早就过时，必须改革，实行党政分开。邓小平说：“党政分开，我们从十一届三中全会开始就提出了这个问题。”②1980年8月，在《党和国家领导制度的改革》重要讲话中，邓小平系统论述了解决党政不分、以党代政的问题，指出“真正建立从国务院到地方各级政府从上到下的强有力的工作系统。今后凡属政府职权范围内的工作，都由国务院和地方各级政府讨论、决定和发布文件，不再由党中央和地方党委发指示、作决定”③。在《贯彻调整方针，保证安定团结》中，邓小平说：“从原则上说，各级党组织应该把大量日常行政工作、业务工作，尽可能交给政府、业务部门承担，党的领导机关除了掌握方针政策和决定重要干部的使用以外，要腾出主要的时间和精力，来做思想政治工作，做人的工作，做群众的工作。”④ 这些论述说明，邓小平认为，党的领导职能和国家政权机关发生关系的只有基本的两项，一是提出国家发展的路线、方针、政策，确立政治方向和目标；二是决定国家机关的重要人选。党的主要任务是政治领导和做思想政治工作。1986年，邓小平指出，政治体制改革的内容，“首先是党政要分开，解决党如何善于领

① 《邓小平文选》第2卷，人民出版社1994年版，第142页。

② 邓小平：《建设有中国特色的社会主义》（增订本），人民出版社1987年版，第136页。

③ 《邓小平文选》第2卷，人民出版社1994年版，第339页。

④ 《邓小平文选》第2卷，人民出版社1994年版，第365页。

导的问题。这是关键，要放在第一位。”[①]党政分开的基本要求，就是科学地认清党政职能的性质和职权范围，克服权力过分集中、党政不分、以党代政、机构重叠、职责混淆等问题，减少党委的行政干预，集中精力管好大事，从而建立新型的社会主义党政关系。他还指出，社会主义国家的“政治体制都是从苏联模式来的。看来这个模式在苏联也不是很成功的”[②]，要抓紧改革。邓小平关于党政分开的主要内容，以及实行党政分开的重要性和时间的紧迫性的论述，为改革党政关系奠定了科学的基础。1982年，党的十二大报告指出：“党不是向群众发号施令的权力组织，也不是行政组织和生产组织。党当然要对各方面的工作和各项生产建设事业进行领导，……但是，党的领导主要是思想政治和方针政策的领导，是对于干部的选拔、分配、考核和监督，不应当等同于政府和企业的行政工作和生产指挥。党不应当包办代替它们的工作。只有这样，党才能保证政府和企业独立地、有效地进行工作，自己也才能集中精力研究制定重要的政策，检查政策的执行，加强对党内外干部和群众的思想政治工作。……今后，各级党委要经常讨论和研究党对社会主义建设事业的重大的政策方针，讨论和研究干部、党员、群众中的思想问题和教育问题，干部的倾向问题和纪律问题，党的组织的改善和教育问题，等等。”[③]

党的十三大报告全面规定了党政分开的原则和措施。报告指出，党政分开即党政职能分开。党应当在宪法和法律的范围内活动。党领导人民建立了国家政权、群众团体和各种经济文化组织，党应当保证政权组织充分发挥职能，应当充分尊重而不是包办群众团体以及企事业单位的工作。党的领导是政治领导，即政治原则、政治方向、重大决策的领导和向国家政权机关推荐重要干部。党对国家事务实行政治领导的主要方式是：使党的主张经过法定程序变成国家意志，通过党组织的活动和党员的模范作用带动广大人民

① 《邓小平文选》第3卷，人民出版社1993年版，第177页。

② 《邓小平文选》第3卷，人民出版社1993年版，第178页。

③ 《中国共产党第十二次全国代表大会文件汇编》，人民出版社1982年版，第57页。

群众，实现党的路线、方针、政策。党和国家政权机关的性质不同，职能不同，组织形式和工作方式不同。党中央应就内政、外交、经济、国防等各个方面的重大问题提出决策，推荐人员出任最高国家政权机关领导职务，对各方面工作实行政治领导。必须调整党的组织形式和工作机构。今后，各级党委不再设立不在政府任职但又分管政府工作的专职书记、常委。党委办事机构要少而精，与政府机构重叠对口的部门应当撤销。政府各部门的党组各自向批准它成立的党委负责，不利于政府工作的统一和效能，要逐步撤销。党政分开才能保证党做到“党要管党”，有效地行使监督职能。① 十六大报告进一步明确阐述了党的领导的新内涵。党的领导主要是“政治、思想和组织领导”，即宏观的、总体的领导，实行“总揽全局、协调各方的原则”，集中精力抓好大事。

要正确处理党政关系，首先，就要对政党和政府的性质有准确的认识。改革开放以来，人们对党和政府的性质进行了深刻的探讨，形成了共识：党的性质在于，党是以夺取政权、巩固政权为目的的政治组织，党本身不是政权机关，它围绕政权问题展开活动；政府则是政权机关、国家机器，直接行使统治和管理权。在共产党居于执政党的地位、掌握了国家政权之后，如果党直接行使政权机关权力，实际上把党的性质等同于国家政权机关本身。这一方面使党陷于行政管理的琐碎事务之中，妨碍了对整个国家进行整体的领导；另一方面也导致政权机关的混乱，出现机构重叠、官僚主义的现象。在明确党政的不同性质后，我国也就解决了党政关系中党的权力过于集中的问题。其次，弄清楚党的领导的科学规定。实行政治体制改革后，中国改变了党的一元化领导体制，即党无所不能、事无巨细地对所有事务进行领导的格局，对党的领导作出了科学定位：一是党的领导是最高层次的领导，是政治原则、政治方向和重大决策的领导；二是党向国家政权机关推荐重要干部，同时向国家机关中的党组委派干部，以实现党的领导；三是党通过自己的组

① 参见《十三大以来重要文献选编》上，人民出版社 1991 年版，第 36—38 页。

织和党员，起先锋模范作用，做好人民群众的思想政治工作，教育和动员人民群众在国家政权机关的领导下进行社会主义建设；四是党要管党，对自己的干部和党员加强监督。这些关于党的领导的科学规定，保证了政权机关在国家政治生活中的独立地位和自主性。

毫无疑问，经过改革开放，中国共产党形成了正确的党政关系认识。行政体制改革必须实行党的领导，行政体制改革本身实际上就包含着对党的领导体制进行改革，解决权力过分集中的问题，这种改革也是以加强和改善党的领导为根本目的的，而决不能以损害、摧毁党的领导为代价，错误地认为党的领导是行政体制改革的障碍，可以不要党的领导。这是因为，中国共产党是实现中国特色社会主义的坚强力量，是实现中国现代化的政治枢纽点，是实现社会稳定的基石。邓小平认为，中国要实现现代化，“最关键的问题是需要稳定”，“如果没有一个稳定的环境，中国什么事情也干不成。”要保持社会稳定，就不能离开党的领导。

三、党政关系新模式和新型领导方式的确立

如上所述，改革开放以来，中国破除了党政不分、党政合一的苏联模式，开始探索适合中国国情的党政关系。为此，邓小平提出要实行党政分开，加强政府的工作系统和职权责任。

对于邓小平的党政分开思想要有正确的认识。首先，邓小平讲的党政分开，有一个根本的前提，这就是邓小平本人始终坚定不移地主张，要坚持共产党的领导，加强党的领导和改善党的领导，在所有的国家政权和社会团体组织中，必须保证加强和发展而不是削弱党的组织。因此，邓小平从来是在坚持和加强党的领导的前提下，谈论党政分开问题的。其次，邓小平并不认为党政之间的关系要绝对地“分开”。邓小平只是认为，要把行政权、审判权、检察权、自治权等从过去的党政合一中分出来。而对于党来说，要始终掌握关于国家发展的路线、方针、政策以及确立政治方向和目标的权力，即

重大政策的决策权；也要掌握决定国家机关的重要人选和出任重要职务的权力，即重大人事的推荐权。由此可知，邓小平的党政分开思想，不是单方面的、片面的思想，它实际上包含了党政关系既可“分”又可“合”的全面的认识观点。党政关系的“分”，就是科学地认清党政职能的性质和职权范围，克服党政不分、以党代政、机构重叠、职责混淆等问题，党委不再对行政进行干预，集中精力管好大事。党政关系的“合”，就是要坚持和保持党政关系中那些必须联系的部分，并要坚决地把这些部分整合起来。

进入新时代，怎样认识和稳妥处理党政关系，是行政体制改革进程中的焦点性、关键性问题。需要一套机构和职能明确统分的党政协调制度，形成适应现代化治理需要的新型党政关系，保障行政体制改革顺利进行，同时发挥执政党在推进国家治理现代化中的核心作用。

十九大以来，习近平治国理政思想形成完整的体系，认为中国共产党作为执政党最重要的就是治国理政，也就是要科学执政、民主执政、依法执政。新时代全面深化改革的总目标就是，完善和发展中国特色社会主义制度，推进国家治理体系和治理能力现代化。

在党的十九大报告中，对党政关系问题的论述有新突破，出现新的改革发展。集中体现在十九大报告在论述深化机构和行政体制改革时所指出的“要改进党的领导方式和执政方式，保证党领导人民有效治理国家”，“统筹考虑各类机构设置”，“在省市县对职能相近的党政机关探索合并设立或合署办公。”党的十九届三中全会通过的《中共中央关于深化党和国家机构改革的决定》提出：“统筹设置党政机构”，“科学设置机构、合理配置职能”，“解决机构重叠、职责交叉、权责脱节的问题”，“党的有关机构可以同职能相近、联系紧密的其他部门统筹设置，实行合并设立或合署办公，整合优化力量和资源，发挥综合效益。”这样的机构合并设立或合署办公的结果，出现了党政关系的新模式，这就是党政机构既有分开，也有合并，形成了有分有合、又分又合的党政分合新模式。它是既区别于苏联的党政合一、又区别于西方的党政分开的新模式。按照十九届三中全会通过的《深化党和国家机构改革方案》和十三届全国人大会议通过的《国务院机构改革方案》，着手进行党政关系新模式的机构改革。

新的党政关系模式，有利于完善党政机构布局，理顺和优化党的部门、国家机关、群团组织、事业单位的职责。在新的党政关系模式的构造下，地方上的党委、政府系统之间进行同类职责机构的合并设置，例如，把党委办和政府办，纪检部门和监察部门，组织部、机关党委和人事局、老干部局等合并在一起，合署办公，创新性地实现了“党政同心、目标同向、工作同步”的“三同要求”。这样的合并设置、合署办公开创了“党政同体、同心共治”的新型治理模式。把所有党政系统中职责相同的机构合并设置，合署办公，推动了“以党领政、党政联动”。

新时代的党政关系模式带来了党的领导方式新变化，确保了党的领导全覆盖，确保了党的领导更加坚强有力。首先，它建立健全了党对重大工作的领导体制机制。加强党的全面领导，就要加强党对涉及党和国家事业全局的重大工作的集中统一领导。党中央决策议事协调机构在中央政治局及其常委会领导下开展工作。优化党中央决策议事协调机构，负责重大工作的顶层设计、总体布局、统筹协调、整体推进。加强和优化党对深化改革、依法治国以及对经济、农业农村、纪检监察、组织、宣传思想文化、国家安全、政法、统战、民族宗教、教育、科技、网信、外交、审计等工作的领导。其他方面的议事协调机构，要同党中央决策议事协调机构的设立调整相衔接，保证党中央令行禁止和工作高效。各地区各部门党委（党组）要坚持依规治党，完善相应体制机制，提升协调能力，把党中央各项决策部署落到实处。其次，强化党的组织在同级组织中的领导地位。理顺党的组织同其他组织的关系，更好发挥党总揽全局、协调各方的作用。在国家机关、事业单位、群团组织、社会组织、企业和其他组织中设立的党委（党组），接受批准其成立的党委统一领导，定期汇报工作，确保党的方针政策和决策部署在同级组织中得到贯彻落实。

当然，加强党对行政体制改革的领导不是要回到过去的党政合一、以党代政的老路。正如十九大报告指出的："加强党的集中统一领导，支持政府依法依章履行职能、开展工作、发挥作用，这两个方面是统一的。"坚持党的集中统一领导与增强依法执政本领，是构建新时代党的新型领导方式的根本依据。在加强党对行政体制改革的领导时，必须以法治的方式规范执政党与国家政权机关的权力配置关系，推动党政双方依照法定权限和程序治理公共事务。制定党政部门的"权力清单"、"责任清单"，依法进行权责公开，从纵向和横向两个维度明确党政部门核心职责、权力边界以及交叉领域，同时建立健全权力约束机制。

第三节　党的领导在行政改革中的重大作用

坚持党的领导成为中国特色社会主义的根本标志，党的领导对于建设中国特色社会主义包括行政体制改革在内，都起着至为关键的重大作用。习近平总书记指出："办好中国的事情，关键在党。中国特色社会主义最本质的特征是中国共产党领导，中国特色社会主义制度的最大优势是中国共产党领导。坚持和完善党的领导，是党和国家的根本所在、命脉所在，是全国各族人民的利益所在、幸福所在。"①党的领导是中国人民在长期的革命、建设和改革过程中做出的历史选择，这一事实和过程本身不仅证实了党的领导的正当性与合法性，而且表明党与人民群众的血肉关系和深厚的社会基础。特别是在改革开放中，只有作为执政党的共产党才能代表全民族利益，从不同社会阶层中提炼出、总结出和概括出人民的根本利益，并通过执政的政治优势来确保全面深化改革包括行政体制改革在内的各项改革得以顺利进行。

---

① 习近平：《在庆祝中国共产党成立九十五周年大会上的讲话》，《人民日报》2016年7月2日。

一、为行政体制改革明确目标方向

改革开放40多年来，中国的行政体制改革经历了四个阶段共进行了八次改革，每一次都在党中央领导下，制定改革的目标，明确改革的方向。

中国行政体制改革的第一个阶段，20世纪80年代包含了1982年、1988年的两次行政体制改革。1982年的行政体制改革面临的形势和主要问题是：第一，党和国家的工作重心发生了转移。1978年底中共十一届三中全会召开，作出战略决策，把全党工作重点转到社会主义现代化建设上。第二，国务院机构庞大臃肿。到1981年，也就是这次机构改革前夕，国务院设置的机构总数高达100个，达到了新中国成立以来的最高峰。国务院机构林立，职责不清、人浮于事、运转不灵、官僚主义严重成为突出问题。第三，干部人事问题。1977年中共十一大决定，对过去审查干部工作中遗留下来的问题要进行认真处理，可以工作而没有分配工作的，要尽快分配工作。大批老同志在平反后回到了工作岗位，因为没有那么多的领导职位，只能通过临时增加副职来解决，有的部门正副部长加起来多达24个。这样一来，整个干部队伍老化问题严重。并且当时事实上形成了领导干部职务终身制，干部队伍没有正常的更新机制。因此，党中央提出的改革目标是实行干部队伍的“四化”方针，即革命化、年轻化、知识化、专业化，而其中的年轻化则是重点，要解决领导干部老化的问题。1988年的机构改革，在党中央统一认识的前提下，时任国务院总理李鹏提出要建立一个符合现代化管理要求，具有中国特色的功能齐全、结构合理、运转协调、灵活高效的行政管理体系的目标。要达到这个目标，需要经过长期的努力。时任国务委员的宋平指出，今后五年机构改革的目标是，理顺关系、转变职能，精干机构、精简人员，提高行政效率，克服官僚主义，增强机构活力。要创造条件，逐步理顺政府同企事业单位和人民团体的关系、政府各部门之间的关系以及中央政府同地方政府的关系。

第二个阶段，20世纪90年代包含1993年、1998年的两次行政体制改革。1993年的行政体制改革处于确立社会主义市场经济体制的宏观背景下，必须围绕“适应社会主义市场经济发展的要求”这一目标，按照政企职责分开和精简、统一、效能的原则，转变职能，理顺关系，精兵简政，提高效率。1998年行政体制改革的目标是“建立办事高效、运转协调、行为规范的政府行政管理体系，完善国家公务员制度，建设高素质的专业化行政管理队伍，逐步建立适应社会主义市场经济体制的有中国特色的政府行政管理体制”。①

第三个阶段，新世纪开端包含2003年、2008年、2013年的三次行政体制改革。2003年行政体制改革的目标是:“按照完善社会主义市场经济体制和推进政治体制改革的要求，坚持政企分开，精简、统一、效能和依法行政的原则，进一步转变政府职能，调整和完善政府机构设置，理顺政府部门职能分工，提高政府管理水平，形成行为规范、运转协调、公正透明、廉洁高效的行政管理体制。”2008年行政体制改革旨在探索实行职能有机统一的大部门体制，即“大部制改革”，改革的目标是:“按照精简统一效能的原则和决策权、执行权、监督权既相互制约又相互协调的要求，着力优化组织结构，规范机构设置，完善运行机制，为全面建设小康社会提供组织保障。”接下来的2013年进一步深化大部制改革，确立的改革目标是“按照建立中国特色社会主义行政体制目标的要求，以职能转变为核心，继续简政放权、推进机构改革、完善制度机制、提高行政效能，加快完善社会主义市场经济体制，为全面建成小康社会提供制度保障。”

第四阶段，进入新时代后的2018年第八次行政体制改革。2018年2月26日至28日召开的党的十九届三中全会，审议通过了《中共中央关于深化党和国家机构改革的决定》和《深化党和国家机构改革方案》，同意把《深化党和国家机构改革方案》的部分内容按照法定程序提交十三届全国人大一次会议审议。《中共中央关于深化党和国家机构改革的决定》指出:“深化党

① 中共中央文献研究室编:《十五大以来重要文献选编》，人民出版社2000年版，第242页。

和国家机构改革，目标是构建系统完备、科学规范、运行高效的党和国家机构职能体系，形成总揽全局、协调各方的党的领导体系，职责明确、依法行政的政府治理体系，中国特色、世界一流的武装力量体系，联系广泛、服务群众的群团工作体系，推动人大、政府、政协、监察机关、审判机关、检察机关、人民团体、企事业单位、社会组织等在党的统一领导下协调行动、增强合力，全面提高国家治理能力和治理水平。”

综上所述，党中央制定了历次行政体制改革的目标，集中体现了我国行政管理体制改革的根本目标：“到 2020 年建立起比较完善的中国特色社会主义行政管理体制”，“通过改革，实现政府职能向创造良好发展环境、提供优质公共服务、维护社会公平正义的根本转变，实现政府组织机构及人员编制向科学化、规范化、法制化的根本转变，实现行政运行机制和政府管理方式向规范有序、公开透明、便民高效的根本转变，建设人民满意的政府。”①

二、为行政体制改革制定总体方案

党中央不仅为行政体制改革制定了目标，而且更为重要的是制定了行政体制改革的总体实施方案。1982 年改革方案是，在领导班子方面，明确规定了各级各部的职数、年龄和文化结构，减少了副职，提高了素质；在精简机构方面，国务院各部委、直属机构、办事机构从 100 个减为 61 个；省、自治区政府工作部门从 50—60 个减为 30—40 个；直辖市政府机构稍多于省政府工作部门；城市政府机构从 50—60 个减为 45 个左右；行署办事机构从 40 个左右减为 30 个左右，县政府部门从 40 多个减为 25 个左右；在人员编制方面，国务院各部门从原来的 5.1 万人减为 3 万人，工作人员总编制缩减 1/3 左右。中共中央直属单位、局级机构减少 11%，工作人员总编制缩减

① 中共中央国务院：《关于深化行政管理体制改革的意见》，《人民日报》2008 年 3 月 5 日。

17.3%，国务院各部委的正副职减少15.7%，部委领导人数由改革前的540多人减少到180多人，据38个部委统计，正副部长、主任共减少67%。省、自治区、直辖市党政机关人员从18万人减为12万余人。市县机关工作人员约减20%；地区机关精简幅度更大一些。改革之后，国务院各部委正副职是一正二副或者一正四副，领导班子平均年龄也有所下降，部委平均年龄由64岁降到60岁，局级平均年龄由58岁降到54岁。

1988年的行政体制改革方案是，以转变政府职能为中心，结合进行政府内部的制度化建设。1987年12月30日，李鹏总理在国务院全体会议上宣布了新的国务院机构改革方案。1988年4月9日，党的七届人大一次会议通过了国务院机构改革方案。这次机构改革，根据建立一个符合现代化管理要求，具有中国特色的功能齐全、结构合理、运转协调、灵活高效的行政管理体系的长远目标，以及党政分开、政企分开和精简、统一、效能的原则，着重于大力推进政府职能的转变，政府的经济管理部门要从直接管理为主转变为间接管理为主，强化宏观管理职能，淡化微观管理职能。其内容主要是合理配置职能，科学划分职责分工，调整机构设置，转变职能，改变工作方式，提高行政效率，完善运行机制，加速行政立法。这次改革以国务院部门为主，本着加强综合管理与宏观调控、减少直接管理与部门管理的原则，着重对经济部门中的专业管理机构进行了适当的调整，通过改革，国务院的机构由72个调整为65个，人员编制比原来减少9700多人。除国务院办公厅外，部委机构由45个调整为41个，直属机构由22个削减为19个，办事机构则在原有基础上新组建3个，数量达到7个。

1993年的行政体制改革方案，是党根据1992年党的十四大明确提出的“建立社会主义市场经济体制”的改革方向和“建立适应社会主义市场经济需要的管理体制和组织机构”的要求而制定的。1993年3月，八届全国人大一次会议通过了党中央制定的《国务院机构改革方案》，时任国务院秘书长罗干同志在解释这一方案时说：“这次机构改革和以往机构改革的不同，就是把适应社会主义市场经济发展的要求作为改革的目标。改革的重点是转变政府职能。转变职能的根本途径是政企分开。”这次改革方案中引人注目的，一是综合经济部门中组建了国家经贸委，以“加强对国民经济运行中重大问题的协调”；二是专业经济部门的改革被分为3类，其中一类由政府部门改为经济实体，即撤销航空航天工业部，组建航空工业总公司、航天工业总公司，另两类改为行业总会，即撤销轻工业部、纺织工业部，组建中国纺织总会和轻工业总会。经改革，国务院部委、直属机构、办事机构由原先的86个减至59个，后又陆续削减为40个。

1998年的行政体制改革方案，是随着我国市场经济体制的建立和完善，要建立办事高效、运转协调、行为规范的行政管理体系，完善公务员制度，建设高素质的专业化国家行政管理干部队伍，建立适应社会主义市场经济体制的有中国特色的行政管理体制。改革方案要求，国务院组成部门由40个进一步削减为29个；各个部委的内设或下属司局级机构总共减少200多个，相关部门的工作人员数量减少了一半（由3.2万人减至1.6万人）。省级政府部门机构数量从平均55个减少为40个，普遍减少了五分之一，人员数量平均精简了47%，共减编7.4万人，成为历次机构改革中精简力度最大的一次。这次改革在坚持政府职能转变的目标定位的同时，着力于优化政府职能结构，并取得重大突破。一是调整政府与市场的关系。核心思想是，把市场能够做的事情交给市场，政府的责任重点放在市场不能做和效能差的地方。政府责任的重点放在宏观调控、制定产业政策、规范市场、基础建设和提供公共服务方面。二是调整政府与企业的关系。核心是政企分开，也就是政资分开。在政资分开方面，尝试推行实行股份制并有了新突破。三是调整政府和社会的关系。核心是划清政府和社会的界线，大力发展一批社会中介组织，由中介组织提供社会服务。

2003年的行政体制改革以科学发展观为指导，更加注重政府职能的转变，更加注重促进经济社会和人的全面发展，更加注重为构建和谐社会和全面建设小康社会提供体制保障。这次改革的方案是，经过调整国务院组成机构除办公厅外，国务院29个组成部门经过改革调整为28个。国家发展计划委员会改组为国家发展和改革委员会（发改委）；设立国务院国有资产监督管理委员会（国资委）；设立中国银行业监督管理委员会（银监会）；不再保留国家经贸委和外经贸部，其职能并入新组建的商务部；国家药品监督管理局重组为国家食品药品监督管理局，原属于国家经贸委管理的国家安全生产监督管理局改为国务院直属机构，同时，将国家计划生育委员会更名为国家人口和计划生育委员会。① 这次改革抓住社会经济发展中的突出问题，进一步转变政府职能，实现了一些重点领域突破，改变了过去重复改革的现象，呈现出诸多新特点：一是从量的要求转向质的突破，从重形式转向重内容，从表层转向深层；二是政府职能转变集中指向经济调节、市场监管、社会管理和公共服务四个方面；三是专注于解决政府管理中的权责问题，初现“大部制”的管理思路和对宏观调控有效性的把握。在中国政府的发展史上开始由被动适应向主动出击转变。②

根据 2008 年 2 月 27 日党的十七届二中全会审议通过《关于深化行政管理体制改革的意见》，2008 年的行政体制改革方案涉及调整变动的部门共 15 个，正部级机构减少了 4 个。其中，建设部、交通部、信息产业部、人事部、劳动保障部和国防科工委被撤销，新组建工业和信息化部、交通运输部、人力资源和社会保障部、环境保护部、住房和城乡建设部。改革后，除国务院办公厅外，国务院组成部门设置为 27 个。这次改革按照建设服务政府、责任政府、法治政府和廉洁政府的要求，着力转变职能、理顺关系、优化结构、提高效能的追求，指引了中国政府的改革走向。提出和确立了大部制方向并进行了初步的探索，整合了两个大部门，即“大工业”和“大交通”。

2013 年党中央制定的《国务院机构改革和职能转变方案》，重点是围绕转变职能和理顺职责关系，稳步推进大部门体制改革。这次进行的大部制改

① 《2003 年国务院机构改革》，中国政府网，2009 年 1 月 16 日，见 http://www.gov.cn/test/2009-01/16/content_1207006.htm。

② 参见曹闻民：《行政改革 30 年：中国政府发展之路》，《甘肃行政学院学报》2008 年第 6 期。

革方案，一是更加强调了以职能转变为核心，强调简政放权；二是要求形成权界清晰、分工合理、权责一致、运转高效、法治保障的国务院机构职能体系；三是更加强调制度的权威和尊严，提出加强基础性制度建设和加强依法行政作出的各项重大部署的有效性。改革后，除国务院办公厅外，国务院设置组成部门25个。

2018年的行政体制改革，特别强调加强党对深化党和国家机构改革的领导。《中共中央关于深化党和国家机构改革的决定》指出："深化党和国家机构改革是一个系统工程。各级党委和政府要把思想和行动统一到党中央关于深化党和国家机构改革的决策部署上来"。党中央统一领导深化党和国家机构改革工作，发挥统筹协调、整体推进、督促落实作用。要增强改革的系统性、整体性、协同性，加强党政军群各方面机构改革配合，使各项改革相互促进、相得益彰，形成总体效应。实施机构改革方案需要制定或修改法律法规的，要及时启动相关程序。中央和地方机构改革在工作部署、组织实施上要有机衔接、有序推进。在党中央统一部署下启动中央、省级机构改革，省以下机构改革在省级机构改革基本完成后开展。鼓励地方和基层积极探索，及时总结经验。坚持蹄疾步稳推进改革，条件成熟的加大力度突破，条件暂不具备的先行试点、渐次推进。根据改革的总体方案，深化机构改革，着眼于建构四大新体系：总揽全局、协调各方的党的领导体系；职责明确、依法行政的政府治理体系；中国特色、世界一流的武装力量体系；联系广泛、服务群众的群团工作体系。改革就是在形成四大新体系的要求下进行的，也完全服务于构建四大新体系。按照四大体系，展开了八大领域的改革：一是党中央机构改革；二是人大机构改革；三是国务院机构改革；四是政协机构改革；五是行政执法体制改革；六是跨军地改革；七是群团组织改革；八是地方机构改革。按照改革方案，党中央机构共计减少6个，其中，正部级机构减少4个、副部级机构减少2个。国务院机构共计减少15个，其中，正部级机构减少8个，副部级机构减少7个，共有12项改革方案，涉及7个组建，2个重新组建，2个优化，1个撤并。其他机构12项改革方案，其中有 9 个组建，1 个重新组建。党政合计，共计减少 21 个部级机构，其中，正部级 12 个，副部级 9 个。全国人大和全国政协各增加 1 个专门委员会。党中央提出的改革方案还就深化机构改革提出了原则要求，明确了路线图、时间表，要结合实际贯彻落实。总的看，党中央提出的方案，集中体现了这次深化机构改革是一场系统性、整体性、重构性的变革，力度规模之大、涉及范围之广、触及利益之深前所未有，既有当下“改”的举措，又有长久“立”的设计，是一个比较全面、比较彻底、比较可行的改革顶层设计。

由上可知，正是党中央对每一次行政体制改革部署的整体方案，才有力地保证了行政体制改革的顺利进行。同时，深化行政体制改革，是加强党的长期执政能力建设的必然要求，只有通过行政体制改革，才能从组织机构上发挥党的领导这个最大制度优势，把党的领导贯彻落实到党和国家机关全面正确履行职责的各领域各环节，从制度上保证党的长期执政和国家长治久安。加强党对行政体制改革的领导，是中国共产党实施长期执政能力建设、改进党的领导方式和执政方式，提高党把方向、谋大局、定政策、促改革的能力和定力，完善保证党的全面领导的一项制度安排和根本举措。

第三章　坚持推进服务型政府建设

自党的十八大报告提出“要建立职能科学、结构优化、廉洁高效、人民满意的服务型政府”[①]以来，服务型政府的理论从概念摸索走向理论自觉，服务型政府的实践也从实践探索走向制度安排。构建大部门体制，提高政府办事效率；大幅削减行政审批事项，取消非行政许可，降低企业行政运作成本；减少政府对经济活动微观领域的直接干预，进一步向市场和社会放权，政府转向更加注重对市场的宏观调控、监督管理和公共服务等等，一系列重大举措加快推动政府职能转变，有力推进服务型政府建设向纵深发展。当前，中国特色社会主义进入新时代，我国社会主要矛盾转化为人民日益增长的美好生活需要和不平衡不充分的发展之间的矛盾，深化行政体制改革、转变政府职能成为当务之急。党的十九大报告中，习近平总书记再次从制度体系建设的视角提出：“转变政府职能，深化简政放权、创新监管方式，增强政府公信力和执行力，建设人民满意的服务型政府”[②]，这些论述对于决胜全面建成小康社会、推进国家治理体系和治理能力现代化具有十分重要的意义。

---

① 胡锦涛：《坚定不移沿着中国特色社会主义道路前进　为全面建成小康社会而奋斗——在中国共产党第十八次全国代表大会上的报告》，人民出版社2012年版，第20页。

② 习近平：《决胜全面建成小康社会　夺取新时代中国特色社会主义伟大胜利——在中国共产党第十九次全国代表大会上的报告》，人民出版社2017年版，第39页。

第一节　新时代服务型政府建设的实质内涵

服务型政府，是指以民主、责任、法治、廉洁等价值为基础，以提供公平、优质、高效的公共服务为标志，正确处理好政府、市场和社会三者之间关系，充分调动社会参与政府治理和监督公权力的政府形态。随着民主政府、责任政府、廉洁政府、法治政府建设的不断深入，服务型政府的实质和内涵也在不断深化。新时代下的服务型政府，是国家治理体系和治理能力现代化语境下，具有中国特色的人民满意的现代化政府。新时代新形势对我国行政体制改革提出了新要求，也为服务型政府赋予了新内涵。

一、新时代服务型政府的价值定位：民主政府和责任政府

新时代服务型政府既是民主的政府也是负责任的政府，民主是政府的本质属性，责任是政府的价值取向，民主政府是现代政治的基石，责任政府则是民主政府的内在要求。

（一）新时代服务型政府本质上是现代化政府

我国是人民民主专政的社会主义国家，人民民主是政府的根本属性。我国宪法明确规定了人民在民主选举、民主决策、民主管理、民主监督等方面的各项权利，这充分反映了我国政府人民当家做主的政治本质，也决定了在宪法框架下建立的政府必然是民主的政府。责任政府是现代政府的施政理念，起源于西方的议会民主制，早在20世纪中叶责任政府建设便已成为西方各国现代政府建设的主流共识。经济学家阿马蒂亚·森认为，责任政府“既是现代政治的一种基本理念，又是一种对政府公共行政进行民主控制的

制度安排。”[①] 十八大以来，随着我国政府治理模式由管制型向服务型转变，建设现代化政府成为建设服务型政府的重要环节，对人民负责也成为了政府职能的题中应有之义。为顺应新时代我国经济社会发展要求，积极化解当前我国社会主要矛盾，新时代政府应该是中国特色社会主义新型政府，是内生于并适宜于中国特色社会主义政治体制的政府形态的法治化、服务型政府，是一个现代化的民主政府，也必然是一个有责任的政府。

（二）新时代服务型政府建设是实现民主的过程

民主是政府合法性的体现，也是弥补政府失灵的有效机制。民主，作为社会主义的核心价值观，是新时代提出的必然要求，也是我国政治建设的重要任务。民主行政是服务型政府的基石，奥斯特罗姆指出，民主行政的基础，一是每个人都有资格参与公共事务处理的平等至上主义的假设；二是所有重要的决定都留给所有的社群成员以及他们所选择的代表来考虑；三是把命令的权力限制在必要的最小范围；四是把行政机关的地位从主子的行政机关变成公仆的行政机关。[②] 服务型政府建设需要运用民主行政的价值理念，也需要运用民主行政的规则。首先，服务型政府强调政府的回应性，民主政府能够依照科学、民主化的程序积极主动回应人民利益诉求；其次，服务型政府重视市场和社会参与，民主政府能够不断探索扩大民主参与的广度与深度；再次，服务型政府是“有限政府”，是受监督的政府。马克思强调，社会主义国家的一切权力属于人民，一切公职人员必须“在公众监督之下进行工作”。民主政府就是要让人民参与到行政过程中来，对行政人员形成强有力的监督制约，克服政府部门中的官僚主义作风，防止公职人员成为“脱离群众、站在群众之上、享有特权的人物”。随着互联网

① ［印］阿马蒂亚·森：《贫困与饥荒》，王宇、王文玉译，商务印书馆 2001 年版，第 6 页。

② ［美］奥斯特罗姆：《美国公共行政的思想危机》，毛寿龙译，上海三联书店 1999 年版，第 87 页。

和信息技术的飞速发展，网络政治参与发挥出前所未有的积极作用，有助于防止权力滥用、激发广大民众政治参与热情、制定最符合民意的制度、提高决策的民主性与科学性等。历史证明，我国作为后发展型国家，稳定才是民主发展的坚实基础。政府在民主化的过程中，如果失去了政府对社会的有效治理，失去了政府对公民的恰当引导，往往有可能出现政府执政的动荡。因此，政府在向社会提供公共服务时，应当向民众传递科学完备的民主理论、提供高质量的民主产品、维护良好的社会秩序以及保障稳定和谐的社会环境。

（三）新时代服务型政府建设是政府履行责任的过程

责任政府的产生可以说是现代政治发展的重要的成果和突出贡献。从权责统一的角度来看，政府由谁产生，就该对谁负责。换言之，执政者的权力来自于人民，那么获得人民授权的政府就需要对授权者做出必要的回应，也即承担责任。一个只拥有和使用公共权力而不承担责任的政府是无法取得民众的长期支持，难以长久为继的。正如福山所言："统治者相信自己应对治下的民众负责，应将民众的利益置于自身利益之上。"① 在我国，责任政府的建设关系到服务型政府建设的方方面面，责任政府的出现体现了政府执政理念的转变，服务型政府作为责任政府，必须把自己摆在为人民服务的位置上，认真履行应有职能，政府要对自己的施政行为负责，对自己提供的公共服务负责，对人民群众的合法权益负责，当政府出现失职行为时，人民有权对政府提出质询和追究责任。因此，建设责任政府应从两方面把握：一方面，政府部门及其工作人员应依法履职；另一方面，政府部门及其工作人员在履职中出现错误时应承担相应责任。具体来讲，就是要依法正确履职，包括建立完善权责清单管理制度、持续推进简政放权、加大公共服务投入、推

① ［美］福山：《政治秩序的起源》，毛俊杰译，广西师范大学出版社 2012 年版，第 315 页。

动重点领域改革、简化优化政务服务、加强事中事后监管制度建设等。建立完善监督问责制，这就要求必须以权责统一、客观公正的态度加大对权力的监管力度，及时纠错，有责必究，唯有如此，才能为创造良好的政务服务环境提供坚实保障。同时，要加强行政审批服务的效能督查，建立切实有效的政府监督体系，建立政府与公众之间有效的沟通渠道，不断完善政府工作人员合理的奖惩机制。建设有担当精神的责任政府是时代发展的迫切需要，是创新社会治理方式的需要，也是新时代实现社会公平正义的需要。

二、新时代服务型政府的目标定位：法治政府和廉洁政府

习近平总书记指出："全面推进依法治国是顺利完成各项目标任务、加快推进社会主义现代化的重要保证。"① 在全面深化改革的新形势下，依法治国的地位更加突出、作用更加重要，从目标定位看，服务型政府建设就是要构建法治政府和廉洁政府。

（一）构建法治政府的关键在于坚持依法行政

党的十九大要求坚持依法治国、依法执政、依法行政共同推进，坚持法治国家、法治政府、法治社会一体建设。② 党的十九届三中全会首次把建设"职责明确、依法行政的政府治理体系"作为深化党和国家机构改革的目标之一，并作出全面部署、提出具体要求，为进一步优化政府机构设置和职能配置、加快转变政府职能、深化行政体制改革指明了方向。"执政之要在于为民，行政之要在于依法"。③ 十八大以来，在全面深化改革，全面推进依

① 《习近平关于全面依法治国论述摘编》，中央文献出版社 2015 年版，第 23 页。

② 习近平：《决胜全面建成小康社会　夺取新时代中国特色社会主义伟大胜利——在中国共产党第十九次全国代表大会上的报告》，《人民日报》2017 年 10 月 28 日。

③ 袁曙宏：《建设职责明确、依法行政的政府治理体系》，《人民日报》2018 年 4 月 25 日。

法治国的努力实践中，依法行政有着鲜明的时代烙印。服务型政府建设要求政府由“全能型”向“有限型”转变，最重要的一步就是将权力关进制度的笼子，明确权力的边界，让权力在制度的轨道里运行，保证有权必有责、有责要担当，使我们的政府在履职尽责时不越位、不错位、不缺位。2018年政府工作报告中，李克强总理提到“全面推进依宪施政、依法行政”，“优化政府机构设置和职能配置，深化机构改革，形成职责明确、依法行政的政府治理体系，增强政府公信力和执行力”。① 法律的生命力在于施行，政府是法律实施的重要责任主体，政府依法行政，才能保障法律法规得到全面正确的实施。“天下之事，不难于立法，而难于法之必行”，从现实情况看，当前我国多达80%以上的法律法规由行政机关负责实施。新时代下如何有效推进依法治国，关键在于各级政府是否严格依法行政，依法办事。严格依法行政是一场治理的革命，也是一场理念的革命，实现依法行政，要求各级政府机关都要严格依照宪法和法律规定的权限和程序行使权力、履行职责，依法管理经济社会事务和其他行政事务；要求加强行政立法，提高行政立法水平；要求改善行政执法，促进严格执法、公正执法和文明执法，同时继续坚持多途径民主监督，确保公共行政权力的公正、公开、有效运行。以往很多领导干部做决策，只顾眼前利益看不到长远利益，枉顾大多数群众利益，拍脑袋决策，导致行政浪费严重，群众怨声载道，严重背离了服务型政府全心全意为人民服务的宗旨。因此，行政部门一定要站在依法行政的高度，科学决策、民主决策、依法决策，提高政府的公信力，要认真践行为民理念，寓法于行，为老百姓和企业提供更优更好的服务。

（二）依法行政的最终目标在于构建廉洁政府

党的十八大报告指出要“建设职能科学、结构优化、廉洁高效、人民满

① 李克强：《政府工作报告——2018年3月5日在第十三届全国人民代表大会第一次会议上》，人民出版社2018年版，第38、39页。

意的服务型政府”,[①] 列宁也曾说过“无产阶级国家是为人民服务的国家，因此其政府也应当是为人民服务的廉洁政府”。[②] 可以说，建设廉洁政府对巩固党的执政地位、提升政府治理现代化水平、树立政府公信力和政府清廉形象、加强全社会思想道德建设、提升公众精神文化素养具有重要的理论意义和现实意义。在新时代背景下，丰富服务型政府内涵，建设廉洁政府要求做到：一是确保行政权力得到及时有效的监督和制约。权力永远是一把双刃剑，行使得好，可以服务人民、造福社会；一旦滥用，又会侵害群众权益，损害公共利益。因此，要通过逐步完善行政权力监督体系，加快行政管理改革步伐，加强法规制度建设，扎紧制度的笼子，让制度成为带电的“高压线”，让行政人员不敢腐、不能腐、不想腐。二是大力推行权力清单和责任清单制度。推进各级政府工作部门实行权力清单制度，是落实职责法定的重要举措，该清单将行政职权进行分门别类地彻底梳理，逐项明确权力设定的依据，依法逐条进行合法性、合理性和必要性审查，对没有法定依据的行政职权及时取消，这对建设廉洁政府具有重要意义。到目前为止，全国所有的省市县三级政府均已公开权力清单。责任清单则要求明确各政府部门必须承担的责任、必须履行的职责，明确每个部门的“职责边界”。三是确保政府工作公开化、透明化。公开透明是廉洁政府的基本特征，阳光是最好的防腐剂，政务公开，是近年来各级政府建设廉洁政府的一项重要举措。通过推进全过程的公开，来有效地监督约束政府权力的运行，既促进了社会的公平正义，也有力地推动了廉洁政府的建设。与此同时，借助互联网信息传播速度快、互动性强、传播信息源丰富、受众影响广泛等特点，进一步扩大民众的监督途径，保障公众的知情权、参与权和监督权，增加行政权力运行的透明度，为实现政务公开的法制化、社会化、信息化，提供制度保证。四是完善

① 胡锦涛:《坚定不移沿着中国特色社会主义道路前进 为全面建成小康社会而奋斗——在中国共产党第十八次全国代表大会上的报告》，人民出版社 2012 年版，第 20 页。

② 《列宁全集》第 24 卷，人民出版社 1990 年版，第 41 页。

廉政教育机制，加强廉政文化建设。文化具有潜移默化的影响力，廉洁政府建设只有注入文化因素，才能产生恒久的生命力。行政人员是廉洁政府建设最重要的主体和客体，应从道德教育、“官德”教育入手，坚持“德”“法”并举。通过树立清风正气的价值导向、阳光透明的精神激励和廉洁奉公、依法行政的行为转化，减少行政人员腐败行为的发生，营造廉洁健康的政治生态环境。

三、新时代服务型政府的实现路径：政府、市场与效率

政府职能转变是服务型政府建设的重点任务，正确处理好政府、市场和效率的关系则是政府职能转变的关键环节。中国特色社会主义市场经济体制日渐凸显的过程，就是不断提高处理政府和市场关系水平的过程。在当前经济发展进入新常态，经济下行压力加大，经济运行发生诸多新变化，经济增长由高速增长转变为高质量发展，发展方式从投资主导型、规模速度型转向质量效率型、消费拉动型，经济结构从增量扩能为主转向调整存量、做优增量并举，发展动力从主要依靠资源和低成本劳动力等要素驱动转向创新驱动等等，新时代面临着增速调整、结构优化、动力转换等诸多艰巨任务，在错综复杂的国内外形势下，转变政府职能，正确处理政府与市场的关系显得尤为重要。

（一）使市场在资源配置中起决定性作用

李克强总理提出，“只要市场主体有活力，就能增强内生发展动力，顶住经济下行压力”。① 党的十八届三中全会确立市场在资源配置中起决定性作用的地位，要求在使市场在资源配置中起决定性作用的同时，更好地发挥

① 李克强：《政府工作报告——2019 年 3 月 5 日在第十三届全国人民代表大会第二次会议上》，人民出版社 2019 年版，第 16 页。

政府的作用。从1992年党的十四大确立市场起“基础性”作用到如今市场起“决定性”作用的背后，我国社会主义市场经济发展仍然存在诸多问题，一方面是市场秩序的不规范，市场竞争的不充分，民营企业发展得不到公平公正的待遇；另一方面是政府“闲不住的手”管得太多，统得太死，而相应的市场监管领域不是推诿扯皮就是形同走过场，导致市场乱象频发。理论和实践都证明，市场在资源配置中才是最有效率的。市场在处理和传递生产与消费、供给与需求信息方面，有着其他机制无法比拟的优势。市场还能够自主协调各经济活动主体相互间的利益关系，调动各方积极性，达到市场平衡；有效调整供求关系，优胜劣汰，提高经济发展的质量和效益。正如经济学家冯·米塞斯断言，离开了市场价格，人们就不知道资源的稀缺程度，也就不知道资源怎样分配才能效用最大。

（二）更好地发挥政府的作用

只有坚持市场的主体地位，才能彻底激发人民无限的创新创造潜力，为国家的经济发展争取更大更广阔的空间。同时，政府要有所为，有所不为。市场起“决定作用”不等于市场起“全部作用”，更不等于排斥政府作用。一方面，市场机制的作用是有条件的，包括法律体系、竞争规则、宏观环境、社会保障等，这些条件无法依靠市场自身的作用形成。另一方面，市场经济存在局部失灵问题以及盲目性、自发性和滞后性的弊端，容易产生贫富分化和经济波动等问题。资本主义市场经济受剩余价值规律的支配，由此带来劳动与资本的对立，造成贫富分化、生产过剩、经济虚拟化、生态危机突出等弊端。这时就需要政府出手保持宏观经济稳定，加强和优化公共服务，保障公平竞争，加强市场监管，维护市场秩序，推动可持续发展，促进共同富裕，弥补市场失灵。从根本上说，更好发挥政府作用，就是在解放和发展社会生产力的基础上，着力解决好不平衡不充分的发展问题，更好地满足人民日益增长的美好生活需要，不断促进人的全面发展和全体人民共同富裕。

将“有效市场”和“有为政府”结合起来。在正确处理政府与市场关系上，要把“看不见的手”和“看得见的手”两种优势都发挥好，深刻认识有效市场和有为政府的统一性。二者是有机统一、相辅相成的。市场机制有效是发挥政府作用的重要目的，也是政府有为的重要表现。政府有为，是市场机制有效、微观主体有活力的重要保证，也是弥补市场失灵的必然要求。我国的改革开放之所以取得伟大成就，主要原因在于我们既充分发挥了市场的作用，同时又发挥了政府的作用，使二者有机结合。纵观世界各国，许多发展中国家市场经济的落后不仅表现为市场作用比较弱、市场体系不健全、市场秩序混乱、价格信号扭曲等，也表现为政府作用比较弱、能力不足、效率低下、缺乏权威等。新一轮党政机构改革进一步优化了政府职能部门的分工协作关系，在接下来的行政体制改革实践中，进一步完善和规范各级政府的权责关系仍旧是新时代行政体制改革的关键环节。只有正确发挥好政府和市场两方面的优势，才能保证经济的持续健康发展。

第二节　新时代服务型政府建设的基本原则

习近平总书记指出：“为人民服务是我们党的根本宗旨，也是各级政府的根本宗旨。不论政府职能怎么转，为人民服务的宗旨都不能变。要……在服务中实施管理，在管理中实现服务。”① 新时代的服务型政府建设，必须以习近平新时代中国特色社会主义思想为指导，瞄准加快推进国家治理体系和治理能力现代化的总目标，坚持以人民为中心思想，坚持创新改革发展之路，坚持政府自身能力建设。

① 习近平：《在党的十八届六中全会第二次全体会议上的讲话（节选）》，《求是》2017年第1期。

一、坚持以人民为中心思想，转变政府行政管理理念

坚持以人民为中心是习近平总书记社会治理思想的根本立场，其中强调“社会治理说到底就是对人的服务和治理，社会治理要以人为本，把人民放在心中的最高位置，坚持全心全意为人民服务”①。“人民观”是在新的历史条件下，创新政府治理的核心价值观，也是构建服务型政府的新型治理观。为人民服务是我们政府一切工作的出发点和落脚点，让人民满意是检验我们政府工作成败的重要标准，如果说为人民服务关系到政府的工作态度问题，那么让人民满意则是在态度的基础上对政府的工作能力提出了更高的要求。习近平总书记曾经指出，“检测我们工作的成效，就是要看人民是否真正得到了实惠，人民生活是否真正得到了改善，人民权益是否真正得到了保障”②，因此构建服务型政府就必须坚持让人民满意的宗旨。坚持让人民满意的宗旨，首先必须坚持以人民为中心，树立正确的“人民观”。当前我们的工作中，还存在着一些地方政府、部门没有树立起正确的“人民观”，将大量的精力用于“喊口号”，在“文山会海”中滔滔不绝，摆花架子、搞形象工程；群众工作走马观花、蜻蜓点水；规章制度形同虚设。要解决这些问题，就必须眼睛向下看，身子向下沉，深入群众，走进基层，牢固树立以人为本的施政理念，要牢牢把握以人民为中心这一重要原则，为民谋利，为民守责，真正把老百姓当成自己的衣食父母，在发展经济的同时，着眼民生，不断满足人民群众日益增长的对美好生活的需要，建立健全更加公平、完善的社会保障制度和公共服务体系，促进社会稳定、有序、和谐发展。

建设人民满意的政府要求我们切实转变政府工作作风。作风建设无小事，关乎政府形象、政府威信以及政府事业的成败。现实中，部分领导干部宗旨意识淡薄、官僚主义十足、形式主义盛行、工作方法简单，甚至弄虚作

① 魏礼群：《党的十八大以来社会治理的新进展》，《光明日报》2017年8月7日。

② 《习近平谈治国理政》第一卷，外文出版社2018年版，第28页。

假、铺张浪费、奢靡享乐、腐化堕落。如若不对这种不良风气加以管束，任其发展，最后就会使政府脱离人民群众，政府就会失去根基、失去血脉、失去力量。因此，必须切实转变政府工作作风。转作风，关键在干部，人民群众的眼睛是雪亮的。干部作风有哪些问题，工作有哪些不足，群众心里都有杆秤。李克强总理在第八届全国“人民满意的公务员”和“人民满意的公务员集体”表彰大会上指出，“人民满意是公务员的最高荣誉”①，只有群众对干部和工作满意了，才算是干部作风真正的转变了。群众打高分，是对政府工作的认可和激励；群众不认可就会给政府工作带来压力。古人云“天视自我民视，天听自我民听”，政府工作人员应当努力将压力转化为动力，注重群众感受，学会换位思考，多听百姓愿望，多想百姓感受，多看百姓状况，才会发现问题所在，才能了解群众的迫切需求。只有转变作风，才能和群众的切身利益结合起来，改进工作才能改到百姓心坎里去，政府才能得到老百姓的真心拥护和支持。

二、坚持创新改革发展之路，优化政府运行管理模式

党的十八大以来，习近平总书记高度重视创新，着力推进创新，并将创新摆在了国家发展的全局核心位置。党的十九大报告提出建设创新型国家的目标，对国家的自主创新提出了新的更高要求。在新时代背景下，建设服务型政府，改革是关键，创新是动力。通过创新体制机制，更新思想理念，与时俱进推进政府职能转变，完善政府制定的各项法规政策，最终形成以社会和公共需求为导向的中国特色公共服务和社会管理模式。

一方面，坚持走创新改革之路，就是要创新政府的治理机制和体制方式。保持社会的安定有序是服务型政府建设的重要任务，也是确保我国经济

① 《李克强对公务员提四点希望　称人民满意是最高荣誉》，中国新闻网，2013 年 12 月 17 日，见 http://www.chinanews.com/gn/2013/12-17/5630923.shtml。

能够稳定发展的重要举措。当前我国的社会结构、社会格局已经发生深刻而重大的变化，政府无法再沿用传统大包大揽式的管理方式来管理社会，如果不对政府治理方式进行创新，将无法适应新形势下经济社会的发展要求。习近平总书记指出，加强和创新社会治理，关键在体制创新。因此，首先，要创新政府社会治理的体制，在政府主导下，建立起与社会各组织分工协作的机制，整合社会管理资源，实现社会协同、公众参与。通过依法依规加强对社团、中介组织、行业组织的规范管理，促进社会组织的健康发展，确保社会充满活力又安定有序。其次，要创新政府社会治理机制。在政府主导下，通过创新预防和化解社会矛盾和风险的机制，保障政府对社会有效治理的长效化和常态化。再次，要创新政府社会治理方式。从“管理”到“治理”，虽然只有一字之差，但差异巨大，治理的背后体现的是系统化、法治化、从源头着手的综合施策方式。随着移动互联网技术的发展，政府更要努力利用好互联网高效快捷的特点，实现线上线下治理相融合。

另一方面，坚持走创新改革之路，就是要创新政府的监管方式。建设服务型政府需要着力推进简政放权，提高政府治理水平，这也是建设现代化政府的必由之路。政府把不该由政府管的事情转移出去，才能从根本上实现市场在资源配置中的决定性作用，而与此同时，政府才能将有限的精力集中到营造良好发展环境，维护市场公平正义，加强宏观经济调控，防范金融风险上来。然而，光有放权还不够，市场经济体制仍有许多不足之处，有些企业和组织缺乏诚信和法治意识，侵犯知识产权，制造伪劣假冒商品，破坏生态环境甚至危害公共安全。比如，近年来新型毒品犯罪和网络诈骗犯罪频发就是由于政府对市场监督管理不够造成的，因此，只有不断创新政府的监管职能才能更好地服务于市场和经济发展。国际经验也表明，市场不断发挥作用的过程就是政府监督不断创新和加强的过程。传统的监督制度、方式、手段、理念已经不能适应新时代的要求，必须创新政府监管方式。创新发展过程中，要从三方面着手：一是明确政府监管的范围、对象，政府要有所为有所不为，监管并非越多越好，创新监管方式主要着重强调政府的事中事后监管；二是政府间监管的创新尽量减少对企业和社会组织增添不必要的负担，要提高效益，减少成本；三是形成开放、动态、信息化的政府监管理念，确保政府监管更好地体现出时效性、创新性和时代性。

三、坚持政府自身能力建设，突出政府绩效管理导向

坚持政府自身建设，推进政府自身改革是建设服务型政府必须坚持的重要原则。近年来，我国政府在自身建设和改革方面采取了一系列措施，也取得了不少进展，其中包括简政放权，深化行政审批制度改革；全面履行政府职能，推进决策科学化、民主化；加大反腐力度完善监督制约机制；加快社会主义事业发展、解决群众迫切困难、维护群众合法权益等等，政府自身建设取得了长足进展。进入新时代，行政体制改革进入攻坚的关键时期，虽然取得了诸多成绩，但行政体制内部仍然存在许多弊端，政府依然管理了许多不该管也管不好的事项，社会管理和公共服务职能却没有落实到位。比如，有些地方政府好大喜功，滥搞形象工程，大建楼堂馆所，劳民伤财；有些地方政府“唯 GDP 论”，片面追求经济增长速度，不顾当地实际情况，不惜以牺牲环境为代价，大肆开发，对当地生态造成不可逆转的破坏；有些地方政府形式主义、官僚主义、主观主义做派严重，办事脱离实际、脱离群众，独断专行，搞“一言堂”，“拍脑袋”决策；更有甚者滥用权力，知法犯法，贪污腐化严重。政府自身存在的种种问题，严重损害了政府在人民群众中的形象，背离了政府全心全意为人民服务的宗旨，只有彻底解决上述问题，才能补齐我国政府自身建设的短板，早日实现构建服务型政府的目标。

新时代下，坚持政府自身建设、提高政府为人民服务的水平，关键在于提高政府工作人员特别是领导干部的素质和修养。各级政府、各个部门及每一位政府工作人员都应深刻认识到，手中的权利是人民赋予的，必须

规范权力运行的监督机制，保障权力在制度的轨道上正确、合法、有效运行。因此，政府工作人员必须严格遵守宪法和法律，自觉运用法治思维和法治方式开展工作，自觉接受人民政协的民主监督，接受社会和舆论监督，让权力在阳光下运行。真正做到用好手中权力，为人民谋福利。与此同时，必须加强学习，在强化理论学习的同时，还要了解大数据、人工智能等最新前沿知识，善于用新的信息技术手段提高工作效率，以求真务实的态度真抓实干，在实践中不断解放思想，与时俱进，增强全面正确履行政府职责的能力。唯有如此，方能不断强化政府自身建设，打造人民满意的服务型政府。

第三节　新时代服务型政府建设的着力点

习近平总书记指出：“推进国家治理体系和治理能力现代化是坚持和发展中国特色社会主义的必然要求，也是实现中国社会主义现代化的应有之义。”① 建设服务型政府，是推进国家治理体系和治理能力现代化的重要组成部分，充分体现了现代政府应有的“有限政府、法治政府、责任政府和透明政府”的本质特征，顺应世界性政府改革发展趋势。新时代的服务型政府建设，需要从新的历史方位、新的时代坐标谋划思考，瞄准新的矛盾变化、新的能力需求和新的发展方向重点发力。

一、着力于解决新时代的社会主要矛盾

新时代的社会主要矛盾发生变化，意味着中国人民的生活水平有了巨大提升，社会进步水平有了极大提高，更加多元化、多样化的“美好生活需要”

① 《习近平谈治国理政》，外文出版社 2014 年版，第 104 页。

占据主导地位。对社会主要矛盾的准确把握，始终是党和政府指导中国特色社会主义事业不断向前迈进的重要保证。

从历史逻辑看，社会主要矛盾变化直接影响政府职能定位。党的八大指出，社会主义制度建立后“国内的主要矛盾，已经是人民对于建立先进的工业国的要求同落后的农业国的现实之间的矛盾，已经是人民对于经济文化迅速发展的需要同当前经济文化不能满足人民需要的状况之间的矛盾”。1981 年，党的十一届六中全会将这一矛盾凝练为“人民日益增长的物质文化需要同落后的社会生产之间的矛盾”。这一重要论断，准确把握了社会主义初级阶段我国社会生产力和生产关系的特点，明确了当时我国面临的主要问题、奋斗目标和工作重点，为改革开放的顺利推进，为中国特色社会主义事业的成功实践提供了科学指引。经过长期的不懈努力，国家经济社会发生了翻天覆地的变化，尤其是党的十八大以来，党和国家事业发生了历史性变革，取得了历史性成就。新时代党中央提出主要矛盾发生变化关系改革全局的历史性变化，认识和把握这一变化，对于制定正确的路线方针政策，明确政府职能定位，推进服务型政府建设具有极为重要的意义。

从实践逻辑看，政府职能转变不断顺应社会公共需要。“美好生活需要”是多元多维多样的，既涵盖了物质需要又超越了物质需要，不仅对物质文化生活提出了更高要求，而且在民主、法治、公平、正义、安全、环境等方面的要求日益增长。我们需要着力解决的不再是落后的社会生产的问题，而是发展不平衡不充分的问题。在推进服务型政府建设时，要针对发展质量和效益不高的状况，着眼社会公共需求变化，加快政府职能转变。在加强宏观调控，保证经济平稳健康发展的基础上，坚定不移地贯彻创新、协调、绿色、开放、共享的发展理念，为改善人民生活质量提供更多优质的生态产品。把创新摆在促进社会发展的核心位置，通过政府引导，不断推进理论创新、科技创新、文化创新等各方面创新，鼓励大众创业、万众创新，鼓励中小民营企业通过自主创新加快发展。通过强化现代社会治理、促进共同富裕实现社会和谐，确保社会充满活力又和谐有序，努力使人民享有更加幸福安康的生活。加快提高和改善民生水平，充分保障人民平等参与、平等发展权利，让改革发展成果更多更公平地惠及全体人民，使人民有更好的教育、更稳定的工作、更满意的收入、更可靠的社会保障、更高水平的医疗卫生服务、更舒适的居住条件、更优美的环境，从精神文化到政治生活再到社会地位，全方位满足人民的美好生活需要。

二、着力于筑牢新时代公平正义的价值观

公平正义是千百年来人类不懈追求的美好愿望，是中国特色社会主义的内在要求，也是社会主义核心价值观的重要组成部分。党的十九大报告多次提到“公平正义”，指出要“必须多谋民生之利、多解民生之忧，在发展中补齐民生短板、促进社会公平正义”，要“完善公共服务体系，保障群众基本生活，不断满足人民日益增长的美好生活需要，不断促进社会公平正义，形成有效的社会治理、良好的社会秩序”。①党的十八大报告也鲜明地把“必须坚持维护社会公平正义”②视为在新的历史条件下夺取中国特色社会主义新胜利必须牢记、把握的基本要求，将其作为全党全国各族人民的共同信念。党的十八届三中全会《决定》更是明确提出，全面深化改革必须以促进社会公平正义、增进人民福祉为出发点和落脚点。这些提法都为新时代推进服务型政府建设提出了新的更高要求。

促进社会公平正义，体现在社会生活各个领域、各个层次、各个方面。随着我国经济社会的不断发展，人民群众的权利意识、法制意识不断增强，

① 习近平：《决胜全面建成小康社会　夺取新时代中国特色社会主义伟大胜利——在中国共产党第十九次全国代表大会上的报告》，人民出版社2017年版，第45页。

② 胡锦涛：《坚定不移沿着中国特色社会主义道路前进　为全面建成小康社会而奋斗——在中国共产党第十八次全国代表大会上的报告》，人民出版社2012年版，第10页。

对社会公平正义的要求也随之提高。当前，社会上还存在大量有违公平正义的现象：一方面，人民群众对社会不公包括司法不公反映越来越强烈，有法不依、执法不严、违法不究现象在一些地方和部门依然存在，一些公职人员滥用职权、失职渎职、执法犯法甚至徇私枉法，严重损害了国家法制权威，也严重损害了社会公平正义。另一方面，虽然在打破平均主义、促进经济发展、“做大蛋糕”等方面取得了显著成绩，但“蛋糕”分配不公的问题却尤为突出。国民收入分配过多倾向于资本、政府垄断部门和企业高管，劳动所占比例较低，居民收入所占比重较小，城乡居民收入差距扩大趋势没有根本扭转，地区和行业收入差距仍然呈扩大之势等等，这些问题都成为影响社会稳定的重要因素。因此，推进服务型政府建设，促进公平正义的价值观，就要在新旧结合上下功夫。

一方面，要抓好制度建设。“要在全体人民共同奋斗、经济社会发展的基础上，加紧建设对保障社会公平正义具有重大作用的制度，逐步建立以权利公平、机会公平、规则公平为主要内容的社会公平保障体系，努力营造公平的社会环境，保证人民平等参与、平等发展的权利”，[①] 使公平正义体现在人们从事各项活动的起点、机会、过程和结果之中。另一方面，要以改革创新精神，推动政府职能向维护社会公平正义转变。实现公平正义的过程，也是社会主义社会不断探索创新的过程。经济体制改革、政治体制改革以及其他各方面改革，其根本目的就是要促进生产力的发展，实现社会的公平正义。推进政府职能向维护社会公平正义转变，就是要奠定维护和实现社会公平正义的物质基础，优化维护和实现社会公平正义的政策体制环境，进一步清除危害社会公平正义的不良因素，切实解决现实存在的不利于公平正义的诸多问题。只有牢固树立新时代公平正义价值观，才能使我们的政府真正成为全心全意为人民服务宗旨的践行者，成为人民群众根本利益的维护者，成

---

① 胡锦涛：《坚定不移沿着中国特色社会主义道路前进　为全面建成小康社会而奋斗——在中国共产党第十八次全国代表大会上的报告》，人民出版社 2012 年版，第 14 页。

为社会公平正义的促进者。

三、着力于打造新时代高效公共服务体系

高效快捷是公众和社会对于公共服务的基本要求之一，也是衡量政府公共服务水平高低的重要评价标准，是政府应尽的职责。然而，由于在很长一段时间内，政府的经济职能、行政职能远远超越了它的服务职能，造成经济发展与公共服务“一条腿长、一条腿短”的状况，公共服务的发展速度明显滞后于经济发展速度，政府公共服务能力不强成为服务型政府建设的“短板”。因此，服务型政府建设就要以提高公共服务的效率和质量为中心，通过对社会各类资源优化整合，实现以低廉的行政成本为群众提供优质、便捷、高效的公共服务。

打造新时代高效快捷的公共服务体系，具体包括三方面内容：一是完善政府决策机制。建立科学民主的民意反映制度，通过深入基层了解民情，广泛调研集中民智，在政策制定和出台时，站在人民的立场和角度，充分反映民意，切实珍惜民力，确保出台的政策不是拍脑袋决策，不再出现“证明你妈是你妈”等让群众啼笑皆非又无可奈何的政策。二是加快数字政府建设。利用互联网等信息技术，实现公共服务的信息化、现代化和职能化，打破政府部门间的信息壁垒，实现信息互联互通、资源共建共享和管理协同共治，建立起统一的电子政务平台和一站式电子政府服务大厅，方便群众查找办事资料，简化办事流程和手续，提高办事效率。三是在政府主导下实现社会协同、群众参与的公共服务供给机制。将适合由市场和社会提供的公共服务交还给市场和社会，引入竞争机制，降低公共服务成本，提高公共服务的效率和质量。政府只有通过不断的创新服务和管理方式，拓宽公共服务的方式和领域，降低行政成本，提升行政效能，改善公共服务的质量，最终才能提升人民群众对政府服务的满意度。

四、着力于完善新时代社会民生保障体制

努力解决民生问题，是新时代服务型政府建设的基本任务。政府通过分配公共产品和公共服务，调节社会各阶层间的收入差距，保障社会公平正义和安定有序。新时代服务型政府不同于以往的政府职能定位，必须将公共服务职能放在重要位置，不断优化公共服务的布局结构，首先就是要建成惠及全民的社会民生保障体制。

一是实施积极的就业政策，完善就业、再就业体系。就业是民生之本，近年来我国经济下行压力较大，就业形势较为严峻，政府在继续保持经济稳步增长的同时，要把就业和再就业工作作为重中之重，给予更多的政策支持，保持经济结构调整与就业结构改善不断优化，相互协调、相互配合、相互促进、共同发展。二是大力发展教育、卫生、文化等公共事业。大力发展“互联网+”教育，促进优质教育资源异地共享、城乡共享，着力解决农村教育问题，抓好民族教育、特殊教育和继续教育。稳步提高城乡居民基本医保和大病保险保障水平，进一步减轻大病患者、困难群众医疗负担，加强重大疾病防治，加快建立远程医疗服务体系和基层医护人员培养，让更广大人民群众受益。广泛开展群众性精神文明创建活动，丰富人民群众精神文化生活。培育和践行社会主义核心价值观，大力弘扬奋斗精神、科学精神、劳模精神、工匠精神，汇聚起向上向善的强大力量。不断推动文化事业和文化产业改革发展，提升基层公共文化服务能力。三是健全完善社会保障制度。建立多层次养老保障体系，提高退休人员待遇，逐步提高城乡低保和专项救助金标准，帮助城镇困难职工脱贫。通过公共政策有效引导，增强政府基本公共服务供给能力，调动社会力量提高非基本公共服务供给，围绕教育、卫生、养老等领域为人民群众提供更加高效、公平可及的公共服务。

五、着力于提升新时代下政府的执行力和公信力

政府公信力是政府执行力的基础，政府执行力是政府公信力的重要体现。新时代下，我国政府公信力和执行力离服务型政府建设要求还有一定差距。“门难进、脸难看、话难听、事难办”是政府留给办事群众的直观印象，一些政府部门和工作人员缺乏责任意识，敷衍塞责、拖泥带水，遇到困难躲着走、绕着走，不作为、不担当的“懒政”现象以及曲解执行、替换执行、附加执行等执行失真现象较为严重。诚信是做人之本，从个人到社会都离不开信用体系的构建，而在整个社会信用体系中，政府诚信是社会诚信的表率，也是社会诚信的标杆。李克强总理曾指出，“树立风清气正、办实事、能干事的形象，这样政府才有公信力，人民才会和政府一道攻艰克难”。① 成事之要在于行，执行力是连接政府目标与行政结果之间的纽带，执行力是政府治理中履行政府职能不可或缺的要素。政府的执行力与政府公信力相辅相成，息息相关。一个没有公信力的政府，必然难以政令畅通，因此也就没有很强的执行力，而一个执行力很弱的政府，必然难以贯彻执行政府的政策法规，最终导致政府也无公信力可言。因此，必须全面提升政府的生命力，在提升政府公信力和执行力上下功夫。

一是将依法行政摆在首位。依法行政是群众观察政府可信度的重要指标，政府作为公权力的执掌者和行使者，必须在法律和制度的框架内活动，自觉接受法律的制约和社会各界的监督。领导干部必须以身作则，充分发挥表率作用，严格遵守廉政准则，始终筑牢廉洁自律防线，真正做到清清白白为官、干干净净做事。二是将政府诚信作为重点。诚信行政要求政府的政策不能朝令夕改，而是努力确保政策出台的科学性和可行性，同时保证政策实施的连续性和稳定性，做到“言必行、行必果”，少说多干，勇于担当，不

---

① 《李克强主持召开新一届国务院第一次全体会议》，中国政府网，2013 年 3 月 21 日，见 http://www.gov.cn/ldhd/2013-03/21/content_2359563.htm。

开“空头支票”，不去透支群众对政府的信任。三是将问责制度落到实处。建立健全官员问责制，对于政府的工作人员、领导干部必须高标准、严要求，强化对行政全过程的监督，对于随意决策、执行涣散、行政低效、玩忽职守、违法乱纪的行为要坚决问责到底。四是将转变作风贯穿始终。大力培育政府工作人员的责任意识、服务意识、法治意识、大局意识，不断提升政府工作人员的知识水平、结构，切实转变工作态度，在行政过程中出实招、求实效，把雷厉风行和久久为功结合起来，勇于面对改革中的各种复杂矛盾，践行“马上就办、办就办好”的工作作风，以钉钉子精神做实、做细、做好公共服务，从根本上提升政府的公信力和执行力。

第四章　深化党和国家机构改革

党和国家机构职能体系是中国特色社会主义制度的重要组成部分，是中国共产党治国理政的重要保障，是国家治理体系和治理能力的重要支撑。党的十九大报告就深化机构改革作出重要部署，党的十九届三中全会研究并出台两个重要文件，即《中共中央关于深化党和国家机构改革的决定》（以下简称《决定》）和《深化党和国家机构改革方案》（以下简称《方案》），提出一系列重大改革举措，整体性推进中央和地方各级各类机构改革，重构性健全党的领导体系、政府治理体系、武装力量体系、群团工作体系，系统性增强党的领导力、政府执行力、武装力量战斗力、群团组织活力，① 初步建立起适应新时代要求的党和国家机构职能体系主体框架。深化党和国家机构改革以习近平新时代中国特色社会主义思想为指导，是一场全方位、立体式、战略性的深刻变革，充分彰显了党的集中统一领导和我国社会主义制度的政治优势，具有划时代的意义。

第一节　新时代党和国家机构改革的迫切性

中国特色社会主义进入新时代，这是我国发展新的历史方位，党情、国情、社情发生深刻变化，治国理政的任务更加艰巨，迫切需要党和国家机构与时俱进地进行深化改革，推进国家治理体系和治理能力现代化。

---

① 《习近平谈治国理政》第三卷，外文出版社 2020 年版，第 105 页。

一、改革开放以来机构改革的演进脉络

改革开放以来，自 1982 年起每 5 年左右进行一次机构改革，每一次机构改革都关系着党和国家的重大任务和历史进程，通过不断的调适和完善，形成有中国特色和时代特征的党和国家机构职能体系。

（一）改革开放以来党和国家机构改革的基本历程

改革开放以来，为适应党和国家事业发展需要，党中央部门于 1982 年、1988 年、1993 年、1999 年、2018 年集中进行了 5 次改革，国务院机构于 1982 年、1988 年、1993 年、1998 年、2003 年、2008 年、2013 年、2018 年集中进行了 8 次改革。其中，20 世纪 80 年代、90 年代的党中央部门机构改革和国务院机构改革基本上是同步的，二者均进行了前四次改革；进入 21 世纪以后，党和政府的机构改革开始不同步，相对注重政府机构本身的改革，直到 2018 年通过深化党和国家机构改革，再次回归统筹党政机构改革的轨道，同时扩展为统筹党政军群各类机构改革。由于机构改革所处的环境和形势不同，历次改革的目标、重点和任务也有所不同（主要任务如表 4—1 所示），机构改革又牵引推进了相关领域的改革，如行政管理体制改革、干部制度和公务员制度改革等。

表 4—1　改革开放以来党中央部门和国务院机构历次改革主要任务

改革时间	党中央部门机构改革	改革时间	国务院机构改革
1982 年	解决各级党的机构和人员编制快速膨胀、各级领导班子人员过多、年龄老化的问题	1982 年	精简机构和编制，为深化经济体制改革创造条件

续表

改革时间	党中央部门机构改革	改革时间	国务院机构改革
1988年	重点抓定机构、定职能、定编制的“三定”工作，实施党政职能分开，理顺党的工作部门和行政部门、党的工作机构和政府机构、党的群团组织和党务工作部门之间的关系，精简机构和人员编制	1988年	政府职能转变，减少政府机构直接干预企业经营活动的职能，强化宏观管理职能
1993年	理顺关系，调整结构，精简内设机构和人员，进一步改善干部结构和提高干部素质，提高工作效率。基本确立新时期中共中央工作部门的基本格局	1993年	转变政府职能，精简内设机构和人员，加强宏观调控和监督职能，弱化微观管理职能，推行政企分开，适应建立社会主义市场经济体制的需要
1999年	进一步理顺职能关系，精简、调整内设机构和人员编制，优化人员结构，增强机关活力	1998年	建立办事高效、运转协调、行为规范的政府行政管理体系，完善国家公务员制度，逐步建立适应社会主义市场经济体制的有中国特色的行政管理体制
		2003年	深化国有资产管理体制、宏观调控体系、金融监管体制、流通体制等改革，加强食品安全和安全生产监管体制建设，进一步转变政府职能
		2008年	围绕转变政府职能和理顺部门职责关系，探索大部门体制，合理配置宏观调控部门职能
		2013年	围绕转变职能和理顺职责关系，稳步推进大部门制改革，实行铁路政企分开
2018年	健全党对重大工作的领导体制机制，更好发挥党的职能部门作用，推进职责相近的党政机关合并设立或合署办公，优化部门职责，提高党把方向、谋大局、定政策、促改革的能力和定力	2018年	转变政府职能，着力推进重点领域、关键环节的机构职能优化和调整，构建起职责明确、依法行政的政府治理体系，增强政府公信力和执行力，加快建设人民满意的服务型政府

资料来源：根据中国机构编制网和历次《国务院机构改革方案》整理而成。

习近平总书记强调："机构改革是一个过程，不会一蹴而就，也不会一劳永逸，需要不断进行调整。"[①] 机构改革具有阶段性和渐进性的特征。

从改革的范围和力度来看，可以划分为两个阶段：一是2018年之前的历次改革，主要侧重于党政机构改革，尤其是政府机构改革；二是2018年的党和国家机构改革，不同于以往的历次机构改革，力度规模之大、涉及范围之广、触及利益之深前所未有，既有当下"改"的举措，又有长久"立"的设计，[②] 包括党、政府、人大、政协、司法、群团、社会组织、事业单位，跨军地、中央和地方各层级机构，体现在完善坚持党的全面领导的制度、优化政府机构设置和职能配置、统筹党政军群机构改革、合理设置地方机构、推进机构编制法定化等诸多方面。

从改革的演进时间来看，大体可以划分为三个阶段：一是20世纪80—90年代的改革，包括党政机构前四次改革，以"破"为主，逐步改革和撤销计划经济体制下形成的政府机构框架和相应的行政管理体制，以全部专业经济管理部门基本撤销为标志。[③] 该阶段党政机构改革基本同步进行，以"精简"为重点，特别是调整和撤销专业经济管理部门，推行政企分开，一些被撤销的政府部门转化为国有企业、行业协会。二是21世纪第一个十年的改革，包括2003年和2008年两次政府机构改革，以"立"为主，逐步建立适应于社会主义市场经济体制的机构框架。该阶段党中央部门机构相对稳定，主要是政府机构改革，以"整合"为重点，特别是探索实行职能有机统一的大部门体制，初步形成了与宏观调控、市场监管、社会管理、公共服务职

---

① 《中共中央举行党外人士座谈会和民主协商会　习近平主持会议并发表重要讲话》，《人民日报》2018年3月2日。

② 习近平：《关于深化党和国家机构改革决定稿和方案稿的说明》，见《〈中共中央关于深化党和国家机构改革的决定〉〈深化党和国家机构改革方案〉辅导读本》，人民出版社2018年版，第103页。

③ 左然、左源：《40年来我国机构改革的经验和启示》，《中国行政管理》2018年第9期。

能相配套的政府组织架构。[①] 三是 21 世纪第二个十年的改革，包括 2013 年的政府机构改革和 2018 年的党和国家机构改革，构建新时代的党和国家机构职能体系。该阶段的 2013 年政府机构改革是过渡性的改革，继续推进大部门制改革，之后党中央加强了对深化改革、经济、全面依法治国、国家安全、网络安全和信息化、军民融合等重大工作的统筹领导和机构设置。2018 年党和国家机构改革以“重塑”为重点，是一场系统性、整体性、重构性的变革，力图构建适应新时代要求的党和国家机构职能体系，为完善和发展中国特色社会主义制度、推进国家治理体系和治理能力现代化提供有力组织保障。

机构改革是复杂的系统工程和艰巨的任务，不可能毕其功于一役，因此采取渐进性持续性改革的策略。1982 年，邓小平同志指出：“精简机构是一场革命，”[②] 之后近 20 年的党政机构改革一以贯之地精简机构和人员，1982 年党中央直属机构 30 个，1988 年机构改革后精简为 17 个，1993 年继续精简为 12 个，1998 年的国务院机构改革将组成部门由 40 个削减为 29 个，部委内设司局级机构减少 200 多个，人员数量减少了一半，是 2018 年之前的历次机构改革精简力度最大的一次。2008 年国务院机构改革提出探索大部门体制，2013 年则是稳步推进大部门制。2018 年起构建系统完备、科学规范、运行高效的党和国家机构职能体系，也需要在总体设计下稳步推进各类各层次机构设置和职能配置。

（二）改革开放以来机构改革的演变逻辑

改革开放以来，机构改革的演变遵循着一定的逻辑，不断提升党和国家机构职能体系的活力。

一是经济基础决定上层建筑。经济基础决定上层建筑，上层建筑反作用

① 沈荣华：《我国政府机构改革 40 年的启示和新趋向》，《行政管理改革》2018 年第 10 期。

② 《邓小平文选》第 2 卷，人民出版社 1994 年版，第 396 页。

于经济基础，上层建筑一定要适应经济基础的状况，这是社会发展的基本规律。作为上层建筑的一部分，党和国家机构需要适应经济社会的发展不断改革完善。中国的改革开放起步于经济体制改革，党的十一届三中全会把党和国家工作重心转移到经济建设上来，以经济建设为中心，不断解放和发展生产力。经济体制改革的重点和任务成为1982年以来的历次党和国家机构改革的主要依据，围绕建立完善社会主义市场经济体制，不断优化和规范机构职能，实现了从计划经济条件下的机构职能体系向社会主义市场经济条件下的机构职能体系的重大转变。正是适应于社会主义市场经济的需要，党和国家机构不断转变政府职能、优化政府组织架构、理顺部门职责关系、提高机构运行效率。在这一过程中，宏观管理机构职能不断优化，尤其是宏观经济管理部门发生变化，如1982年重组国家经济委员会，对全国经济进行集中统一领导和指挥，1988年成立国家计划委员会，1998年将国家计划委员会更名为国家发展计划委员会，2003年再次更名为国家发展和改革委员会，之后的改革进一步理顺和优化宏观经济管理部门之间的权责关系；与此同时，微观管理的专业经济部门不断撤并和调整，下放权力给市场主体，实行政企分开、政资分开、政事分开、政社分开，推进简政放权、放管结合、优化服务，如1993年和1998年的机构改革大幅减少专业经济管理部门，直接推动了一批国有企业和行业协会的产生，2013年的机构改革撤销铁道部，成立中国铁路总公司和归口交通运输部管理的国家铁路局，实行政企分开。党的十八届三中全会指出："经济体制改革是全面深化改革的重点，核心问题是处理好政府和市场的关系，使市场在资源配置中起决定性作用和更好发挥政府作用。"[①]2018年的机构改革继续坚持以经济体制改革为牵引带动其他领域改革协同推进的改革规律，破除制约使市场在资源配置中起决定性作用、更好发挥政府作用的体制机制弊端，调整优化政府机构职能，全面提高

① 《中共中央关于全面深化改革若干重大问题的决定》，人民出版社2013年版，第5页。

政府效能。市场经济体制建立的渐进性，决定了机构改革的过渡性。①

二是加强和改善党的领导。中国的政治主体结构是放射型结构，党的领导是国家权力结构的核心，历次机构改革都是在党的领导下进行的。邓小平同志在1980年《党和国家领导制度的改革》的讲话中提到，“改革党和国家的领导制度，不是要削弱党的领导，涣散党的纪律，而正是为了坚持和加强党的领导，坚持和加强党的纪律”，“问题是党要善于领导；要不断地改善领导，才能加强领导。”② 党和国家机构是党执政的重要载体，加强和改善党的领导是改革开放以来党和国家机构改革的主轴和根本，党的领导必须“体现到国家政权的机构、体制、制度等的设计、安排、运行之中，保障和实现党的领导的政治落实、思想落实、组织落实”③。党政关系的调整是许多项重要改革工作的逻辑起点，④ 尤其是通过机构改革的载体来实现。理顺党政职责关系是长期以来机构改革致力探索解决的方向，从实践来看，坚持和加强党的统一领导一以贯之于历次党政机构改革，只是领导的改善方式与阶段性任务有所不同。改革开放初期，为了解决“以党代政”、“党政不分”问题，20世纪的前四次机构改革推进了党政分开改革，党政关系日益走向规范化，如1993年党的十四届二中全会通过《关于党政机构改革的方案》将党中央直属机构确定为12个：中央纪委机关与国家监察部合署办公，工作部门和办事机构9个，派出机构2个，此外中央设有议事性委员会或领导小组12个。然而，“由于一个时期片面理解和执行党政分开，一些领域党的领导弱化的现象还不同程度存在，党的机构设置和职能配置还不够健全有力，保障党的全面领导、推进全面从严治党的制度和体制机制有待完善”⑤。新时代的党和国家机

① 刘智峰：《第七次革命》，中国社会科学出版社2003年版，第83页。

② 《邓小平文选》第2卷，人民出版社1994年版，第342页。

③ 黄坤明：《建设总揽全局、协调各方的党的领导体系》，《人民日报》2018年3月17日。

④ 朱光磊：《当代中国政府过程》，天津人民出版社2008年版，第49页。

⑤ 丁薛祥：《深化党和国家机构改革是推进国家治理体系和治理能力现代化的必然要求》，《人民日报》2018年3月12日。

构改革以“党的全面领导”为核心，在党政机构职能调适方面主要表现为“党政机构部门合一、改革领导体制、党的职能部门进行直接管理”①，“只有统筹设置党政机构，准确定位、合理分工、增强合力，防止机构重叠、职能重复、工作重合，才能推动党和国家各项工作在党的统一领导下，各就其位、各司其职、各尽其责、有序协同。”② 实质上，2018 年机构改革在党政职责关系上更加注重“党政协同”，有统有分，有主有次，在党的集中统一领导下有所职能定位的分工，将政务管理职能领域的党的有关机构同职能相近、联系紧密的其他部门统筹设置，实行合并设立或合署办公，加强组织、宣传、统战部门的统一归口协调管理职能，在政府的经济调节、市场监管、社会管理、公共服务、生态环境保护职能领域则很少采取统筹机构设置的做法,③ 这也是更好发挥党的领导和协调作用，确保党始终总揽全局、协调各方。

三是转变政府职能。机构是职能的载体，职能是机构存在的依据，转变政府职能相对于机构调整更具根本性。1987 年党的十三大报告对 1988 年的机构改革作出部署安排，首次提出“这次机构改革必须抓住转变职能这个关键”，此后的历次政府机构和行政体制改革都是以转变政府职能为核心而展开。1988 年、1993 年、1998 年的三次政府机构改革主要是采取政企分开、减少对微观管理和直接管理的途径实现转变政府职能，如 1988 年提出“按政企分开的原则，把直接管理企业的职能转移出去，把直接管钱、管物的职能放下去，把决策、咨询、调节、监督和信息等职能加强起来，使政府对企业由直接管理为主逐步转到间接管理为主”，1993 年提出“加强宏观调控和监督部门，强化社会管理职能部门，减少具体审批事务和对企业

---

① 竺乾威:《机构改革的演进：回顾与前景》,《公共管理与政策评论》2018 年第 5 期。

② 陈希:《深化党和国家机构改革是加强党的长期执政能力建设的必然要求》,《人民日报》2018 年 3 月 15 日。

③ 宋世明:《深化党和国家机构改革推进国家治理体系和治理能力现代化》,《行政管理改革》2018 年第 5 期。

的直接管理，做到宏观管好，微观放开”，“政府的行政管理职能，主要是统筹规划、掌握政策、信息引导、组织协调、提供服务和检查监督”，1998年提出“要把政府职能切实转变到宏观调控、社会管理和公共服务方面来，把生产经营的权力真正交给企业”。2003 年、2008 年、2013 年、2018 年的四次政府机构改革主要是采取对职能的优化组合途径实现转变政府职能，如政府的基本职能从 1998 年的宏观调控、社会管理、公共服务“三职能”到 2003 年的经济调节、市场监管、社会管理、公共服务“四职能”，再到 2018 年的经济调节、市场监管、社会管理、公共服务、生态环境保护“五职能”，不断完善；2013 年将国务院机构改革和职能转变并列，推进职能转移、下放、整合、加强，从充分发挥市场在资源配置中的基础性作用、更好发挥社会力量在管理社会事务中的作用、充分发挥中央和地方两个积极性、优化职能配置、改善和加强宏观管理、加强制度建设和依法行政等六个方面提出重点措施。

二、历次机构改革存在的问题

改革本身就是发现问题和解决问题的过程，历次机构改革都是从其所处的历史阶段出发，做出对问题的形势判断和对策提出。20 世纪前四次改革所面临的突出问题主要是政企不分、职责不清、结构不合理、机构臃肿、效率低下，虽然采取了一定的改革措施，但没有形成深层次的制度体系，没有理顺政府和市场的关系、没有明确政府的职能定位。21 世纪前三次改革所面临的突出问题依然是职能转变不到位，职能越位、缺位，职责配置交叉、权责脱节、效率不高，行政权力的制约监督机制不完善，这些主要是建立与社会主义市场经济相适应的政府机构职能体系过程中的问题，较为局限于政府自身的改革，改革的整体联动性不强，一些领域的深层次矛盾和累积问题无法有效化解，同时又产生一些新问题。例如，政府机构改革缺乏与党、人大、政协、群团、事业单位和军队等其他机构改革的协调配置，党的领导地位有待加强；经济管理职能转变尚未完全到位；社会管理和公共服务职能转变及机构改革滞后；地方政府机构改革缺乏自主权，地方机构改革创新难以延续；[①] 党政部门内设机构整合不充分，部门间协同性不足；政府之外的机构改革相对缓慢；机构编制法治化滞后。

习近平总书记指出，“党的十九届三中全会专门研究深化党和国家机构改革问题，目的是在全面深化改革进程中抓住有利时机，下决心解决党和国家机构设置和职能配置中存在的突出矛盾和问题。”[②] 进入新时代，2018 年深化党和国家机构改革主要面临的是“两个不适应”，即党和国家机构设置和职能配置同统筹推进“五位一体”总体布局、协调推进“四个全面”战略布局的要求还不完全适应，同实现国家治理体系和治理能力现代化的要求还不完全适应。《决定》将其问题表现列举为十个方面：一是一些领域党的机构设置和职能配置还不够健全有力，保障党的全面领导、推进全面从严治党的体制机制有待完善；二是一些领域党政机构重叠、职责交叉、权责脱节问题比较突出；三是一些政府机构设置和职责划分不够科学，职责缺位和效能不高问题凸显，政府职能转变还不到位；四是一些领域中央和地方机构职能上下一般粗，权责划分不尽合理；五是基层机构设置和权力配置有待完善，组织群众、服务群众能力需要进一步提高；六是军民融合发展水平有待提高；七是群团组织政治性、先进性、群众性需要增强；八是事业单位定位不准、职能不清、效率不高等问题依然存在；九是一些领域权力运行制约和监督机制不够完善，滥用职权、以权谋私等问题仍然存在；十是机构编制科学化、规范化、法定化相对滞后，机构编制管理方式有待改进。这些问题概括起来主要是机构设置不够优化、职能配置不够协同、机制运行不够高效，是影响

① 陈鹏：《改革开放四十年来我国机构改革道路的探索和完善》，《浙江社会科学》2018 年第 4 期。

② 习近平：《关于深化党和国家机构改革决定稿和方案稿的说明》，见《〈中共中央关于深化党和国家机构改革的决定〉〈深化党和国家机构改革方案〉辅导读本》，人民出版社 2018 年版，第 76 页。

和制约党和国家事业发展的根本性体制问题，是我们长期想解决而没有解决的重大问题。①

三、新时代对机构改革提出新要求

新时代对党和国家机构改革提出新的要求，既包括统筹推进“五位一体”总体布局、协调推进“四个全面”战略布局的要求，也包括实现国家治理体系和治理能力现代化的要求；不仅要求立足当前，为决胜全面小康社会提供保障，而且要求放眼未来，注重解决事关长远的体制机制问题。

（一）坚持和加强党的全面领导

党政军民学，东西南北中，党是领导一切的。党的十九大报告提出，中国特色社会主义最本质的特征是中国共产党领导，中国特色社会主义制度的最大优势是中国共产党领导，党是最高政治力量。党的全面领导必须贯彻落实到党和国家机关履行职责的各领域各环节，通过深化党和国家机构改革来进行组织落实和完善制度安排，由机构职能层面解决党对一切工作领导的体制机制问题，充分发挥党的领导这个最大制度优势。坚持和加强党的全面领导是贯穿于改革全过程的政治主题，有利于确保党长期执政和国家长治久安。党的十九届四中全会提出，健全党的全面领导制度，“完善党和国家机构职能体系，把党的领导贯彻到党和国家所有机构履行职责全过程，推动各方面协调行动、增强合力”。②

① 王晓晖：《坚持优化协同高效推进党和国家机构改革》，《人民日报》2018年3月19日。

② 《中共中央关于坚持和完善中国特色社会主义制度　推进国家治理体系和治理能力现代化若干重大问题的决定》，《人民日报》2019年11月6日。

（二）坚持和发展中国特色社会主义

中国特色社会主义制度是党和人民在长期实践探索中形成的科学制度体系，我国国家治理一切工作和活动都依照中国特色社会主义制度展开。①新时代坚持和发展中国特色社会主义，总任务是实现社会主义现代化和中华民族伟大复兴，在全面建成小康社会的基础上，分两步走在本世纪中叶建成富强民主文明和谐美丽的社会主义现代化强国，总体布局是“五位一体”、战略布局是“四个全面”，全面深化改革总目标是完善和发展中国特色社会主义制度、推进国家治理体系和治理能力现代化。瞄准发展方向，着力解决重点问题，需要深化党和国家机构改革，通过改革机构设置和优化职能配置，进一步完善国家治理体系和提升治理能力，进一步完善和发展中国特色社会主义制度，为实现“两个一百年”奋斗目标提供体制支撑和制度保障。

（三）落实以人民为中心的发展思想

我国在新时代的社会主要矛盾已经转化为人民日益增长的美好生活需要和不平衡不充分的发展之间的矛盾。坚持以人民为中心的发展思想就要把增进人民福祉、促进人的全面发展作为工作的出发点和落脚点，顺应人民对美好生活的向往，集中各方面力量解决发展不平衡不充分问题。满足人民群众更高要求的物质文化生活需要和日益增长的民主、法治、公平、正义、安全、环境等方面的需要，迫切需要党和国家机构职能体系深化改革，优化机构设置、职能配置、人员编制，创新体制机制、制度程序、方法手段，提高为民尽责的能力水平，提升为民服务的效率效能，②让发展成果更多更公平惠及全体人民，更好推动人的全面发展、社会全面进步。

---

① 《中共中央关于坚持和完善中国特色社会主义制度　推进国家治理体系和治理能力现代化若干重大问题的决定》，《人民日报》2019 年 11 月 6 日。

② 郭声琨：《坚持以人民为中心推进党和国家机构改革》，《人民日报》2018 年 3 月 16 日。

第二节　深化党和国家机构改革的总体思路

深化党和国家机构改革是一个比较全面、比较彻底、比较可行的改革顶层设计。[①]党的十九届三中全会作出的《决定》是深化党和国家机构改革的指导性文件，着重阐述了深化党和国家机构改革的重要意义、指导思想、原则思路、目标任务。

一、深化党和国家机构改革的指导思想

《决定》指出，深化党和国家机构改革的指导思想是，“全面贯彻党的十九大精神，坚持以马克思列宁主义、毛泽东思想、邓小平理论、‘三个代表’重要思想、科学发展观、习近平新时代中国特色社会主义思想为指导，适应新时代中国特色社会主义发展要求，坚持稳中求进工作总基调，坚持正确改革方向，坚持以人民为中心，坚持全面依法治国，以加强党的全面领导为统领，以国家治理体系和治理能力现代化为导向，以推进党和国家机构职能优化协同高效为着力点，改革机构设置，优化职能配置，深化转职能、转方式、转作风，提高效率效能，为决胜全面建成小康社会、开启全面建设社会主义现代化国家新征程、实现中华民族伟大复兴的中国梦提供有力制度保障。”这一指导思想的核心是“以加强党的全面领导为统领，以国家治理体系和治理能力现代化为导向，以推进党和国家机构职能优化协同高效为着力点”，深化党和国家机构改革。

---

① 习近平：《关于深化党和国家机构改革决定稿和方案稿的说明》，见《〈中共中央关于深化党和国家机构改革的决定〉〈深化党和国家机构改革方案〉辅导读本》，人民出版社2018年版，第103页。

二、深化党和国家机构改革的目标

《决定》中将深化党和国家机构改革的目标分为两个层次：一是形成结构性的目标体系，即确立“构建系统完备、科学规范、运行高效的党和国家机构职能体系”的总目标，其中，系统完备就是机构健全、职能配套、机制完善，重点解决党和国家机构职能体系覆盖面问题，科学规范就是设置合理、程序严密、于法周延，重点解决党和国家机构职能体系精准度问题，运行高效就是运转协调、执行顺畅、监督有力，重点解决党和国家机构职能体系实效度问题；[①] 形成“总揽全局、协调各方的党的领导体系，职责明确、依法行政的政府治理体系，中国特色、世界一流的武装力量体系，联系广泛、服务群众的群团工作体系”四个子目标，推动人大、政府、政协、监察机关、审判机关、检察机关、人民团体、企事业单位、社会组织等在党的统一领导下协调行动、增强合力，全面提高国家治理能力和治理水平。二是提出战略性目标，“既要立足实现第一个百年奋斗目标，针对突出矛盾，抓重点、补短板、强弱项、防风险，从党和国家机构职能上为决胜全面建成小康社会提供保障；又要着眼于实现第二个百年奋斗目标，注重解决事关长远的体制机制问题，打基础、立支柱、定架构，为形成更加完善的中国特色社会主义制度创造有利条件。”

三、深化党和国家机构改革的原则

《决定》中将深化党和国家机构改革遵循的原则归为四项：“坚持党的全面领导、坚持以人民为中心、坚持优化协同高效、坚持全面依法治国。”这四项原则既是深化机构改革的认识论，也是推进机构改革的方法论。

---

① 杨晓渡：《构建系统完备、科学规范、运行高效的党和国家机构职能体系》，《人民日报》2018年3月14日。

坚持党的全面领导是深化党和国家机构改革的根本保证，保证改革的正确方向，维护党中央权威和集中统一领导，把加强党对一切工作的领导贯穿改革各方面和全过程，完善保证党的全面领导的制度安排，改进党的领导方式和执政方式，提高党把方向、谋大局、定政策、促改革的能力和定力。

坚持以人民为中心是践行党全心全意为人民服务的根本宗旨，坚持人民主体地位，坚持立党为公、执政为民，贯彻党的群众路线，健全人民当家作主制度体系，完善为民谋利、为民办事、为民解忧、保障人民权益、倾听人民心声、接受人民监督的体制机制，为人民依法管理国家事务、管理经济文化事业、管理社会事务提供更有力的保障。

坚持优化协同高效既是深化党和国家机构改革的着力点，也是衡量改革能否达到预期目标的重要标准。优化就是机构职能要科学合理、权责一致，协同就是要有统有分、有主有次，高效就是要履职到位、流程通畅。①优化党和国家机构设置和职能配置，坚持一类事项原则上由一个部门统筹、一件事情原则上由一个部门负责，避免政出多门、责任不明、推诿扯皮，使党和国家机构设置更加科学、职能更加优化；加强相关机构配合联动，使权责更加协同、监督监管更加有力；优化、协同的最终目的都是为了高效，只有做到了优化、协同，才能真正实现高效。②

坚持全面依法治国是党领导人民治理国家的基本方式，坚持改革和法治相统一、相促进，坚持依法治国、依法执政、依法行政共同推进，坚持法治国家、法治政府、法治社会一体建设，依法依规完善党和国家机构职能，依法履行职责，依法管理机构和编制，既发挥法治规范和保障改革的作用，在

① 习近平：《关于深化党和国家机构改革决定稿和方案稿的说明》，见《〈中共中央关于深化党和国家机构改革的决定〉〈深化党和国家机构改革方案〉辅导读本》，人民出版社2018年版，第85页。

② 王晓晖：《坚持优化协同高效推进党和国家机构改革》，《人民日报》2018年3月19日。

法治下推进改革，做到重大改革于法有据，又通过改革加强法治工作，做到在改革中完善和强化法治。

四、深化党和国家机构改革的主要任务

《决定》中主要从完善坚持党的全面领导的制度、优化政府机构设置和职能配置、统筹党政军群机构改革、合理设置地方机构、推进机构编制法定化等5个方面，部署深化党和国家机构改革的主要任务和重大举措。

（一）完善坚持党的全面领导的制度

加强党对各领域各方面工作的领导，是深化党和国家机构改革的首要任务，确保党的领导全覆盖，确保党的领导更加坚强有力。一是要建立健全党对重大工作的领导体制机制，加强党对涉及党和国家事业全局的重大工作的集中统一领导，优化党中央决策议事协调机构；二是要强化党的组织在同级组织中的领导地位，在国家机关、事业单位、群团组织、社会组织、企业和其他组织中设立的党委（党组），要确保党的方针政策和决策部署在同级组织中得到贯彻落实；三是要更好发挥党的职能部门作用，优化党的部门、党委办事机构、党的派出机关、党委直属事业单位等机构设置和职能配置；四是要统筹设置党政机构，职能相近、联系紧密的可以实行合并设立或合署办公；五是要推进党的纪律检查体制和国家监察体制改革，健全党和国家监督体系，完善权力运行制约和监督机制。

（二）优化政府机构设置和职能配置

转变政府职能，是深化党和国家机构改革的重要任务。要坚决破除制约使市场在资源配置中起决定性作用、更好发挥政府作用的体制机制弊端，围绕推动高质量发展，建设现代化经济体系，调整优化政府机构职能，全面提

高政府效能。一是要合理配置宏观管理部门职能，强化制定国家发展战略、统一规划体系的职能，构建发展规划、财政、金融等政策协调和工作协同机制，加强和优化政府反垄断、反不正当竞争、法治、财税、金融管理、科技管理和服务、“三农”工作、对外经济、出入境人员服务管理工作职能，构建统一高效的审计监督体系；二是要深入推进简政放权，减少微观管理事务和具体审批事项，清理和规范各类行政许可、资质资格、中介服务等管理事项，全面实施市场准入负面清单制度；三是要完善市场监管和执法体制；四是要改革自然资源和生态环境管理体制；五是要完善公共服务管理体制；六是要强化事中事后监管；七是要提高行政效率。

（三）统筹党政军群机构改革

这是加强党的集中统一领导、实现机构职能优化协同高效的必然要求。要统筹设置相关机构和配置相近职能，理顺和优化党的部门、国家机关、群团组织、事业单位的职责，推进跨军地改革，增强党的领导力，提高政府执行力，激发群团组织和社会组织活力，增强人民军队战斗力，使各类机构有机衔接、相互协调。一是要完善党政机构布局，理顺党政机构职责关系，系统谋划和确定党政机构改革事项，统筹调配资源；二是要深化人大、政协和司法机构改革，发挥人大及其常委会职能作用，推进人民政协履职能力建设，深化司法体制改革；三是要深化群团组织改革，健全党委统一领导群团工作的制度，推动群团组织增强政治性、先进性、群众性，促进党政机构同群团组织功能有机衔接，更好发挥群团组织作用；四是要推进社会组织改革，按照共建共治共享要求，完善党委领导、政府负责、社会协同、公众参与、法治保障的社会治理体制；五是要加快推进事业单位改革，实施分类改革，实现政事分开、事企分开，加强事业单位党的建设；六是要深化跨军地改革，深化武警部队、民兵和预备役部队跨军地改革，推进公安现役部队改革，健全军地协调机制，推动军民融合深度发展，组建退役军人管理保障机构。

（四）合理设置地方机构

国家治理要求理顺中央和地方职责关系，更好发挥中央和地方两个积极性。要统筹优化地方机构设置和职能配置，构建从中央到地方运行顺畅、充满活力、令行禁止的工作体系，中央加强宏观事务管理，地方在保证党中央令行禁止前提下管理好本地区事务，合理设置和配置各层级机构及其职能。一是要确保集中统一领导，地方机构设置要保证有效实施党中央方针政策和国家法律法规，确保上下贯通、执行有力；二是要赋予省级及以下机构更多自主权，增强地方治理能力，把直接面向基层、量大面广、由地方实施更为便捷有效的经济社会管理事项下放给地方，允许地方因地制宜设置机构和配置职能；三是要构建简约高效的基层管理体制，加强基层政权建设，推动基层资源整合、治理重心下移，优化对基层的领导方式，改进服务方式，最大限度方便群众；四是要规范垂直管理体制和地方分级管理体制，理顺和明确权责关系。

（五）推进机构编制法定化

机构编制法定化是深化党和国家机构改革的重要保障，是依法治国、依法行政的必然要求。要依法管理各类组织机构，加快推进机构、职能、权限、程序、责任法定化。一是要完善党和国家机构法规制度，加强党内法规制度建设，研究制定机构编制法，增强“三定”规定严肃性和权威性，全面推行政府部门权责清单制度；二是要强化机构编制管理刚性约束；三是要加大机构编制违纪违法行为查处力度。

第三节　统筹中央党政机构改革

党的十九届三中全会通过的《方案》是深化党和国家机构改革的规划图和施工图，提出了深化党和国家机构改革的具体方案。

一、深化党中央机构改革的部署安排

党的十九大报告指出，保证全党服从中央，坚持党中央权威和集中统一领导，是党的政治建设的首要任务。深化党中央机构改革，便是着眼健全加强党的全面领导的制度，以坚持党中央权威和集中统一领导为根本点，保证党中央政令畅通和工作高效，确保党的领导更加坚强有力。《决定》中列举出党对深化改革、依法治国、经济、农业农村、纪检监察、组织、宣传思想文化、国家安全、政法、统战、民族宗教、教育、科技、网信、外交、审计等 16 个方面的重大工作加强集中统一领导。《方案》在完善党中央机构职能方面提出 20 项改革任务，主要是推进四个方面的改革。

（一）组建国家监察委员会

党内监督在党和国家各项监督制度中是第一位的。为加强党对反腐败工作的集中统一领导，实现党内监督和国家机关监督、党的纪律检查和国家监察有机统一，实现对所有行使公权力的公职人员监察全覆盖，将监察部、国家预防腐败局的职责，最高人民检察院查处贪污贿赂、失职渎职以及预防职务犯罪等反腐败相关职责整合，组建国家监察委员会，同中央纪律检查委员会合署办公，履行纪检、监察两项职责，实行一套工作机构、两个机关名称。国家监察委员会是具有鲜明中国特色的国家反腐败机构，有利于加强权力运行的制约和监督。

（二）加强和优化党中央决策议事协调机构

党中央决策议事协调机构在中央政治局及其常委会领导下开展工作，负责相关领域重大工作的顶层设计、总体布局、统筹协调、整体推进、督促落实。《方案》提出组建两个委员会和一个领导小组，分别是中央全面依法治国委员会、中央审计委员会、中央教育工作领导小组；优化四个领导小组为委员会，分别是将中央全面深化改革领导小组、中央网络安全和信息化领导小组、中央财经领导小组、中央外事工作领导小组改为中央全面深化改革委员会、中央网络安全和信息化委员会、中央财经委员会、中央外事工作委员会；调整优化中央机构编制委员会领导体制；海洋权益工作职责并入中央外事工作委员会。至此，党中央决策议事协调机构共有10个，如图4—1所示。

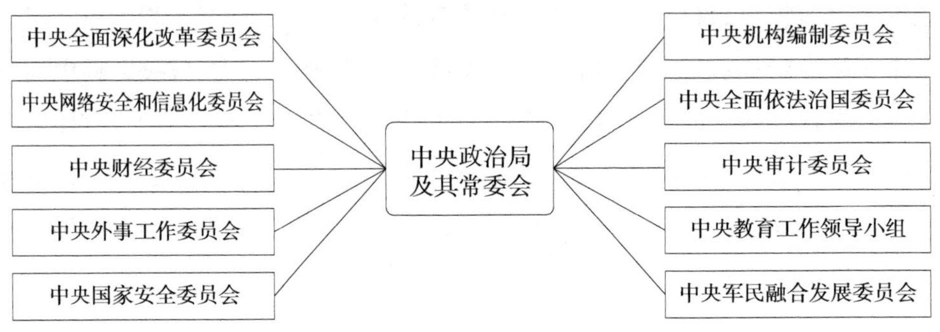

图4—1　2018年改革后党中央决策议事协调机构设置情况

（三）加强党中央职能部门的统一归口协调管理职能

遵循坚持一类事项原则上由一个部门统筹的原则，为更好发挥党中央职能部门作用，突出核心职能、整合相近职能、充实协调职能，改革主要采取三种方式加强党中央职能部门的统一归口协调管理职能。一是合并设立，将机构和职责并入党中央职能部门，合并设立后的党中央职能部门一般对外保留或加挂相关机构牌子。为加强党对公务员队伍的集中统一领导，更好统筹干部管理，将国家公务员并入中央组织部；为加强党对重要宣传阵地的管理，牢牢掌握意识形态工作领导权，将国家新闻出版广电总局的新闻出版管理职责、电影管理职责划入中央宣传部；为加强党对宗教工作、海外统战工作的集中统一领导，将国家宗教事务局、国务院侨办并入中央统战部。二是机构撤销职责划转，相关机构不再保留。为加强党对政法工作的集中统一领导和社会治安综合治理工作的统筹协调，不再设立中央社会治安综合治理委员会及其办公室、中央维护稳定工作领导小组及其办公室，有关职责交由中央政法委员会承担。三是确立归口管理或归口领导关系，机构及其职责依然保留。为加强党对机构编制和机构改革的集中统一领导，中央机构编制委员会归口中央组织部管理；为加强党对民族工作的集中统一领导，国家民族委员会归口中央统战部领导，仍作为国务院组成部门。

（四）优化党政关系和推动党政机构协同

除了将一部分政府机构职能划由党中央职能部门统一归口协调管理，改革致力于进一步理顺党政关系，按照统分结合、主次有序的要求，优化党政机构职能关系，推动党政机构协同。一是优化整合党政机构设置。为加强中央和国家机关党的建设，合并中央直属机关工作委员会和中央国家机关工作委员会，作为党中央派出机构；为全面加强党对干部培训工作的集中统一领导，合并中央党校和国家行政学院，组建新的中央党校（国家行政学院），实行一个机构两块牌子，作为党中央直属事业单位；合并中央党史研究室、中央文献研究室和中央编译局，组建中央党史和文献研究院，作为党中央直属事业单位，对外保留中央编译局牌子。二是将一些新组建的党中央决策议事协调机构办公室设在国务院机构，中央全面依法治国委员会、中央审计委员会、中央教育工作领导小组的办公室或秘书组分别设在司法部、审计署、教育部。三是优化党政机构之间的职责。为维护国家网络空间安全和利益，将国家计算机网络与信息安全管理中心由工业和信息化部管理调整为由中央网络安全和信息化委员会办公室管理，工业和信息化部为国家计算机网络与信息安全管理中心基础设施建设、技术创新提供保障；为更好地统筹协调执政安全和社会稳定工作，将中央防范和处理邪教问题领导小组及其办公室职责划归中央政法委员会、公安部，二者职责有所分工。

二、推进国务院机构改革的部署安排

此次国务院机构改革不同于以往，是放在党和国家事业发展的全局与党和国家机构职能体系的布局中统筹推进，同步推进党政军群系统改革。推进国务院机构改革，依然以转变政府职能为关键，加强和完善政府经济调节、市场监管、社会管理、公共服务、生态环境保护职能，突出重要领域和关键环节，调整优化政府机构职能，目的是构建起职责明确、依法行政的政府治理体系，增强政府公信力和执行力，加快建设人民满意的服务型政府。《方案》在完善国务院机构改革职能方面提出 23 项改革任务，主要是推进三个方面的改革。

（一）加强和完善政府的五项基本职能

国务院机构改革从优化职能配置入手，全面加强和完善经济调节、市场监管、社会管理、公共服务、生态环境保护五项职能，形成对应于五项基本职能的部门为主组成的政府机构体系，如表 4—2 所示。改革中，充实生态环境保护职能，组建自然资源部、生态环境部等 3 个机构；强化公共服务职能，组建文化和旅游部等 5 个机构，重新组建科学技术部，2 个水利工程建设委员会及其办公室并入水利部，调整全国社会保障基金理事会隶属关系；加强市场监管职能，组建国家市场监督管理总局、中国银行保险监督管理委员会等 3 个机构，重新组建国家知识产权局；优化社会管理职能，组建退伍军人事务部、国家移民管理局等 2 个机构；调整经济调节职能，组建农村农业部、国家粮食和物资储备局等 2 个机构，改革国税地税征管体制。为了科学合理地配置宏观管理部门职能，在政务管理职能上重新组建司法部，优化审计署职责，组建中央广播电视总台、国家国际发展合作署，其中司法部、审计署、中央广播电视总台都明确建立了与党中央决策与执行的关系，以党中央统筹为主。

表 4—2 政府机构改革与五项基本职能的对应关系

政府职能	机构组成
经济调节	组建农村农业部、国家粮食和物资储备局，改革国税地税征管体制

续表

政府职能	机构组成
市场监管	组建国家市场监督管理总局、国家药品监督管理局、中国银行保险监督管理委员会，重新组建国家知识产权局
社会管理	组建退伍军人事务部、国家移民管理局
公共服务	组建文化和旅游部、国家卫生健康委员会、应急管理部、国家广播电视总局、国家医疗保障局，重新组建科学技术部，国务院三峡工程建设委员会及其办公室、国务院南水北调工程建设委员会及其办公室并入水利部，调整全国社会保障基金理事会隶属关系
生态环境保护	组建自然资源部、生态环境部、国家林业和草原局
政务管理	重新组建司法部，优化审计署职责，组建中央广播电视总台、国家国际发展合作署

资料来源：根据《深化党和国家机构改革方案》整理而成。

（二）推进重点领域和关键环节的机构职能优化和调整

政府机构改革坚持问题导向，针对制约使市场在资源配置中起决定性作用、更好发挥政府作用的体制机制弊端，加强和优化宏观管理部门发展规划、法治、财税、金融管理、科技管理和服务、“三农”工作、对外经济、出入境人员服务管理等职能，以落实职能配置为本调整相关机构设置，改革国税地税征管体制；完善市场监管和执法体制，组建国家市场监督管理总局充分整合监管职能；完善公共服务管理体制，组建国家卫生健康委员会等推进公共服务供给，组建应急管理部提高安全保障和应急救灾能力，更好地保障和改善民生；改革自然资源和生态环境管理体制，组建自然资源部、生态环境部推进生态文明建设。改革前，各部门间职责不明确，主要体现为职责空白、职责乏力、职责交叉和职责重叠等方面。[①] 本次政府机构改革重点进行梳理职责关系，优化职责配置，明确机构职责，既“破”又“立”、先“立”

① 宋世明、王君凯：《我国政府机构改革历程与取向观察》，《改革》2018 年第 4 期。

后“破”地推动机构职能优化和调整。例如，针对应急力量和资源碎片化，整合了国家安监总局、国务院办公厅、公安部、民政部、国土资源部、水利部、农业部、国家林业局、中国地震局、国家防汛抗旱总指挥部、国家减灾委员会、国务院抗震救灾指挥部、国家森林防火指挥部等 13 个部门的有关职责，组建应急管理部；针对监管职责不清晰、交叉监管和监管空白的问题，将中国银行业监督管理委员会和中国保险监督管理委员会的职责整合，组建中国银行保险监督管理委员会；抽出公安部有关职责，组建国家移民管理局。

（三）注重与政府范围外其他机构的协同联动

此次国务院机构改革突破了以往专注于行政系统内的政府机构改革，加强了与行政系统外的机构协同联动。根据《方案》，国务院设立机构与党的机构联动方面，农业农村部、司法部、审计署、教育部作为党中央相关议事协调机构办公室或秘书组，国家广播电视总局、中央广播电视总台接受中央宣传部归口领导；与军队机构联动方面，退伍军人事务部整合了中央军委政治工作部、后勤保障部有关职责，应急管理部管理转制后的公安消防部队、武警森林部队；与社会组织联动方面，国家卫生健康委员会代管原由民政部代管的中国老龄协会，如表 4—3 所示。

表 4—3　国务院设立机构与党军社的机构联动情况

类别	机构联动情况
党	农业农村部（中央农村工作领导小组办公室）
	司法部（中央全面依法治国委员会办公室）
	审计署（中央审计委员会办公室）
	教育部（中央教育工作领导小组秘书组）
	国家广播电视总局（党对新闻舆论工作集中统一领导）
	中央广播电视总台（归口中央宣传部领导）

续表

类别	机构联动情况
军	退伍军人事务部（中央军委政治工作部、后勤保障部有关职责并入）
	应急管理部（公安消防部队、武警森林部队转制）
社	中国老龄协会（由民政部改为国家卫生健康委员会代管）

资料来源：根据《深化党和国家机构改革方案》整理而成。

三、构建与完善决策、执行、监督组织体系

党和国家机构体系包括党政军群各类机构，统筹党政军群机构改革的核心指向就是增强党的领导力，提高政府执行力。《决定》和《方案》从决策、执行、监督三个层面作出重大制度安排，推动决策、执行、监督组织体系的构建与完善。

在党和国家机构的“大体系”中，决策层面集中体现在党对重大工作的集中统一领导。完善党政机构布局，目的就是形成统一高效的领导体制，保证党实施集中统一领导，提高党把方向、谋大局、定政策、促改革的能力和定力。在国家治理体系的大棋局中，党中央是坐镇中军帐的“帅”，车马炮各展其长，一盘棋大局分明。执行层面集中体现在政府的执行力增强。党和国家机构职能体系既有总揽全局、协调各方的党的领导体系，也有职责明确、依法行政的政府治理体系，党和政既是领导与被领导关系，也是决策与执行有所分工的关系。优化政府机构设置和职能配置，全面提高政府效能，可以更好落实党的决策部署、支撑“五位一体”建设。监督层面集中体现在党和国家监督体系的完善。中国的监督体系原由党和纪委、人大、政协、政府及所属监察部门、审计署、检察院、公民、群团组织、新闻媒介等9个主体和相应的12种功能的监督活动构成，① 深化党和国家机构改革通过实现党

① 朱光磊：《当代中国政府过程》，天津人民出版社2008年版，第189—190页。

内监督和国家机关监督、党的纪律检查和国家监察有机统一，实现对所有行使公权力的公职人员监察全覆盖，实现党政机关审计全覆盖，完善全国人大专门委员会设置，加强人民政协民主监督和优化政协专门委员会设置，深化群团组织改革，不断健全党和国家监督体系。

在中央党政机构的“小体系”中，决策层面集中体现在党中央决策职能配置以及机构设置的优化。通过优化党中央决策议事协调机构，更好发挥党中央职能部门作用，推进职责相近的党政机关合并设立或合署办公，优化组织机构和部门职责，党中央决策权配置有所强化。执行层面集中体现在统筹设置党政机构的执行力提升。更好执行党中央决策，不仅需要增强政府执行力，还需要理顺党政机构职责关系，统筹设置党政机构可以调配资源，减少职责分散交叉和多头管理，更好发挥党中央职能部门的统一归口协调管理职能，执行和协调就会协同有序。监督层面集中体现在国家监察委员会的组建上。国家监察委员会整合了监察部、国家预防腐败局的职责和最高人民检察院反腐败相关职责，同中央纪律检查委员会合署办公，履行纪检、监察两项职责，推进党的纪律检查体制和国家监察体制深化改革，有效增强监督效能。

四、“大部制”改革贯穿于中央党政机构设置

“大部制”也称为“大部门体制”，是指将相近或相同的职能整合到一个部门行使，或者将职能相近、业务相似的部门进行合并，宽职能、少机构，实行决策权、执行权、监督权既相互制约又相互协调的运行机制。2007年党的十七大报告首次提出“探索建立职能有机统一的大部门体制”，后来党的十八大报告和《中共中央关于全面深化改革若干重大问题的决定》都明确积极稳妥实施大部门制。中国的“大部制”改革从政府行政系统入手，2008年、2013年先后推进两次国务院机构“大部制”改革。此次中央党政机构设置，充分吸收“大部制”的“整合”逻辑，按照“坚持一类事项原则上由

一个部门统筹、一件事情原则上由一个部门负责”的改革思路，一方面继续推进政府部门“大部制”的机构设置和职能配置重构优化，另一方面超越政府改革的局限，在党政机构之间进行“大部制”改革，体现为以党政协同与优化高效为特点的“统筹型大部制改革”①，进而丰富了中国特色的“大部制”意涵。

国务院机构继续推进“大部制”改革，在市场监管、公共服务、生态环境保护等领域进行功能性的机构职能优化组合，形成了“大市场监管”、“大卫生、大健康”、“大应急”、“大农村农业”、“大水利”等大部门，结构、职能和权力关系更加清晰。如建立统一的市场监管机构，整合国家工商行政管理总局、国家质量监督检验检疫总局、国家食品药品监督管理总局的职责和国家发展和改革委员会、商务部及国务院反垄断委员会办公室等有关职责，组建国家市场监督管理总局，管理新组建的国家药品监督管理局和重新组建的国家知识产权局；为树立大卫生、大健康理念，把以治病为中心转变为以人民健康为中心，整合国家卫生和计划生育委员会、国务院深化医药卫生体制改革领导小组办公室、全国老龄工作委员会办公室的职责和工业和信息化部、国家安全生产监督管理总局的有关职责，组建国家卫生健康委员会；组建自然资源部，统一行使全民所有自然资源资产所有者职责，统一行使所有国土空间用途管制和生态保护修复职责，管理新组建的国家林业和草原局；组建生态环境保护部，统一行使生态和城乡各类污染排放监管与行政执法职责。

党政机构之间进行“大部制”改革，首先就是充实完善“大决策”、“大监督”体制，加强和优化党中央决策议事协调机构，集中统一领导重大工作；组建国家监察委员会，同中央纪律检查委员会合署办公，统一党内监督和国家机关监督、党的纪律检查和国家监察；组建中央审计委员会并优化国家审计署职能，统一行使经济领域的审计监督权。其次是推进职责相近的党政机

① 赵立波：《统筹型大部制改革：党政协同与优化高效》，《行政论坛》2018 年第 3 期。

关合并设立或调整党政机构协调管理关系，加强党对公务员队伍和机构编制工作、新闻舆论工作、民族和宗教工作、海外统战工作、政法工作的集中统一领导，健全“大组织”、“大宣传”、“大统战”、“大政法”体制。如中央宣传部统一管理新闻出版工作，统一管理电影工作，对外加挂国家新闻出版署（国家版权局）牌子、国家电影局牌子，归口领导新组建的国家广播电视总局、中央广播电视总台；国家宗教事务局、国务院侨务办公室并入中央统战部，统一管理宗教工作、侨务工作，对外保留国家宗教事务局牌子、国务院侨务办公室牌子，同时统一领导国家民族事务委员会。

第四节　统筹地方党政机构改革

我国是一个大国，设有五级政府，中央政府机构和地方政府是一个有机整体，[①] 处理中央和地方政府关系是党和国家机构改革的重要内容。统筹地方党政机构改革，合理设置和配置各层级机构及其职能，目的是构建从中央到地方运行顺畅、充满活力、令行禁止的工作体系，更好发挥中央和地方两个积极性。科学设置中央和地方事权、理顺中央和地方职责关系、确保中央与地方协同行动，是更好发挥中央和地方两个积极性的根本要求。

一、地方机构改革要确保集中统一领导

地方权威来自党中央权威，地方的工作是对党中央决策部署的具体落实。[②] 宪法规定，“中央和地方的国家机构职权的划分，遵循在中央的统一

① 沈荣华：《国家治理变革视角下深化政府机构改革的重点和思路》，《行政管理改革》2018年第4期。

② 参见杨晓渡：《构建系统完备、科学规范、运行高效的党和国家机构职能体系》，《人民日报》2018年3月14日。

领导下，充分发挥地方的主动性、积极性的原则”（第三条），“国务院统一领导全国地方各级国家行政机关的工作”（第八十九条）。党章规定，“有关全国性的重大政策问题，只有党中央有权作出决定”，“党的下级组织必须坚决执行上级组织的决定”（第十六条）。地方机构改革的前提是坚决维护党中央权威和集中统一领导，这既是政权组织的政治要求，也是保证全国政令统一的现实需要。

具体而言，地方机构设置要保证有效实施党中央方针政策和国家法律法规，确保党中央决策部署落到实处，党中央令行禁止、全国政令统一、上下政令畅通。省市县各级涉及党中央集中统一领导和国家法制统一、政令统一、市场统一的机构职能要基本对应，对应党中央和国务院机构改革，调整优化地方党政相应机构和职能。基本对应并不排斥每一个地方的特殊性，强调的是有效实施党中央方针政策和国家法律法规，而不是强调机构和职能完全对应；基本对应并不是要求“上下一般粗”，强调的是上下贯通、执行有力，而不是实行机构和职能的机械对接。[①] 从 2018 年下半年开始，省级及以下党政机构改革在中央部署下有序推进，各省基本确立与中央党政机构对口的组织体系，如表 4—4 所示。

表 4—4　2018 年省级党政机构设置情况

省份	党委机构			小计	政府机构				小计	总数
	纪检监察机关	工作机关	工作机关管理的机关		政府办公厅和组成部门	直属特设机构	直属机构	部门管理机构		
北京	1	15	3	19	26	1	15	4	46	65
天津	1	14	3	18	26	1	10	9	46	64
河北	1	15	1	17	24	1	11	7	43	60

① 吴知论：《统筹优化地方机构设置和职能配置》，《中国机构改革与管理》2018 年第 5 期。

续表

省份	党委机构			小计	政府机构				小计	总数
	纪检监察机关	工作机关	工作机关管理的机关		政府办公厅和组成部门	直属特设机构	直属机构	部门管理机构		
山西	1	14	3	18	23	1	13	5	42	60
内蒙古	1	14	2	17	23	1	12	7	43	60
辽宁	1	14	3	18	24	1	11	6	42	60
吉林	1	13	3	17	25	1	12	5	43	60
黑龙江	1	13	3	17	24	1	12	6	43	60
上海	1	15	4	20	26	1	9	7	43	63
江苏	1	13	2	16	24	1	12	7	44	60
浙江	1	15	2	18	24	1	10	7	42	60
安徽	1	13	3	17	24	1	13	5	43	60
福建	1	15	3	19	24	1	10	6	41	60
江西	1	14	2	17	23	1	12	7	43	60
山东	1	15	2	18	24	1	10	7	42	60
河南	1	14	3	18	23	1	12	6	42	60
湖北	1	15	2	18	23	1	11	7	42	60
湖南	1	15	1	17	23	1	13	6	43	60
广东	1	14	2	17	23	1	8	10	42	59
广西	1	13	2	16	24	1	12	5	42	58
海南	1	14	3	18	23	1	6	7	37	55
重庆	1	14	2	17	25	1	13	8	47	64
四川	1	14	2	17	23	1	12	7	43	60
贵州	1	12	4	17	24	1	13	5	43	60
云南	1	13	73	17	24	1	14	4	43	60

续表

省份	党委机构			小计	政府机构				小计	总数
	纪检监察机关	工作机关	工作机关管理的机关		政府办公厅和组成部门	直属特设机构	直属机构	部门管理机构		
西藏	1	12	1	14	25	1	9	6	41	55
陕西	1	14	3	18	23	1	12	6	42	60
甘肃	1	15	2	18	24	1	11	6	42	60
青海	1	11	2	14	24	0	10	7	41	55
宁夏	1	12	3	16	25	1	9	4	39	55
新疆	1	—	—	—	24	1	12	5	42	—

资料来源：根据各省公布机构改革方案整理而成，新疆因未对外公开省级党委机构设置情况暂缺具体数据。

二、赋予省级及以下机构更多自主权

党的十九大报告提出，赋予省级及以下政府更多自主权，在省市县对职能相近的党政机关探索合并设立或合署办公。《决定》和《方案》都强调，赋予省级及以下机构更多自主权，允许地方在规定限额内因地制宜设置机构和配置职能。在国家治理体系中，中央和地方的职责有所不同，中央主要是加强宏观事务管理，地方主要是保证党中央令行禁止前提下管理好本地区事务。地方党政机构在处理区域具体事务中，离群众、实践和基层最近，党的政治领导力、思想引领力、群众组织力、社会号召力和政府的执行力，都要依靠提升地方治理能力来体现。在任何组织中效率都是管理抉择的一个基本准则，① 集权和分权都要促进组织具备必要的资源去实现组织目标。赋予省级及以下机构更多自主权是调动地方积极性的现实策略，更有条件和针对性

① ［美］西蒙：《管理行为》，詹正茂译，机械工业出版社 2013 年版，第 142 页。

地解决当前各地发展不平衡不充分的具体问题。增加地方治理能力的一个重要途径就是下放权力，《决定》中提出“把直接面向基层、量大面广、由地方实施更为便捷有效的经济社会事项下放到地方”，就是着眼于增加地方的治理能力，提高办事效率，更好地服务群众、方便群众。①

我国幅员辽阔、人口众多，各级各地情况千差万别。“职责同构”、“上下一般粗”，既不适应于地方的经济社会特点，也造成行政资源浪费、管理低效。立足不同地域不同层级政府的实际，因地制宜设置机构和配置职能，形成上下衔接有序和发挥地方特色优势的职责体系，这是“赋予省级及以下机构更多自主权”的现实路径。从地方党政机构改革的推进来看，各地在完成“规定动作”和“自选动作”的过程中，密切结合当地实际和发展重点，因地制宜优化地方机构职能体系。如在城市管理方面，北京组建市委城市工作委员会，作为全国城市工作唯一的市委机关，天津组建市城市管理委员会，上海组建市绿化和市容管理局，重庆组建市城市管理局；在优化营商环境和推进政务服务方面，至少19个省份设置相关省级机构，其中浙江在省委全面深化改革委员会办公室加挂省“最多跑一次”改革办公室牌子，作为省委机关，山西组建全国首家省行政审批服务管理局，辽宁和吉林组建省营商环境建设局，黑龙江组建省营商环境建设监督局；在推动大数据发展和应用方面，至少21个省份设置相关省级机构，其中吉林、安徽、广东、广西、陕西都将大数据发展和政务服务职能统筹配置为一个机构承担；在行政执法方面，上海成立市城市管理行政执法局，浙江成立省综合行政执法指导办公室；在跨区域协调方面，广东组建省推进粤港澳大湾区建设领导小组，广西组建自治区北部湾经济区规划建设管理办公室，重庆组建市中新示范项目管理局；在地方重点工作方面，山东组建省委海洋发展委员会和省海洋局、省发展和改革委加挂省新旧动能转换综合试验区建设办公室牌

① 吴知论：《统筹优化地方机构设置和职能配置》，《中国机构改革与管理》2018年第5期。

子，海南在省委全面深化改革委员会办公室加挂省委自由贸易试验区（自由贸易港）工作委员会办公室牌子，陕西在省商务厅加挂中国（陕西）自由贸易试验区工作办公室牌子，江西在省扶贫办公室加挂革命老根据地建设委员会办公室牌子；在地域特点结合方面，福建组建省海洋与渔业局，广东组建省社会组织管理局，广西组建自治区人民防空和边海防办公室，贵州组建省生态移民局，陕西在省林业局加挂大熊猫国家公园陕西省管理局牌子，青海在省林业和草原局加挂祁连山国家公司青海省管理局牌子。

三、构建简约高效的基层管理体制

依据宪法规定，我国基层政权在农村指的是乡、民族乡、镇，在城市主要指的是区及其所派出机构街道。在国家治理体系中，基层政权发挥的作用具有双重性：一是作为国家治理体系的基础部分，是党的路线方针和国家政策落实到基层社会的执行主体，配合上级担负相应的职能和落实相关的政策；二是作为面向社会和人民群众的党和政府的前端部门，是联系人民群众、提供公共服务、治理公共事务、维护社会秩序、保证社会和谐稳定的工作主体，必须密切联系群众、贴近社会实际、满足百姓需求。[①] 构建简约高效的基层管理体制，对于执行上级决策和具体政策、回应社会需求、解决社会问题、维护社会稳定尤为重要。乡镇和街道工作中，公共服务和社会管理是重点，践行以人民为中心的服务理念是着力点。基层政权机构设置和人力资源调配必须面向人民群众、符合基层事务特点，结合当地实际，整合各方力量，归并相近职能，统筹优化和综合设置相关党政机构和事业站所，实行扁平化和网格化管理。如整合基层行政审批和公共服务职责，综合设置方便群众办事的乡镇和街道审批服务机构与服务平台，加强村（社区）综合服务站点建设，推动便民服务站点和网上服务站点全

① 林尚立：《构建简约高效的基层管理体制》，《经济日报》2018 年 4 月 18 日。

覆盖，努力实现线下线上功能互补、受理事项和主动服务相结合，承接审批服务职责较多、任务较重的经济发达镇和重点镇，可以探索设立专门的审批服务机构，实行“一枚印章管审批（服务）”。乡镇街道也可以组建统一的综合行政执法机构，按照有关法律规定相对集中行使行政处罚权。在地方机构改革实践中，四川便要求乡镇统一设置便民服务中心，经济发达镇全面实行“一枚印章管审批”、“一支队伍管执法”，确保基层事情基层办，贵州则要求进一步整合基层公共服务和行政审批职责进驻政务服务中心。中办、国办于2019年1月也专门印发《关于推进基层整合审批服务执法力量的实施意见》。

“上面千条线，下面一根针”，基层政权既要面对自上而下的压力，又要面对自下而上的压力，在财力、人力和物力不足的情况下，难以有效回应人民群众的多样化社会需求，防范和化解关联性和传导性的社会问题。治理重心下移就要伴随力量下沉、保障下倾，只有尽可能把资源、服务、管理放到基层，推进编制资源向基层倾斜，使基层有人有物有权，才能保障基层管理“有心有力”；只有发动社会力量推动共建共治共享，健全基层治理体系，提高社会治理水平，才能确保基层管理“省心有力”。上级机关对基层的领导，基层与上级机关的对接，不必囿于外在的上下一致，而应关注内涵的上下联动，既允许“一对多”，由一个基层机构承接多个上级机构的任务；也允许“多对一”，由基层不同机构向同一个上级机构请示汇报，理顺基层机构与上级机构的工作对接、请示汇报和沟通衔接关系，加强上下级互动和协同。在运行过程中，上级机关应规范和完善基层办事的政策标准和工作流程，依法监督和检查基层管理工作，充分发挥人民群众的监督作用，将办事群众的评价作为基层绩效评价的重要依据。同时，还要着力推进直接服务民生、向人民群众提供普遍服务的供水、供电、供气等公共事业部门的改革，改进服务方式，加强数字化平台建设，提供“一站式”服务。

四、规范垂直管理体制和地方分级管理体制

规范垂直管理体制和地方分级管理体制要从理顺和明确权责关系入手。长期以来，由于中央和地方间及地方各层级间的权责关系划分不尽合理，对中央地方事权管理体制未作明确区分，不仅导致一些领域中央和地方间、地方各层级间的职能和机构设置高度一致，[①]还存在“条块矛盾”、上下权责不对等、转变职能不到位等问题。这就需要合理界定各层级职能配置和优化机构设置，发挥各自比较优势，形成良好的层级协同关系。《决定》对中央负责、中央和地方协同管理、地方负责的三类事项的管理体制作出区分，“属于中央事权、由中央负责的事项，中央设立垂直机构实行规范管理，健全垂直管理机构和地方协作配置机制。属于中央和地方协同管理，需要地方负责的事项，实行分级管理，中央加强指导、协调、监督。”

垂直管理指的是中央政府职能部门为加强政令统一或减少地方行政干预，在地方设立相应对口分支机构或派出机构，并对这些对口职能部门实行垂直领导的一种组织模式。[②]垂直管理体制虽然能够维护中央和上级权威，政令统一，但在一些领域的地方保护主义问题较为突出，或在一些领域的中央、上级权力过于集中，不利于地方和下级积极性的发挥。[③]中央垂直管理机构需要优化与地方党政机构关系，健全与地方的协作配合机制，以此更好地协调治理社会公共事务。分级管理指的是政府机构按照行政区划结构，分层分级管理本辖区行政事务。实行分级管理强调地方各级的责任，中央也要加强指导、协调和监督。中央和地方协同管理的事项以国家公园体制为例，

① 朱光磊、侯波：《对理顺中央地方职责关系和构建简约高效的基层管理体制的几点认识》，《中国机构改革与管理》2018 年第 6 期。

② 沈荣华：《分权背景下的政府垂直管理：模式和思路》，《中国行政管理》2009 年第 9 期。

③ 李宜春：《论分权背景下的中国垂直管理体制——概况、评价及其完善建议》，《经济社会体制比较》2012 年第 4 期。

国家公园由国家确立并主导管理，建立统一管理机构，国家公园内全民所有自然资源资产所有权由中央政府和省级政府分级行使；中央政府直接行使全民所有自然资源资产所有权的，地方政府根据需要配合国家公园管理机构做好生态保护工作，省级政府代理行使全民所有自然资源资产所有权的，中央政府要履行应有事权，加大指导和支持力度，国家公园所在地方政府行使辖区（包括国家公园）经济社会发展综合协调、公共服务、社会管理、市场监管等职责。需要地方分级负责的事项以河长制为例，党中央、国务院在全国江河湖泊全面推行河长制，全面建立省、市、县、乡四级河长体系，各级河长负责组织领导相应河湖的管理和保护工作。在分级管理的基础上还要努力实现层级政府机构职责体系优化协同，综合行政执法领域的改革充分体现了这一改革方向。《方案》要求根据不同层级政府的事权和职能，按照减少层次、整合队伍、提高效率的原则，整合组建市场监管、生态环境保护、文化市场、交通运输、农业等五个领域综合执法队伍，分别由国家市场监督管理总局、生态环境部、文化和旅游部、交通运输部、农村农业部指导。地方党政机构改革中落实中央部署，综合配置行政执法职能和执法资源，减少执法队伍种类，减少执法层级，下沉执法力量，完善“部门专业执法＋综合行政执法＋联合执法”的行政执法体系；省级部门原则上不设专门的执法队伍，主要负责政策标准制定、监督指导和统筹协调工作，行政执法职能主要由市县两级承担，设区市和市辖区原则上只设一个执法层级，乡镇（街道）整合基层执法力量逐步实现一支队伍管执法。

理顺和明确权责关系还要继续加快推进财政事权和支出责任划分改革，这是建立权责清晰、科学规范的政府间关系的核心内容。2016 年 8 月，国务院发布了《关于推进中央与地方财政事权和支出责任划分改革的指导意见》，按照“体现基本公共服务受益范围，兼顾政府职能和行政效率，实现权责利相统一，激励地方政府主动作为，做到支出责任与财政事权相适应”的原则，推进中央与地方财政事权划分，完善中央与地方支出责任划分，加快省以下财政事权和支出责任划分。2018 年在基本公共服务领域央地共同财政事权和支出责任划分取得重大进展，推进了教育、医疗卫生、交通运输、环境保护等领域的财政事权和支出责任划分改革。下一步还要继续明确各级政府事权范围，确定其合理的支出范围，规范支出责任分担方式，优化完善财政转移支付制度，提供区域间国家基本公共服务均等化财力保障，加快健全法治化规范化体系。由此，党的十九届四中全会明确提出优化政府间事权和财权划分的目标，“建立权责清晰、财力协调、区域均衡的中央和地方财政关系，形成稳定的各级政府事权、支出责任和财力相适应的制度。”①

① 《中共中央关于坚持和完善中国特色社会主义制度　推进国家治理体系和治理能力现代化若干重大问题的决定》，《人民日报》2019 年 11 月 6 日。

第五章　推进“放管服”改革和政府职能转变

转变政府职能、简化行政审批、规制政府权力是行政体制改革遵循的基本思路，中国高层领导人对这一认识由来已久，2001年2月中旬，在福建省政府2001年第一次全体会议上，时任省长习近平对政府职能的转变作了清晰论述，他指出：“从发展市场经济的观点看，今后政府职能转变的关键是做到有所为有所不为，使政府成为‘有限政府’，更多地向社会提供‘公共服务’。从加入世贸组织、适应经济全球化的要求看，政府的职能就是更好地为企业创造良好的贸易环境和发展条件，改进服务方式，提高服务质量。”① 党的十八大以来，面对艰巨繁重的改革发展稳定任务，政府带头自我革命，始终把“放管服”改革作为全面深化改革的“先手棋”和转变政府职能的“当头炮”，党的十九大报告指出，“转变政府职能，深化简政放权，创新监管方式，增强政府公信力和执行力，建设人民满意的服务型政府。”② 党的十九届三中全会指出，“深入推进简政放权，强化事中事后监管。”③ 党的十九届四中全会指出，“深入推进简政放权、放管结合、优化服务，深化行政审批制度改革，改善营商环境，激发各类市场主体活力。”④ 连续七年把简政放权作为开年第一场国务院常务会议的议题，已有50多次国务院常务

---

① 《习近平谈政府职能转变》，《开放潮》2001年第3期。

② 习近平：《决胜全面建成小康社会　夺取新时代中国特色社会主义伟大胜利——在中国共产党第十九次全国代表大会上的报告》，人民出版社2017年版，第39页。

③ 《〈中共中央关于深化党和国家机构改革的决定〉〈深化党和国家机构改革方案〉辅导读本》，人民出版社2018年版，第13—15页。

④ 《中共中央关于坚持和完善中国特色社会主义制度　推进国家治理体系和治理能力现代化的若干重大问题的决定》，人民出版社2019年版，第16页。

会议涉及该议题。“放管服”作为一项“新政”已经成为当前和今后一个时期，我国深化行政体制改革、转变政府职能的重要抓手，透过“放管服”改革创新即可前瞻我国政府治理变革的路径。

第一节　新时代“放管服”改革的理论与现实

一、“放管服”改革的理论基础

研究“放管服”改革，可从交易费用理论、府际关系理论、市场失灵与政府干预理论以及技术（网络）政治学来分析。交易成本理论把制度优化的动机表述为：整个社会系统有追求低运行成本的动力。通俗地讲，企业希望办事容易、税费轻；政府希望便利地组织收入并有效提供公共产品和公共服务；百姓期盼安居乐业，获得政府优质公共服务。较高的交易成本显然不利于三个目标的实现，交易成本高低某种程度上源自制度结构。在市场经济条件下，只有市场机制才能实现资源的有效配置。为了节约制度性交易成本或避免组织间集体行动出现困境，政府必须通过简政放权来发挥市场机制作用，同时加强事中事后监管使交易成本最小化的选择成为可能，政治市场才能具备更高的确定性。简政放权需要中央与地方政府之间、各级政府部门之间合理划分各自权限，即从适应经济社会发展的要求出发合理划分央地权责，中央政府向地方政府下放权力的同时加强对地方政府的监督力度，地方政府尤其是基层政府获得大量基层事务管理权限，以便更好地发挥其贴近基层，服务百姓的便利之处。政府简政放权给市场给社会，但现实中的市场是信息不完全的市场。市场信息不完全既可能导致逆向选择、道德风险、搭便车等机会主义行为，出现“市场失灵”的现象，必须通过加强政府监管，提供激励和协调机制，以政府作用弥补市场缺陷。无论是“互联网＋监管”或“互联网＋政务服务”创新都得益于新一代信息技术在政府管理中的应用，信息技术革命在横向上重构着国家与社会、政府与市场、政府与公民之间的关系，在纵向上重构不同层级政府和不同治理主体之间的关系。网络的技术性逻辑促使政府部门新制度体系的产生、实现治理方式和组织体系的变革。

二、十八大以来的“放管服”改革

党的十八大以来，中央政府做好顶层设计，以“放管服”改革推进政府职能转变，2015 年至 2019 年，国务院连年召开全国推进简政放权放管结合职能转变工作电视电话会议，布置当年改革任务。地方政府先行先试，首创形成可复制可推广经验。

（一）改革行政审批制度，再造审批流程，创新审批模式，实行清单管理

党的十八大以来，从中央到地方政府深化行政审批制度改革。国务院分批清理、规范、取消国务院部门实施的行政许可事项、中央指定地方实施的行政许可事项、行政审批中介服务事项、非行政许可审批事项，将一些非行政许可审批事项调整为政府内部审批事项，不再保留“非行政许可审批”这一审批类别。与此同时，国务院对取消行政审批项目、中介服务事项等涉及的行政法规进行了清理，对相关行政法规的部分条款予以修改，对一些行政法规予以废止。各级地方政府部门精简审批事项的同时，进一步简化优化审批流程，采取取消审批、合并审批、审批改备案、告知承诺制、简化流程和材料等办法，并采用信用审批、容缺受理机制。推进投资项目审批改革，分类清理、精简审批投资项目审批事项。开展投资审批事项清单化、标准化工作，优化审批流程，创新审批和企业投资项目承诺制，推进全国投资项目在线审批监管平台一体化，探索项目审批管理服务“一网通办”。推进工程建设项目审批改革。优化项目报建审批流程，通过精简审批环节完善审批体系，推广并联审批模式，压缩项目报建审批时间。探索“一张蓝图”统筹项

目实施、“一个系统”实施统一管理、“一个窗口”提供综合服务、“一张表单”整合申报材料、“一套机制”规范审批运行。在实行“多规合一”基础上，探索“规划同评”。推行联合勘验、联合测绘、联合审图、联合验收以及区域评估。

探索实行清单管理制度，从国务院到各级地方政府制定部门权力清单和责任清单，扩大市场准入负面清单试点，实行企业投资项目负面清单管理。2016 至 2018 年我国连续修订完善三版《市场准入负面清单》，用“一张清单”打开市场活力之门。一些地方政府针对问题多发领域及关键环节制定“监管清单”，推出政府向社会放权、多元参与治理的“中介服务清单”等，减少政府的自由裁量权，增加市场的自主选择权。

（二）改革商事登记制度，实施“多证合一、一照一码”、“证照分离”

为解决存在的各类证照数量过多的问题，一些地方政府改革商事登记制度，探索“三证合一”、“五证合一”，以“减证”推动“简政”。在各地区改革经验基础上，2017 年国务院办公厅发布《关于加快推进“多证合一”改革的指导意见》，按照能整合的尽量整合、能简化的尽量简化、该减掉的坚决减掉的原则，全面梳理、分类处理涉企证照事项，实现“一套材料、一表登记、一窗受理”的工作模式。将信息采集、记载公示、管理备查类的一般经营项目涉企证照事项，以及企业登记信息能够满足政府部门管理需要的证照事项整合到营业执照上，实行“多证合一”，使企业在办理营业执照后即能达到预定可生产经营状态，最大程度便利企业市场准入。2018 年起，对全国统一的“多证合一”改革涉企证照事项实行动态管理，加强“多证合一、一照一码”营业执照在各部门间的认可和使用。推行市场主体简易注销改革，简化优化注销业务流程，开展市场主体强制退出工作试点。

2014 年全国推开的“先照后证”商事制度改革实践发现，从“先证后照”到“先照后证”，企业面临“准入不准营”顽疾。为解决这一问题，2015 年国务院先是在上海浦东新区开展“证照分离”改革试点，选择了“审批频次较高、企业关注度较高”的116项行政许可事项作为首批试点事项。2017年国务院发布《关于在更大范围推进“证照分离”改革试点工作的意见》，在10个自贸试验区复制推广上海市改革试点成熟做法。2018年9月，国务院常务会议部署在全国有序推开“证照分离”改革，持续解决“准入不准营”问题；再压减工业产品生产许可证三分之一以上并简化审批，为市场主体减负。随后，国务院印发《关于在全国推开“证照分离”改革的通知》，2018年11月10日起，在全国范围内对第一批106项涉企行政审批事项，分别按照直接取消审批、审批改为备案、实行告知承诺、优化准入服务等方式，实施“证照分离”改革。对暂时不具备条件取消的，要通过“多证合一”等方式优化服务。

（三）完善政府监管制度，构建事中事后监管体系，推进行政执法改革

建设一个具有透明度、专业性的高效政府监管体系，可以有效保障现代化的市场经济体系的建成。简政放权后，如何强化对部门权力运行和市场秩序有效地进行监管也是改革的难点所在。2014年以来，中国政府围绕市场监管改革陆续出台了多份文件，旨在重塑监管体制，健全监管制度，创新监管政策，运用大数据推动“互联网+监管”，这对中国建设监管型国家作出了长远科学的规划，也更加明确了事中事后监管体系改革创新的方向。2017年1月，国务院发布《关于印发“十三五”市场监管规划的通知》提出要形成综合监管与行业领域专业监管、社会协同监管分工协作、优势互补、相互促进的市场监管格局。新一轮商事制度改革，特别是在对市场主体监管的过程当中，确立起“以信息的公示为基础，以信用监管为核心”的指导理念。工商部门建立了全国企业信用信息公示系统，其他有关部门相继出台公平竞争审查制度，建设投资项目在线审批监管平台，建立国家企业信用信息公示系统和守信联合激励、失信联合惩戒机制，2017年实现“双随机、一公开”监管全覆盖，加快国务院部门和地方政府信息系统互联互通，形成全国统

一的监管信息平台，通过智能监管和大数据监管，实现监管全过程“留痕”，防止权力滥用。2017 年 11 月国务院办公厅《关于同意建立市场监管部际联席会议制度的函》旨在推动政府监管的跨部门协作。

表 5—1　近五年来中国政府关于市场监管改革的政策

	文件名称	主要内容
2014 年 6 月 国务院	《关于促进市场公平竞争维护市场正常秩序的若干意见》	强化市场行为监管、夯实监管信用基础、改进市场监管执法、改革监管执法体制以及完善监管执法保障
2015 年 6 月 国务院办公厅	《国务院办公厅关于运用大数据加强对市场主体服务和监管的若干意见》	充分运用大数据先进理念、技术和资源，加强对市场主体的服务和监管，推进简政放权和政府职能转变，提高政府治理能力
2015 年 7 月 国务院办公厅	《关于推广随机抽查规范事中事后监管的通知》	解决当前一些领域存在的检查任性和执法扰民、执法不公、执法不严等问题，营造公平竞争的发展环境。
2015 年 10 月 国务院	《关于“先照后证”改革后加强事中事后监管的意见》	深化商事制度改革，强化“先照后证”改革后的事中事后监管
2017 年 1 月 国务院	《关于印发“十三五”市场监管规划的通知》	形成综合监管与行业领域专业监管、社会协同监管分工协作、优势互补、相互促进的市场监管格局
2017 年 2 月 国务院办公厅	《推行行政执法公示制度执法全过程记录制度重大执法决定法制审核制度试点工作方案》	促进行政机关严格规范公正文明执法，保障和监督行政机关有效履行职责，维护人民群众合法权益
2017 年 11 月 国务院办公厅	《关于同意建立市场监管部际联席会议制度的函》	推动政府监管的跨部门协作

资料来源：作者整理。

深入推进综合执法改革，党的十八届四中全会决定提出要“建立执法全过程记录制度、严格执行重大执法决定法制审核制度、推行行政执法公示制度”（行政执法三项制度）。2017 年 2 月，国务院办公厅印发《推行行政执法公示制度执法全过程记录制度重大执法决定法制审核制度试点工作方案》，旨在促进行政机关严格规范公正文明执法，保障和监督行政机关有效履行职责，维护人民群众合法权益。各级地方政府也在探索事中事后监管和综合执法改革，如上海探索审批、执法适度分离，深化浦东新区大部门制改革，完善综合执法体系。山东省开展多部门监管执法联动工作，构建横向协调、纵向联通、纵横协管的监管体系，部分地区通过“三合一”、“二合一”组建了市场监管局，整合工商、食药、质监人员力量和技术资源，实行统一市场监管。

（四）以“互联网+”优化服务方式，改进政务效率，提升群众满意度和获得感

近年来国务院出台了《关于运用大数据加强对市场主体服务和监管的若干意见》、《关于加快推进“互联网+政务服务”工作的指导意见》、《“互联网+政务服务”技术体系建设指南》、《政务信息系统整合共享实施方案》等，旨在将“互联网+”与“放管服”相结合，推动政务服务以用户需求、服务应用为中心。各级政府部门大力深化“互联网+政务服务”改革创新行动，推进以“网上办事大厅+政务服务大厅”为核心的线上线下政务服务体系建设。推进线上线下融合，优化提升各级政务服务大厅“一站式”功能，进一步推动审批服务事项进驻大厅统一办理。推行审批服务集中办理，除法律法规另有规定或涉密等外，要按照应上尽上的原则，逐步实现政务服务事项基本上网办理。将部门分设的办事窗口整合为综合窗口，完善“前台综合受理、后台分类审批、综合窗口出件”工作模式，实行一窗受理、集成服务，实现“一窗通办”。

围绕审批服务便民化，各级政府推出旨在提高政务服务质量与效率的具体改革措施：推进审批服务标准化，全面推行审批服务“马上办、网上办、就近办、一次办”。持续开展“减证便民”行动，凡没有法律法规依据的一律取消，能通过个人现有证照来证明的一律取消，能采取申请人书面承诺方

式解决的一律取消，能通过网络核验的一律取消。对必要的证明要加强互认共享，减少不必要的重复举证。全面清理烦扰企业和群众的“奇葩”证明、循环证明、重复证明等各类无谓证明，大力减少各种繁琐环节和手续。实行首问责任制、首办责任制、一次性告知、延时服务、限时办结、结果反馈制，提高政府服务效率。创新便民利企审批服务方式。推进居民身份证等便民服务事项互联互通、在线可查、异地可办。推广容缺后补、绿色通道、首席服务官和数字化审图、告知承诺、邮政或快递送达等便利化措施，推行预约办理、同城通办、异地代办、跨层联办、智能导办、一对一专办等多种服务方式。

第二节　“放管服”改革和政府职能转变的成效与经验

一、“放管服”改革取得的成效

新时代推进“放管服”改革和政府职能转变是一场全方位、系统性、整体性的变革，改革取得了显著成效，转变了政府职能，初步构建起现代化政府治理体系；优化了营商环境，极大限度地激发出市场主体活力；改善了服务质量，增强人民群众的满意度与获得感；形成了一批可复制、可推广的创新经验供全国借鉴。

（一）转变了政府职能，初步构建起现代化政府治理体系

党的十八大以来，从国务院到各级地方政府通过转变政府职能，推进以行政审批制度改革、事中事后监管体系建设、“互联网 + 政务服务”创新等为主要内容的“放管服”改革工作，政府管理方式进一步转变，行政效能不断提升，初步建立起现代化政府治理体系。依托“互联网 +”，建立整体政府的治理架构，探索扁平化管理体系、智能化运行机制，推动信息资源的跨

部门流动，实现一个政府对外，多个部门业务协同，为政府权力边界和纵横结构的调整提供动力及约束力，形成纵向权力线与横向职能线的协同治理网络化结构，在一定程度上打破了行政壁垒的桎梏，使信息科技对于治理绩效的正向效应得以充分释放。如广东南沙以“互联网+”推动政务服务跨区域协作，构建政府跨界协作治理模式，这些经验对于实现跨部门、跨层级、跨区域、跨业务协同治理大有裨益。以进一步改革监管体制、创新监管模式、强化监管手段，探索建立起以综合监管为基础、以专业监管为支撑的监管体系，构建了市场主体自律、业界自治、社会监督、政府监管分工协作、优势互补、相互促进的监管格局，全面提升了开放条件下的公共治理能力，切实提高了事中事后监管工作的针对性、有效性。一些地方先行先试，如天津形成了一份清单管边界，一颗印章管审批，一个部门管市场，一支队伍管执法，一个平台管信用，一套系统管廉政“六个一”的行政管理体制。

（二）优化了营商环境，极大限度地激发出市场主体活力

我国政府持续推进“放管服”改革，营造出公平便利的营商环境，充分调动起市场主体积极性，培育发展新动能，推动了大众创业、万众创新蓬勃兴起。以政府减权限权换来市场活力和社会创造力的发挥。截至2017年底，国务院部门取消和下放行政审批事项的比例超过40%，非行政许可审批彻底终结，提前超额完成本届政府成立之初承诺的目标任务。工商登记前置审批事项87%改为后置审批或取消，中央层面核准的投资项目数量累计减少90%，外商投资项目95%以上已由核准改为备案管理，多数省份行政审批事项减少50%—70%。为企业“松了绑”、为群众“解了绊”、为市场“腾了位”，也为廉政“强了身”，切实降低企业制度性交易成本。通过放管结合，依法依规加强和改善市场监管，营造出宽松便捷的准入环境、竞争有序公平的营商环境和安全放心的消费环境，有利于推动创业创新，形成经济发展的持续内生动力。简政放权、优化服务为企业开办和成长提供“一条龙”服务，促进新注册企业增长势头不减、活跃度提升。例如，中国自贸区以商事登记

制度改革、外商投资和境外投资管理制度改革等创新举措营造出法治化、国际化、便利化的营商环境，吸引了大量国内外企业到自贸区注册、经营，极大限度地激发出市场主体活力。据 2018 年世界银行发布的全球营商环境报告显示，中国排名第 46 位。从 2013 年到 2018 年，中国营商环境评价排名提高了 50 名，这是我国政府五年以来着力深化“放管服”改革的靓丽成绩单。

（三）改善了服务质量，增强人民群众的满意度与获得感

习近平总书记在中央全面深化改革领导小组第十次会议上指出，要推出一批能叫得响、立得住、群众认可的硬招实招，处理好改革“最先一公里”和“最后一公里”的关系，让人民群众有更多“获得感”。① 可以说，当前“放管服”改革的出发点和立足点即是以人民为中心，让人民群众有更多“获得感”。据调查数据显示，浙江省“最多跑一次”实现率达到 87.9%、满意率达到 94.7%。江苏省“不见面审批（服务）”使得“一次不跑、事情办好”正在全省多个领域成为现实。贵州省形成“进一张网办全省事”的大审批服务格局，全省各级各部门每天有两万余名审批人员在线办理业务，日均办件量 3 万余件，网上可申请率 100%。广东省“一门式、一网式”改革实现“一门在基层、服务在网上”，各地相继推出的“一窗受理、一站服务”等便民举措，取消、简化一大批不必要的证明和繁琐手续，大大减少了企业、群众奔波之苦和烦扰。“凡是能通过网络共享复用的材料，不得要求企业和群众重复提交；凡是能通过网络核验的信息，不得要求其他单位重复提供；凡是能实现网上办理的事项，不得要求必须到现场办理”的“三个凡是”深得民心。李克强总理在 2017 年 12 月 6 日国务院常务会议上提到，根据有关部门大数据分析中心对网上一百多万条信息的分析显示，群众对“放管服”改革的满意度在持续上升，2017 年网民满意度已上升到 89.9%。

---

① 《习近平主持召开中央全面深化改革领导小组第十次会议》，《人民日报》2015 年 2 月 28 日。

（四）形成了一批可复制、可推广的创新经验供全国借鉴

推动“放管服”改革创新，不仅依托顶层设计的政策支撑，更需要基层探索的经验借鉴，改革创新“永远在路上”。在“放管服”改革中，从国务院各部门到各级地方政府部门，都在积极大胆探索创新，形成一大批可复制可推广的经验，例如浙江省“最多跑一次”改革等，2018年6月，国务院办公厅印发《进一步深化“互联网＋政务服务”推进政务服务“一网、一门、一次”改革实施方案》，即是在各地经验提炼基础上进行的推广。2018年8月，国务院办公厅发布《关于部分地方优化营商环境典型做法的通报》，集中介绍了如“多规合一”、并联审批等一批创新举措。值得一提的是，作为国家改革开放“试验田”的自贸区，截至2018年底已有百余项全国首创的“放管服”改革举措正在推广。简政放权方面，上海的负面清单管理制度，厦门的国际贸易“单一窗口”，天津“一照一码”登记制度改革，滨海新区行政审批局模式等。放管结合方面，上海事中事后监管制度，“证照分离”改革试点，南沙跨境电子商务监管新模式，天津以信用风险分类为依托的市场监管制度，集成化行政执法监督体系，横琴政府智能化监管服务模式，成为商务部“最佳创新实践案例”。① 优化服务方面，广东“一口受理，同步审批”的“一站式”服务模式，“企业专属网页”政务服务新模式，“互联网＋易通关”等走在全国前列。

二、“放管服”改革的经验

“摸着石头过河”的“放管服”改革是一场从中央到地方的整体、全面、深刻的系统性改革，是我国行政管理体制改革的重要组成部分，改革过程中不仅积累了一揽子可复制可推广的成功经验，且展现出“方法论”式的有益

① 商务部外国投资管理司：《商务部关于印发自由贸易试验区“最佳实践案例”的函》，2015年11月30日，见 http://wzs.mofcom.gov.cn/article/n/201512/20151201210390.shtml。

思想，可为我国深化行政管理体制改革所借鉴。

（一）紧密围绕政府职能转变这一核心要务推进“放管服”改革

“放管服”改革是一项复杂的系统工程，涉及政府职能转变、组织机构优化、行政流程再造、治理机制重塑、政务技术应用、政务服务创新等多方面。其中，政府职能转变是“放管服”改革的核心目标与主要任务。各级政府在改革中抓住社会经济发展阶段的突出问题，完善宏观调控体系，出台严格市场监管措施等，国务院分批次、大力度取消和调整行政审批项目，即政府不再对社会进行生硬的直接管制，而是寓管理于服务之中，在服务中体现管理，调动一切积极因素进行社会建设。①“放管服”改革即是要正确处理和理顺“政府、市场、社会”三者间的关系，政府把不该自己管的还给市场或者社会，把该管的管好。在此基础上，把属于政府的职能重新界定、归并，按照精简、统一、效能的原则，实行综合管理。②2017 年，李克强总理在全国深化简政放权放管结合优化服务改革电视电话会议上的讲话鲜明指出，“放管服”改革就是要实现政府职能的转变，这是一场深刻的革命。本届政府紧紧围绕处理好政府与市场关系，按照使市场在资源配置中起决定性作用和更好发挥政府作用的要求，始终抓住“放管服”改革这一牛鼻子，坚韧不拔地推进这一“牵一发动全身”的改革，加快政府职能转变。

（二）把“放管服”改革放在经济社会发展大局中统筹谋划

习近平总书记指出：“改革是一项复杂的系统工程，需要加强顶层设计和整体谋划，加强各项改革关联性、系统性、可行性研究。”③以“放管服”改革推动政府职能转变、理顺政府与市场和社会之间的关系，以打造国际

---

① 周志忍、徐艳晴：《基于变革管理视角对三十年来机构改革的审视》，《中国社会科学》2014 年第 7 期。

② 吴江：《我国政府机构改革的历史经验》，《中国行政管理》2005 年第 3 期。

③ 《习近平关于全面深化改革论述摘编》，中央文献出版社 2014 年版，第 38 页。

化、法治化、便利化的营商环境为重点的行政改革，是新时代行政体制改革的重要突破口。不仅通过行政审批制度改革等解决面上的问题，“量”的问题，而且把政府治理创新纳入宏观改革环境中通盘考虑，放在经济社会发展大局中统筹谋划。行政体制改革目标直接指向适应社会主义市场经济体制，建立适合市场经济发展需要、权力优化配置的公共行政体系，并统筹使用各类编制资源，形成科学合理的管理体制。既要深化经济管理领域改革，完善和规范行业监管部门；又要重视社会领域改革，推进事业单位改革，注重公共服务机构改革，理清和规范部门间权责关系。例如，通过改革营造出公平便利的营商环境，充分调动市场主体积极性，激发市场活力和社会创造力。培育发展新动能，推动大众创业、万众创新蓬勃兴起。

（三）自上而下顶层设计与自下而上试点创新相结合

“放管服”改革由中央统一领导，分级负责，分步实施，从实际出发，因地制宜，改革路径是中央自上而下顶层设计与基层自下而上改革创新相促进相结合，推动点上经验在面上开花结果，让改革红利在更大范围释放。中央统筹规划，高层权威决策推动改革执行，职能部门自上而下落实。例如，一些地区先行先试，依托中央赋权进行“政策试验”，并行政策创新扩散。实现辖区治理创新已成为全面深化改革政治态势下地方政治精英的执政重点，以“放管服”为重点，以“互联网+”为手段，提高行政效率，亦可助力招商引资，拉动地区经济发展。中央赋权试点地区开展“政策创新试验”，以期通过增量式机制创新带动旧体制存量改革。例如，“证照分离”改革最早在上海自贸区和浦东新区试点，2018 年 9 月 27 日，国务院发文《关于在全国推开“证照分离”改革的通知》，在更大范围复制推广。地方政府“放管服”改革创新形成可复制可推广的经验，自下而上向决策层提供有益参考，并迅速扩散，得到其他地区学习模仿借鉴。如在中央全面深化改革领导小组第二次会议上，审议了《浙江省“最多跑一次”改革调研报告》，中央深改办建议向全国复制推广，“最多跑一次”被写入国务院政府工作报告。

（四）注重跨地区跨层级跨部门的改革整体协同推进

当前“放管服”改革面临的问题日趋多样化、复杂化，尤其是大量跨区域、跨部门议题的出现，改革向纵深领域推进过程面临着极大挑战。加之简政放权后事中事后监管的压力陡增，市场与社会分权的同步进行，以往单一领域权威显露出统筹乏力。在此背景下，跨界治理理论给了“放管服”改革以启示。通过跨界整体治理构建一套与改革发展相适应的跨域协作体制机制及制度体系，整合上下层级政府、府际间、跨部门围绕协同放权、联合监管、跨界服务，并持续提高合作治理行动的能力、增进整体利益。地理界限、行政层级、部门壁垒的打破有利于资源无障碍流动，发挥资源最大效用，以期实现规模效应。习近平总书记多次强调，要以推行电子政务、建设新型智慧城市等为抓手，以数据集中和共享为途径，实现跨层级、跨地域、跨系统、跨部门、跨业务的协同管理和服务。不仅高层已充分认识到“放管服”改革中跨界整体治理、跨部门协同管理和服务的重要性，一些地方政府也已开展跨地区跨层级跨部门整体协同改革的探索，依托“互联网＋政务服务”创新，推动跨区域、跨部门政务管理与政务服务的协同。

（五）运用前沿信息技术与“放管服”改革实践相结合

习近平总书记指出：“没有信息化就没有现代化。要深刻认识互联网在国家管理和社会治理中的作用，要强化互联网思维，利用互联网扁平化、交互式、快捷性优势，推进政府决策科学化、社会治理精准化、公共服务高效化，用信息化手段更好感知社会态势、畅通沟通渠道、辅助决策施政。”①“放管服”改革过程中，引入以移动互联网、大数据技术、云计算、人工智能技术等为代表的新一代信息技术，将互联网基因植入政府治理，即

① 《习近平在中共中央政治局第三十六次集体学习时强调：加快推进网络信息技术自主创新朝着建设网络强国目标不懈努力》，《人民日报》2016年10月11日。

"互联网＋政务"。将"互联网＋"思维、技术与新的服务内容、新的管理模式等多维度进行融合与改造，是一场针对政府自身的"转基因工程"，通过植入互联网基因，来重构政务管理和政务服务的方方面面，形成政务创新的核心价值链。如"放管服"改革中，以"互联网＋"的"技术强制力"克服政务数据碎片化、信息资源共享程度低等问题，解决部门间放权不同步、不协调等问题。①依托"互联网＋监管"的机制模式，达成全流程、一体化、跨部门的事中事后监管。运用"互联网＋政务服务"创新手段，提高政府服务效率，提升办事企业和群众的满意度与获得感。

第三节 "放管服"改革面临的问题与优化路径

一、当前"放管服"改革存在的问题与阻碍

"放管服"改革取得了显著的成效，但囿于一些重点领域和关键环节的改革滞后，改革协同性不够，形式主义、官僚主义和懒政怠政问题依然存在，改革创新阻碍重重，一些政策方案贯彻落实不力，改革整体效果打了折扣。

（一）立法工作滞后于"放管服"改革的进度，重要改革创新成果亟须法治化巩固

法律法规本应是行政改革实施的捍卫者，然而不健全、滞后甚至相冲突的现行法律法规制度的存在反而成为束缚行政改革推进的"枷锁"。我国立法工作滞后于"放管服"改革，权力清单、责任清单、负面清单的梳理没有法定权威的标准设计，导致各地区标准的不统一、不规范。一些审批权的下

① 高小平：《提升政府现代化治理能力的重要手段》，《人民日报》2016年12月16日。

放或者前置审批的取消与上位法相冲突，受限于现行法律法规，地方政府部门不知如何推动改革，改革陷入无法可依或者违法操作的窘境。“由于既没有上位法依据，又没有自身立法权的保障，导致改革想得到、做不到、想时易、做时难，造成要么改革不深不透，要么改革难以为继，如果硬性推进，一旦出问题又要承担问责性风险。”[①]行政审批依据的法律法规大多属于部门法，而部门间的相关规定不系统、不协调甚至相互“打架”，造成部门审批事项互为前置的“死循环”，经办人员往往需要花费大量时间汇报请示，严重影响了项目手续办理进度和改革创新进程。例如，在事中事后监管体系建设时，监管主体、流程、程序等缺乏相应法律基础，综合执法和监管过程可能遇到合法性问题。一些地方政府根据“三集中三到位”要求探索的行政审批局模式既不具有监管权，又没有监管条件支撑，相关法律和行政法规的修改完善尚未完全跟进，特别是在涉及行政复议、行政处罚等情况下，行政审批局将处于被动地位。

（二）“放管服”改革中存在着放权不到位问题，有些权放得不彻底、不对路或不配套

放权不到位、监管有缺位是当前改革中存在的突出问题。尽管中央和省级政府下放了一批权限，但与地方实际需求相比还远远不够，这是因为简政放权越往后含金量会越高，上级政府部门“怕削权，不愿改”，加之改革风险逐渐变大，囿于审慎管理的行政逻辑考量，“怕问责，不敢改”，权力下放得就越困难。第一，选择性放权，相对不重要的和棘手麻烦的事项立马下放，涉及部门核心利益的权力缓放或不放。第二，上级部门放权下去，但下级部门对有关政策规定、标准规范把握不准，承接能力不足，监管跟不上，风险性较大，例如需要专业人员和技术设施的审批事项。第三，一些审批权

① 石亚军：《简政放权提质增效须加速法律法规的立改废》，《中国行政管理》2016 年第 10 期。

的下放或者前置审批的取消与上位法相冲突，受限于现行法律法规，地方政府部门不知如何推动改革。第四，政府一些审批权放给了中介组织的同时缺乏监管，容易造成“中介乱象”，甚至出现“二政府”。改革进程中“错位放权”问题频现。一是有些权放的不彻底，比如，投资领域、工程项目审批虽经压缩，但各种审批要件、程序、环节还是繁多，审批耗时长，整体只是由“万里长征”变成了“千里长征”。二是有些权放的不对路，本该直接放给市场和社会的，却由上级部门下放到下级部门，仍在政府内部打转，增加下级部门工作量，一旦下级部门缺乏人手和技术力量等保障，放权效果即大打折扣。三是有些权放的不配套，涉及多个部门、多个环节的事项，有的是这个部门放了、那个部门没放，有的是大部分环节放了，但某个关键环节没放，办事企业和群众依旧需要“多跑路”。

（三）条块分割体制下，层级间部门间职权尚未理顺，跨部门信息共享和业务协同受阻

现行行政体制存在着“各自为政、条块分割、纵强横弱、部门壁垒”问题，中央与地方政府之间、不同层级政府之间一些职权划分不科学、不规范、不合理，严重影响了改革的系统性和协同性。其中尤为突出的即是纵向权力线的“条条”对口管理与横向权力线的“块块”属地管理之间构筑的壁垒。“放管服”改革进程中，横向同级部门、纵向上下级部门以及垂直管理部门之间协同共享机制欠缺，尚未形成改革合力，跨部门审批事项流程依旧繁琐，且无助于应对复杂问题的跨部门联合执法及事中事后监管。此外，当前政府部门思维方式工作模式已不适应当前信息化时代跨界治理的需要。例如，我国地方政府部门在政务信息资源的开发和利用上相对落后，尤其是缺乏部门间信息资源的有效共建共享机制。政府部门“各自为政”，省市级部门、垂直管理部门建设和使用自身业务系统、信息平台和数据库系统重复建设，服务渠道繁多，彼此独立，集约化程度低，系统难以兼容，资源无法整合共享。一些部门出于自身利益考量和信息安全考虑，拒绝开放共享政务信

息数据，加之数据格式不统一，标准不一致，形成各部门、各层级间条块分割的“信息孤岛”，使得数据采集重复、二次录入、效率低下，开发利用程度不够，不利于跨部门资源整合、信息共享和业务协同，无益于利企便民办事。

（四）一些地方改革行动立场偏差、标准不一，缺乏统筹规划，创新呈现“碎片化”局面

传统行政区划下的市场分割及地方保护主义惯性思维使得地方政府在行政改革过程中仍旧各自为政。例如个别地区因“晋升锦标赛”考量而“为创新而创新”，秉持“唯创新论”的政绩观，盲目追求创新举措“数量”的增加与“速度”的提高，而缺乏内在“质量”的提升和实际“效益”的考量。“创新竞争”致使地方政府改革举措同质化严重，造成后续“创新缺乏新意”的局面。地方政府之间缺乏交流与动态合作，改革创新标准不一致，政策执行行动不统一，落实情况各不同，无益于经验复制和推广，改革成效大打折扣。例如各地政府普遍存在行政事项名称不规范、口径不一致、范围不准确、上下不统一、不同地方数量相差悬殊等问题。还有一些地方政府一味地追求概念“标新立异”，改革创新举措“碎片化”，忽视体系构建和创新管理，呈现出零散性、无序性和重复性的局面；政策文件供给过多过快，且实际操作性欠佳，动辄数个文件并发指导业务，基层工作人员缺乏时间消化和落地；一些领导“拍脑袋”搞改革，未从相关方群体切实感受和需求出发，造成“上热下冷，上下有温差”，群众获得感不足。一些地方缺乏全盘谋划，“放管服”改革不系统、不协同、不深入、不落地，囿于体制机制的运行惯性，政策落地还缺乏相关配套举措，一些地方“互联网＋监管”遇到信息共享问题，技术创新成为了“花架子”，综合执法监管受困于协作障碍。又如某些地市审批权下放后甚至出现了行政成本增加、承接部门技术力量不足和实际办事流程不减反增等新问题。

（五）改革执行中存在的形式主义和懒政怠政问题致使“最后一公里”难以打通

一些地方政府部门形式主义和懒政怠政问题比较突出，在贯彻落实中央政府关于“放管服”改革的决策部署时，表态多、调门高、行动虚、落实少，文件“轮流圈阅”、“层层转发”，但却没有狠抓落实、真抓实干，“马上就办”成为口号和空话。有的地方搞改革“一刀切”、“一阵风”，不考虑社会承受力和现实复杂性。还有一些领导干部抱着“干事就难免犯错，不干事才不会违规；只求不出事，宁愿不做事；不求过得硬、只求过得去”的心态为官不为。在服务群众方面，门虽好进，脸也好看，话亦好听，事却难办，甚至不办，由过去的“吃拿卡要”变为“推拖绕躲”。有的部门服务热线长期无法打通，有的政府网站政务公开栏成为“僵尸栏”。据国办督查组反馈，一些地方简政放权含金量低，上级放权下级“接不住”；社会组织发育不够完善，一些社会中介组织沦为了“二政府”；政策落实不到位、政策“配套”不足；部门间不协调，削弱了政策的执行力；少数干部担心“多做多错”，落实不力。

二、新时代推进“放管服”改革的新思路与新举措

改革永远在路上。“放管服”改革是一项革命性、长期性、艰巨性的工程，不可一蹴而就，接下来的改革要充分吸取经验教训，有针对性地解决当前面临的问题与阻碍，稳扎稳打推动改革，不断取得胜利。

（一）突出“放管服”改革的法治化建设，夯实改革创新举措之法律依据

立法机关要充分履行其职能，发挥立法的引领和推动作用，加快相关法律法规的“立、改、废、释”工作，为“放管服”改革提供坚实法治保障。创建立法机关与行政部门的联席会议制度或临时工作机构，采取政府部门试

验主义决策和司法机关同行审议结合的办法。审查“放管服”创新举措与现有行政法律法规相冲突相矛盾的情况，及时做好相应补充或更新调整，以确保改革创新举措本身是依法进行的。充分发挥地方立法作用，采取渐进式的改革法治化探索。《全国人大关于修改〈立法法〉的决定》提出：“应当制定地方性法规但条件尚不成熟的，因行政管理迫切需要，可以先制定地方政府规章。规章实施满两年需要继续实施规章所规定的行政措施的，应当提请本级人民代表大会或者其常务委员会制定地方性法规。”通过地方性法规规章的立改废，响应“放管服”改革需求，推动解决发展中难题，适应上位法调整。例如对权力清单、负面清单、责任清单等作出规范解释，把一些创新制度法治化。同时，做好改革措施涉及的法律行政法规清理修改工作，从制度层面彻底清除被取消和下放的行政审批项目的设定依据，固化改革成果，防止死灰复燃。在对取消下放的行政审批项目涉及的法律行政法规修改时，要积极推进整体研究相同领域法律规范设定的行政审批项目的取消下放问题，一揽子修改同一领域的法律法规。①

（二）统筹推进“放管服”改革，运用标准化与整体性思维优化改革执行

简政放权既是“攻坚战”，也是“持久战”。唯有整体推进“放”、“管”、“服”改革车轮运转，改革才能“蹄疾而步稳”。将标准化的思维、理念和技术植入“放管服”改革的全过程，一方面提升行政审批效能，充分释放改革红利；另一方面约束政府部门及其工作人员的自由裁量权，最大限度地降低行政性交易成本。做好清单管理制度的顶层设计，由国务院相关部门牵头依法制定权力清单、责任清单、负面清单乃至监管清单，统一各地方政府的清单标准，进一步规范全国各省（市）行政许可事项。加强审批服务标准化体

① 徐志群：《依法推进放管服改革确保改革措施全面落实》，《中国党政干部论坛》2017年第9期。

系建设，解决审批服务不规范问题。规范行政审批局和政务服务中心运行机制，完善划转和进驻事项标准，建立逻辑关联的运行流程，健全网上办事服务规范、审批服务办事指南、办理流程图。按照国家推进审批服务标准化的有关要求，科学细化量化审批服务标准，统一事项名称、项目清单、设定依据、许可内容、申请条件、申请材料与收费标准，压减自由裁量权，完善适用规则，推进同一事项无差别受理、同标准办理，做到行政许可结果跨地区互认，政务服务事项跨城市通办。制定统一的监管标准，规范监管流程与方式方法。梳理行政处罚、行政强制、行政征收、行政检查等执法类职权事项，规范执法程序、执法行为和自由裁量权。

（三）优化政务运行流程，构建跨部门信息共享与业务协同的治理体系

构建整体协作政府已成为世界各国政府改革的大势所趋。在“互联网 +”技术红利下构建协同共享体系，必须对传统业务流程进行重组。在组织结构方面，优化部门权力与资源配置，从“以职能为中心”的科层结构转变为“以公众为中心”的网络结构，下一步自贸区机构改革可考虑设立“首席信息官”（CIO），增进各个部门间的信息共享、业务协同，使得改革从单纯数量调整的“物理变化”转向跨部门整体协同的“化学反应”。按照“共享为原则、不共享为例外”的要求，以国务院《政务信息系统整合共享实施方案》为基准，研究制定政务信息资源共享管理制度，通过“改革工作联席会议”机制统筹推动跨界协同，强力推进各部门信息系统整合和数据共享工作，从上到下形成思想共识和行动合力，加大督查力度并纳入对部门主要领导的考核内容。应用加密的政务资源交换共享平台，将公安等特殊部门，海关、工商、国检、税务等垂管部门与地方政府职能部门紧密衔接，以“开放服务平台 + 协同共享平台”为载体，建设联动一体化体系，运用“互联网 +”的技术力量强力突破“条块分割”、“本位主义”所制造的壁垒，对数据进行统一格式标准，各部门可在信息共享交换平台进行信息数据共享、交流。在自贸区部

门间、自贸区之间、自贸区与当地政府及垂直管理部门之间，构建起信息共享与业务协作的整体网络，实现政务信息资源跨界域的畅通流动和业务的高效协同。①

（四）注重“放管服”改革的协同性，在精准评估基础上做好放权工作

加大放权力度，精准评估改革所需权限，突出事权下放的可行性、整体性、系统性、科学性。一是要理顺行政审批体制，推进相对集中行政许可权改革，将分散的审批职权和审批事项向“一门”、“一窗”、“一网”集中靠拢，将“前台一窗事项办理”与“后台部门权力调整”有机统一起来，依法划定行政审批局与相关业务部门职权关系。必须由业务部门掌握的审批事项需通过网上信息共享构筑跨部门协同体系，方便并联审批的业务开展。二是统筹权力下放。理顺层级部门间的审批环节，界定上下级部门责权，解决权力下放的衔接问题，即从整体（审批全流程）的角度考虑权力下放，对牵涉多个部门关键环节的事项实行打包下放，做到同步放权联动放权，把权力与责任下放统一起来，同时与编制、财力等改革做到统筹衔接。增强基层承接能力，强化对其技术指导与业务培训，提升事权衔接的规范化水平，务必让事权“放得下、接得住、用得好”。三是实现审批服务便民协同。优化权力行使环节与流程，规范服务收费项目。建设全国一体化政务服务平台，实现信息共享，推进公共服务一体化，向企业群众提供免费的专业化全程帮办服务，实现针对企业从注册到退出的“全生命周期”服务。四是强化监督管理的协同性，构建统一的综合监管服务平台，实现审批、监管与执法的无缝衔接。做到跨层级、跨地区、跨部门监管执法信息共享、信用信息共用、监管标准互通、违法线索互联、处理结果互认，全程记录，全程可追溯。推进跨部门联合监管与综合监管方式，减少重复

---

① 周民、贾一苇：《推进“互联网＋政务服务”，创新政府服务与管理模式》，《电子政务》2016 年第 6 期。

监管、多头监管给企业造成的负担。

（五）秉持系统管理思维全局谋划“放管服”改革，强化改革的创新管理

建立有效的激励、考评、培训及交流机制。出台激励措施，注重对积极协作完成跨部门任务的奖励，严惩工作中推诿扯皮行为。打破部门内考核界限，由单一部门个体考核转向任务全流程考核，增加跨部门协作在绩效考核中的权重，考察各部门工作对于整体协同效能的作用，提高各部门整体协作意识。注重党政领导干部的跨领域业务培训，培养其对制度创新的系统性和全局性考虑，破除各自为政的落后观念，推动公务员知识体系更新，朝向综合行政的复合型人才转变。试点实行定期轮岗交流制度，让各部门公务员获得跨部门岗位的历练机会，在工作丰富化的同时，加强与其他部门工作人员交流，从公务员个体层面增加部门间“黏性”。积极制定改革配套的可行性方案，制度创新之前应做好创新压力测试与风险评估，待政策颁布后，如何执行，何以规范，谁来监管，怎样监管，效果评估，准入之后“出口在哪儿”等给出相应实施细则。检视已有创新举措，依据流程再造理论和现代化治理逻辑将碎片化创新点进行整合，遵照全流程绩效管理的思路形成制度创新体系，并进行整体性复制推广。必须克服“唯创新论”带来的无效创新问题，将创新管理作为一项重要保障机制来看待，给予创新管理以政策依据，规范创新管理的主要内容、具体形式、实施机制，可在政府办设置创新促进处，专注于开展创新项目的规划、试验与评估，为政府提供管理创新咨询服务，研议如何改善政务服务质量，提升政务管理效率，协助各职能部门完善治理架构，推动跨界协作项目，打造协同创新生态链，形成持续创新的有效机制。

第六章　推进依法治国与法治政府建设

法治兴则国兴，法治强则国强。党的十八大以来，党中央对全面依法治国作出了一系列重大决策和战略部署，中国特色社会主义法律体系日趋完善。以习近平同志为核心的党中央深刻总结我国社会主义法治建设的经验和教训，提出了“法治是治国理政的基本方式”的科学论断，作出了“全面推进依法治国”的战略抉择，把依法治国确定为党领导人民治理国家的基本方略。全面依法治国是国家治理的一场深刻革命，是中国特色社会主义的本质要求和重要保障。依法治国是实现国家治理体系和治理能力现代化的必然要求，事关我们党执政兴国，事关人民幸福安康，事关党和国家长治久安。全面建成小康社会、实现中华民族伟大复兴的中国梦，全面深化改革、完善和发展中国特色社会主义制度，提高党的执政能力和执政水平，必须全面推进依法治国。党的十九大作出了“中国特色社会主义进入新时代”的重大判断，将“坚持全面依法治国”确立为习近平新时代中国特色社会主义思想基本方略的重要内容，进一步明确了全面依法治国的科学内涵和实践要务，并对“深化依法治国实践”作出了全面部署，科学回答了建设什么样的法治国家、如何建设法治国家的重大问题，为新时代法治中国建设作出了战略安排。

第一节　在新时代深化依法治国实践中谱写法治政府建设新篇章

全面推进依法治国的总目标是建设中国特色社会主义法治体系，建设社会主义法治国家。依法治国的基本内容是依法行政，法治国家的核心是法治政府。全面依法治国是一个系统工程，必须坚持依法治国、依法执政、依法行政共同推进，法治国家、法治政府、法治社会一体建设。依法治国、依法执政、依法行政是一个有机整体，关键在于党要坚持依法执政、各级政府要坚持依法行政。法治国家、法治政府、法治社会三者各有侧重、相辅相成，法治国家是法治建设的目标，法治政府是建设法治国家的主体，法治社会是构筑法治国家的基础。习近平总书记在中央全面依法治国委员会第二次会议上明确指出，“推进全面依法治国，要坚持法治国家、法治政府、法治社会一体建设，法治政府建设是重点任务，对法治国家、法治社会建设具有示范带动作用。要加强法治政府建设，加强对示范创建活动的指导，杜绝形式主义，务求实效。”①

一、法治是新时代治国理政的基本方式

“法治是治国理政的基本方式”的科学论断为中国法治理念注入了新时代要素，反映了我们党对执政规律的深刻认识和对国家与政权建设基本规律和治国理政基本规律的深刻认识，标志着中国政治文明的巨大进步。

从历史来看，全面推进依法治国是总结我国社会主义建设成功经验和深刻教训作出的重大抉择。习近平指出：“法治和人治问题是人类政治文明史上的一个基本问题，也是各国在实现现代化过程中必须面对和解决的一个重大问题。综观世界近现代史，凡是顺利实现现代化的国家，没有一个不是较好解决了法治和人治问题的。相反，一些国家虽然也一度实现快速发展，但并没有顺利迈进现代化的门槛，而是陷入这样或那样的‘陷阱’，出现经济社会发展停滞甚至倒退的局面。后一种情况很大程度上与法治不彰有

① 《习近平主持召开中央全面依法治国委员会第二次会议》，2019 年 2 月 25 日，新华网，http://www.xinhuanet.com/2019_02/25/c_1124161654.htm。

关。”[①]这一分析直指新中国成立以来屡屡出现重大失误和严重错误的要害。习近平指出：“人类社会发展的事实证明，依法治理是最可靠、最稳定的治理。”[②]“历史是最好的老师。经验和教训使我们党深刻认识到，法治是治国理政不可或缺的重要手段。法治兴则国家兴，法治衰则国家乱。什么时候重视法治、法治昌明，什么时候就国泰民安；什么时候忽视法治、法治松弛，什么时候就国乱民怨。”[③]

“改革和法治如鸟之两翼、车之两轮。”[④]从长远来看，全面推进依法治国，是实现“两个一百年”奋斗目标、实现中华民族伟大复兴中国梦的必由之路。我们要更好发挥法治固根本、稳预期、利长远的保障作用，为中国梦保驾护航。在“四个全面”战略布局中，全面依法治国既是重要内容，又是重要保障，具有基础性和保障性的作用。习近平指出：“要把全面依法治国放在‘四个全面’的战略布局中来把握，深刻认识全面依法治国同其他三个‘全面’的关系，努力做到‘四个全面’相辅相成、相互促进、相得益彰。”[⑤]十八届四中全会通过的《关于全面推进依法治国若干重大问题的决定》（以下简称“十八届四中全会《决定》”）明确指出：“全面推进依法治国是关系我们党执政兴国、关系人民幸福安康、关系党和国家长治久安的重大战略问题，是完善和发展中国特色社会主义制度、推进国家治理体系和治理能力现代化的重要方面。”当前，全面建成小康社会进入决定性阶段，要如期实现全面深化改革的总目标，必须紧紧依靠法治引领、推动和保障全面深化改革。可以说，法治是全面深化改革的关键枢纽，是改革能够规范有序推进、顺利实现预期目标的重要保障。

“法治是治国理政的基本方式”必然要求各级领导干部提高运用法治思

① 《习近平关于全面依法治国论述摘编》，中央文献出版社 2015 年版，第 12 页。

② 《习近平关于全面依法治国论述摘编》，中央文献出版社 2015 年版，第 63 页。

③ 《习近平关于全面依法治国论述摘编》，中央文献出版社 2015 年版，第 8 页。

④ 《习近平关于全面依法治国论述摘编》，中央文献出版社 2015 年版，第 14 页。

⑤ 《习近平关于全面依法治国论述摘编》，中央文献出版社 2015 年版，第 15 页。

维和法治方式的能力，善用法治思维和法治方式治国理政，要把法治理念、法治精神、法治原则和法治方法贯穿到治理实践中，形成办事依法、遇事找法、解决问题用法、化解矛盾靠法的良好法治习惯。现阶段尤其强调提高运用法治思维和方式去深化改革、推动发展、化解矛盾、维护稳定的能力。首先，在化解社会矛盾、维护社会稳定方面，要把社会矛盾的解决建立在法治基础上，把维稳建立在维权的基础之上。其次，要正确处理改革与法治的关系。要善于以法治凝聚改革共识，以法治引领改革方向，以法治规范改革程序，以法治确认、巩固和扩大改革成果。凡属重大改革要于法有据，确保在法治轨道上推进改革。

二、党的领导是社会主义法治最根本的保证

党的十八届四中全会《决定》明确指出："党的领导是中国特色社会主义最本质的特征，是社会主义法治最根本的保证。"这个重大论断是对我国社会主义法治本质的深刻揭示，表达了中国共产党建设社会主义法治国家的坚定政治立场。党的领导是全面依法治国的"定海神针"，加强党对全面依法治国的领导，才能充分实现人民当家作主，才能确保社会主义法治建设的正确方向，才能完成全面依法治国的改革任务，才能实现全面依法治国的宏伟目标。习近平总书记对党的领导与依法治国关系的阐述，是中国特色社会主义新时代推进全面依法治国和法治建设的政治引领。

（一）坚持和拓展中国特色社会主义法治道路

"全面推进依法治国，必须走对路。如果路走错了，南辕北辙了，那再提什么要求和举措也都没有意义了。全会决定有一条贯穿全篇的红线，这就是坚持和拓展中国特色社会主义法治道路。"① 习近平指出："中国特色社会主

① 习近平：《加快建设社会主义法治国家》，《求是》2015 年第 1 期。

义法治道路，是社会主义法治建设成就和经验的集中体现，是建设社会主义法治国家的唯一正确道路。”[①]“在坚持和拓展中国特色社会主义法治道路这个根本问题上，我们要树立自信、保持定力。”[②]任何一个法治建设成功的国家，都不是靠照抄照搬成功的。它们都立足于自身国情，遵循法治规律，参照他国情形，尊重人类理性，依靠自身智慧，创造出自己的法治模式。经过70年的探索，我们已经走出了一条既有世界法治普遍特征、又有中国优秀传统文化基因的内生式中国特色社会主义法治道路。

中国特色社会主义法治道路的核心要义就是坚持党的领导，坚持中国特色社会主义制度，贯彻中国特色社会主义法治理论。这三个方面规定和确保了中国特色社会主义法治体系的制度属性和前进方向，明示了中国特色社会主义法治道路的基本内涵和基本内容，确定了中国特色社会主义法治道路的根本性质和根本要求，描绘了这条道路的鲜明特征和鲜明标识。其中，党的领导是根本，中国特色社会主义制度是基础，中国特色社会主义法治理论是指导思想和学理支撑。

（二）党和法的关系是政治和法治的集中反映

党和法的关系是法治建设的核心问题。“党和法的关系是一个根本问题，处理得好，则法治兴、党兴、国家兴；处理得不好，则法治衰、党衰、国家衰。党的十八届四中全会明确强调：‘党的领导是中国特色社会主义最本质的特征，是社会主义法治最根本的保证。把党的领导贯彻到依法治国全过程和各方面，是我国社会主义法治建设的一条基本经验。’这一论断从根本上抓住了党法关系的要害。”[③]党法关系集中反映了法治与政治的关系，每一种法治形态背后都存在着一种政治逻辑，每一种法治道路都包含了一种政治立场。党法关系集中反映了法治与政治的关系，每一种法治形态背后都存在着

① 《习近平关于全面依法治国论述摘编》，中央文献出版社 2015 年版，第 24 页。

② 习近平：《加快建设社会主义法治国家》，《求是》2015 年第 1 期。

③ 《习近平关于全面依法治国论述摘编》，中央文献出版社 2015 年版，第 33—34 页。

一种政治逻辑，每一种法治道路都包含了一种政治立场。中国的法治建设具有自身独特的历史条件和社会特点，如果按照西方法治建设的惯性思维来思考中国的政治与法治关系问题，难免会形成路径依赖，进而产生水土不服的情况。因此，我们不能简单地套用西方的政治思维和法治模式，而是要坚持走中国特色社会主义道路，探索适合中国国情的、具有中国特色的社会主义法治理论、制度与文化。对此，习近平进一步强调："我们要坚持的中国特色社会主义法治道路，本质上是中国特色社会主义道路在法治领域的具体体现；我们要发展的中国特色社会主义法治理论，本质上是中国特色社会主义理论体系在法治问题上的理论成果；我们要建设的中国特色社会主义法治体系，本质上是中国特色社会主义制度的法律表现形式。"① 这一论断在中国特色社会主义的视域下探讨了法治建设中国化的问题，为从根本上认识具有中国特色的党法关系提供了坚实的理论基础。

（三）党的领导是社会主义法治最根本的保证，是中国特色社会主义法治之魂

全面推进依法治国成功与否，关键在于方向是否正确、政治保证是否坚强有力，具体讲就是要坚持党的领导，坚持中国特色社会主义制度，贯彻中国特色社会主义法治理论。这就要求在推进全面依法治国的过程中发挥党的方向保证和政治保证作用。党的十九大报告指出："党政军民学，东西南北中，党是领导一切的。"必须把党的领导贯彻落实到依法治国全过程和各方面，坚定不移走中国特色社会主义法治道路。党的十九届三中全会提出，"深化党和国家机构改革的首要任务是，完善坚持党的全面领导的制度，加强党对各领域各方面工作领导，确保党的领导全覆盖，确保党的领导更加坚强有力。"2018 年宪法修正案"在宪法序言确定党的领导地位的基础上，我们又在总纲中明确规定中国共产党领导是中国特色社会主义最本质的特征，

① 《习近平关于全面依法治国论述摘编》，中央文献出版社 2015 年版，第 34—35 页。

强化了党总揽全局、协调各方的领导地位。宪法修改后各方面反响很好。我们要继续推进党的领导制度化、法治化，不断完善党的领导体制和工作机制，把党的领导贯彻到全面依法治国全过程和各方面。”①

党的领导是社会主义法治最根本的保证。全面依法治国决不是要削弱党的领导，而是要加强和改善党的领导，不断提高党领导依法治国的能力和水平，巩固党的执政地位。必须坚持实现党领导立法、保证执法、支持司法、带头守法，健全党领导全面依法治国的制度和工作机制，通过法定程序使党的主张成为国家意志、形成法律，通过法律保障党的政策有效实施，确保全面依法治国正确方向。社会主义法治必须坚持党的领导。办好中国的事情，关键在于党。社会主义法治建设的历史经验告诉我们，必须把党的领导贯彻到依法治国的全过程和各个方面，这事关社会主义事业的兴衰成败。习近平指出：“坚持中国特色社会主义法治道路，最根本的是坚持中国共产党的领导。”②“我们必须牢记，党的领导是中国特色社会主义法治之魂，是我们的法治与西方资本主义法治最大的区别。离开了中国共产党的领导，中国特色社会主义法治体系、社会主义法治国家就建不起来。”③中国共产党在国家政治生活中处于总揽全局、协调各方的领导核心地位，具有强大的思想、理论、政治和组织等方面的优势，决定了其有能力通过全面推进依法治国带领中国人民实现中国特色社会主义法治建设的基本目标。

在中国特色社会主义法治建设的道路上，任何关于法治建设的问题都必须从中国共产党对法治的领导的基础地位出发，否则将不可避免地染上“脱离中国实际政治形势的幼稚病”。与西方明显不同的是，中国共产党的领导地位是在长期以来的革命斗争中逐步确立起来的，坚持中国共产党领导是中国特色社会主义的最本质特征。法治中国的构建是一条艰难而漫长的道路，必须强化党的权威地位。同时，政党权威的保证和领导作用的发挥又要

① 习近平：《加强党对全面依法治国的领导》，《求是》2019年第4期。

② 《习近平关于全面依法治国论述摘编》，中央文献出版社2015年版，第35页。

③ 习近平：《加快建设社会主义法治国家》，《求是》2015年第1期。

求党必须要依靠社会主义法治，通过制度治党完成自身的法治化进程，提高自身建设法治化水平。习近平指出："坚持党的领导，是社会主义法治的根本要求，是党和国家的根本所在、命脉所在，是全国各族人民的利益所系、幸福所系，是全面推进依法治国的题中应有之义；党的领导和社会主义法治是一致的，社会主义法治必须坚持党的领导，党的领导必须依靠社会主义法治。"①

"全面依法治国是一项长期而重大的历史任务，也是一场深刻的社会变革。当前，立法、执法、司法、守法等方面都存在不少薄弱环节，法治领域改革面临许多难啃的硬骨头，迫切需要从党中央层面加强统筹协调。"②党的领导是党和国家事业不断发展的"定海神针"。为加强党中央对法治中国建设的集中统一领导，健全党领导全面依法治国的制度和工作机制，更好落实全面依法治国基本方略，组建中央全面依法治国委员会，负责全面依法治国的顶层设计、总体布局、统筹协调、整体推进、督促落实，作为党中央决策议事协调机构。习近平提出明确要求，"成立这个委员会，就是要健全党领导全面依法治国的制度和工作机制，强化党中央在科学立法、严格执法、公正司法、全民守法等方面的领导，更加有力地推动党中央决策部署贯彻落实。"③

三、新时代法治政府建设的总体目标和新要求

2004年，国务院印发的《全面推进依法行政实施纲要》提出要用十年左右的时间达成建设法治政府的目标。党的十八大报告提出，到2020年基本建成法治政府，这是全面建成小康社会的首要改革目标，是"五位一体"全面小康社会的内在要求。2015年，中共中央、国务院印发的《法治政府建设实施纲要（2015—2020）》提出：到2020年要构建系统完备、科学规

① 《习近平关于全面依法治国论述摘编》，中央文献出版社2015年版，第23—24页。

② 习近平：《加强党对全面依法治国的领导》，《求是》2019年第4期。

③ 习近平：《加强党对全面依法治国的领导》，《求是》2019年第4期。

范、运行有效的制度体系，使各方面的制度更加成熟稳定。里面提到的建设法治政府的总目标是“经过坚持不懈的努力，到2020年基本建成职能科学、权责法定、执法严明、公开公正、廉洁高效、守法诚信的法治政府”。党的十九大报告将“法治国家、法治政府、法治社会基本建成”确立为到2035年基本实现社会主义现代化的重要目标。到2035年，要基本建成法治政府。法治政府的总体目标是：职能科学、权责法定、执法严明、公开公正、廉洁高效、守法诚信。

（一）职能科学

职能科学要求正确定位政府的作用，既“放松规制”，建设“有限政府”；又加强服务和规范管理，建设“有为政府”。职能科学要求全面正确履行政府职能，优化政府组织结构，科学配置政府的职责和权力，有效发挥政府治理社会的作用。

（二）权责法定

法治政府要求政府应当在宪法和法律的范围内活动，由法律来限定政府的权限和职责。依法行政的首要原则是行政合法性原则，政府机关行使行政权力应当符合法律规定的权限范围，如果违反法定职责，应当依法承担行政违法的责任。

（三）执法严明

执法严明是法律实施的重要保障，依法行政原则要求有法必依、执法必严、违法必究，形成人们不愿违法、不能违法、不敢违法的法治环境。执法严明方能治理有序、树立法律的权威，从而更好发挥法治方式治国理政的效力。

（四）公开公正

所谓公正，就是要坚持同等情况同等对待的原则，防止偏见和偏私，要平等听取当事人的意见，在行政过程中保障行政相对人的听证权，进行听取意见程序。所谓公开，就是政府应将行政过程形成的信息和材料向社会公众公开，增强政府工作的透明度。

（五）廉洁高效

政府应积极履行法定职责，遵守法定时限，提高办事效率，提供优质服务，方便群众办事，把执政为民体现在政府管理的各个环节。积极探索高效、便捷和成本低廉的防范、化解社会矛盾的机制。掌握公权力的部门应当依法用权，廉洁奉公，做到权为民所用，情为民所系，利为民所谋，不得滥用公权力为己谋私。

（六）守法诚信

政府守法是法治政府建设的核心和底线，政府不守法，法治国家无从谈起，法治社会也难以形成。如果行政权没有约束好，公民对政府的行为就会缺乏预期和信心，诚信政府的形象就难以树立。政府应按规则行事，以法律规范约束行政权力，打造诚信政府。

在上述总体目标的基础上，党的十九大报告进一步对法治政府建设提出了若干新的具体要求：推进依法行政，严格、规范、公正、文明执法；转变政府职能，深化简政放权，创新监管方式；增强政府公信力和执行力，建设人民满意的服务型政府；形成科学合理的管理体制，完善国家机构组织法。

第二节　依法全面履行政府职能

依法全面履行政府职能是处理好政府与市场、政府与社会关系的核心环节，是深入推进依法行政、加快建设法治政府的必然要求。政府应全面履行经济调节、市场监管、社会管理和公共服务等法定职能，努力做到既不缺位也不失职。

全面履行职能，必须继续简政放权，深化行政审批制度改革，理清政府与市场边界，让政府更好归位、市场更加发力、群众更多受益。同时，要有强烈的责任意识和担当精神，积极回应社会的需求和关切，对群众反映强烈的问题敢抓敢管，切实履行好法定职能。当前，我国正处在全面深化改革和加快转变经济发展方式的关键时期，深化社会主义市场经济体制改革、创新社会治理体制、加快经济发展方式转变，关键是要处理好政府与市场和社会的关系，在充分发挥市场在资源配置中决定性作用和充分发挥社会力量作用的同时，更好地发挥政府的作用。政府必须加快职能转变，要有所为有所不为，最大限度减少对具体微观事务的干预，把精力主要放在营造公平的市场竞争环境、提供基本公共服务、维护社会公平正义上，从全能政府向有限政府转变。政府该履行哪些职能最终要通过法律形式加以明确，才能对政府与市场和社会的边界作出清晰界定，形成稳定的预期。当前要更加重视社会管理和公共服务，加快建设可持续的基本公共服务制度体系，更好地发挥政府提供公共服务、促进社会公平正义的作用。积极回应社会关切，加强市场监管，切实解决群众反映强烈的安全生产、食品安全、环境保护、社会治安等方面的突出问题，维护经济社会秩序。

为了确保切实依法全面履行政府职能，党的十九届四中全会通过的《中共中央关于坚持和完善中国特色社会主义制度　推进国家治理体系和治理能力现代化若干重大问题的决定》（以下简称“十九届四中全会《决定》”）进一步从完善国家行政体制、优化政府职责体系、优化政府组织结构、健全充分发挥中央和地方两个积极性体制机制等四个方面提出了“坚持和完善中国特色社会主义行政体制，构建职责明确、依法行政的政府治理体系”的要求。十九届四中全会《决定》提出，“以推进国家机构职能优化协同高效为着力点，优化行政决策、行政执行、行政组织、行政监督体制。健全部门协调配合机制，防止政出多门、政策效应相互抵消。”“完善政府经济调节、市场监管、社会管理、公共服务、生态环境保护等职能，实行政府权责清单制度，厘清政府和市场、政府和社会关系。深入推进简政放权、放管结合、优化服务，深化行政审批制度改革，改善营商环境，激发各类市场主体活力。”“推进机构、职能、权限、程序、责任法定化，使政府机构设置更加科学、职能更加优化、权责更加协同。严格机构编制管理，统筹利用行政管理资源，节约行政成本。”“健全充分发挥中央和地方两个积极性体制机制。理顺中央和地方权责关系，加强中央宏观事务管理，维护国家法制统一、政令统一、市场统一。适当加强中央在知识产权保护、养老保险、跨区域生态环境保护等方面事权，减少并规范中央和地方共同事权。赋予地方更多自主权，支持地方创造性开展工作。按照权责一致原则，规范垂直管理体制和地方分级管理体制。优化政府间事权和财权划分，建立权责清晰、财力协调、区域均衡的中央和地方财政关系，形成稳定的各级政府事权、支出责任和财力相适应的制度。构建从中央到地方权责清晰、运行顺畅、充满活力的工作体系。”

一、完善行政组织和行政程序法律制度

健全组织法制体系和程序规则是依法全面履行政府职能的重要保障。改革开放40多年来，以规范和控制政府权力为核心的行政法律体系已逐步形成，但行政组织和行政程序法律制度还很不完善。比如，国务院各部门、地方省市乡镇政府都没有专门的组织法，其组织、职能、编制等的调整和规范主要通过行政行为法和“三定规定”等政府文件进行，央地关系更多依靠政策调整，行政机关职能交叉、机构重叠、政出多门等问题较为突出；对行政处罚、许可、强制以外的行政行为尚欠缺程序规范，行政机关自由裁量权较大。造成这种情形的原因，一方面是因为组织法观念淡薄，另一方面是因为整个政府机构的设置一直处在不断的改革变动中，难以制定具有相对稳定性的行政组织法。

十八届四中全会《决定》提出“完善行政组织和行政程序法律制度，推进机构、职能、权限、程序、责任法定化”，将加快推进行政组织和行政程

序法律制度建设作为构建规范政府职能履行法律体系的重点任务，以法定化的方式确定政府的权力来源和边界、机构职责设置与人员配备，把各类行政行为运行过程纳入法治化轨道，为形成权职责一致、分工合理、决策科学、执行顺畅、监督有力的行政管理体制提供制度保障。要坚持法定职责必须为、法无授权不可为，勇于负责敢于担当，坚决纠正不作为乱作为，坚决克服懒政怠政，坚决惩处失职渎职。行政机关不得法外设权，没有法律法规依据不得作出减损公民、法人和其他组织合法权益或者增加其义务的决定。

党的十九大报告将行政管理体制放在党和国家整个机构设置和治理机制中进行谋划设计，提出“统筹考虑各类机构设置，科学配置党政部门及内设机构权力、明确职责。统筹使用各类编制资源，形成科学合理的管理体制”，“在省市县对职能相近的党政机关探索合并设立或合署办公。”党的十九大以后，行政机构改革已经深入进行并取得了重大进展。在政府机构设置具有相对稳定性以后，应及时启动各种行政组织法的立法工作，以期形成较为科学合理的管理体制。

（一）机构法定化

行政机构设置应遵循法定原则，力求职能科学、合理设置。要依法规范行政机关的职能和权限，核定人员编制，推进政府职责、机构和编制法定化，实现组织法定。

（二）职能法定化

行政职能法定化是依法行政的基础，政府机关之间职能划分不清，职能交叉，边界不清晰或职能设置不科学，会导致权力交叉、多头执法、相互推诿等违法行政现象。职能法定化要求严格依据法律划定政府及政府部门的职能，“三定规定”的合法性应当置于法律监督之下进行考量。应加快完善组织法，通过地方政府组织法将地方各级政府的职责、权限以及相互之间的分工确定下来，做出明确具体规定。行政机关不得法外设权，行政权力要严格实行“授予原则”，必须在法律和制度框架内运行。

（三）权限法定化

行政机关依据法定权限行使行政权力，不能逾越法律的范围或界限，依法行使行政自由裁量权，不得侵犯公民合法权益。权限法定化要求依据法定权限梳理权力清单并向社会公开，使行政权限置于社会监督之下。

（四）程序法定化

行政程序法定化是指行政机关行使行政权力必须遵循法定的程序。实施行政管理，除涉及国家秘密和依法受到保护的商业秘密、个人隐私以外，应当公开，注意听取公民、法人和其他组织的意见；要严格遵守法定程序，依法保障行政相对人、利害关系人的知情权、参与权和救济权。行政机关工作人员履行职责，与行政相对人存在利害关系时，应当回避。违反法定程序的行政行为应当承担违法责任，应尽快出台行政程序法，使政府管理过程有程序法依据。

（五）责任法定化

法治政府是责任政府。坚持权责统一，要依法做到执法有保障、有权必有责、用权受监督、违法受追究、侵权需赔偿。

二、推进行政审批制度改革

推进行政审批制度改革，必须牢牢紧扣政府与市场这对核心关系，把行政审批制度改革作为发挥公共政策和软环境优势、实现转型发展的突破口。2001 年 9 月，国务院成立行政审批改革工作领导小组积极推进行政审批制度改革，至 2012 年 8 月，国务院已进行了六轮行政审批制度改革。2012 年 11 月，党的十八大报告提出，要深化行政审批制度改革，继续简政放权，推动政府职能向创造良好发展环境、提供优质公共服务、维护社会公平正义转变。新一届政府自2013年5月至2014年1月又进行了四轮行政审批制度改革。新一届政府的行政审批制度改革遵循一面继续清理存量，一面严格控制增量的原则推进。《国务院关于严格控制新设行政许可的通知》（国发〔2013〕39号）规定，今后起草法律草案、行政法规草案一般不新设行政许可，确需新设的，必须严格遵守行政许可法的规定，严格设定标准。2014年4月22日，国务院发布《关于清理国务院部门非行政许可审批事项的通知》（国发〔2014〕16号），规定非行政许可审批事项该取消的一律取消，该调整的坚决调整。十八届三中全会《关于全面深化改革若干重大问题的决定》（以下简称“十八届三中全会《决定》”）提出进一步简政放权，深化行政审批制度改革，最大限度减少中央政府对微观事务的管理，市场机制能有效调节的经济活动，一律取消审批，对保留的行政审批事项要规范管理、提高效率；直接面向基层、量大面广、由地方管理更方便有效的经济社会事项，一律下放地方和基层管理。

“深化简政放权”首先要求继续全面清理行政审批事项，最大限度减少政府对生产经营活动的许可，最大限度缩小投资项目审批、核准的范围，最大幅度减少对各类机构及其活动的认定和对行政相对人办事的各种奇葩证明的要求；其次要求对直接面向基层、量大面广、由地方实施更方便有效的行政许可事项，一律下放地方和基层管理；加大取消和下放束缚企业生产经营、影响群众就业创业行政许可事项的力度，鼓励大众创业、万众创新。

行政审批制度改革的最终目标是非行政许可审批事项退出历史舞台，保留的行政审批事项一律受《行政许可法》的调整实现行政审批的制度化和法治化。具体而言，行政审批制度改革的法律机制创新主要有以下几方面。

（一）完善公众参与机制

应提高公众参与度，形成行政审批制度改革的社会治理长效机制。破除行政单边主义倾向，在审批前预设公众参与机制，从而有效地防范风险。具有潜在诱发利益冲突的审批事项更应当注意审批前置程序的参与性、协商性和公开性。

（二）完善社会评估机制

评估机制应当成为行政审批的前置或构成要件，应建立更加精准和专业的论证及评估，在强调向社会开放的同时应当提高评估方式的科学性和技术装置的效用性，提高标准化程度。评估的结果应当公开，接受社会监督。

（三）完善行政审批的问责机制

行政内部约束和责任追究是规范审批行为的基本环节。完善行政内部监督，加强行政监察责任。对违法的行政审批引入行政诉讼机制，追究行政法律责任。

（四）完善预防腐败机制

推行“阳光审批”，推进政务公开。建立健全政策执行监督相对制约的运行机制，运用法律手段对行政执法进行监督，如提出监察建议、查办职务犯罪等监察监督方式。

（五）建立程序简化机制

行政审批程序应尽量简化步骤和方式，缩短时限，坚持便民原则。简化的前提是分类管理，按照对公共利益影响的程度进行分类。对公共利益影响微小的事项完全可以简化为窗口式办理；对公共利益影响重大的事项不但不能简化，而且要严格实行听证制度，引入利害关系人参与和公众参与机制；对公共利益影响一般的事项的简化，不能缺省的步骤可以在专家论证的前提下出台引导性规范。依法推进行政审批简政放权。按照依法行政的原则，科学论证，进行权力下放和程序简化。

三、推行政府权力清单制度

十八届三中全会《决定》提出，推行地方各级政府及其工作部门权力清单制度，依法公开权力运行流程，完善党务、政务和各领域办事公开制度，推行决策公开、管理公开、服务公开、结果公开。

（一）推行权力清单制度，进一步规范政府权力

推行权力清单制度是理清政府权责边界、进一步加大简政放权力度的重要抓手。权力清单制度与行政审批制度改革相承接，是行政审批制度改革的进一步深化。对政府及政府部门行使的行政职权，在依法梳理的基础上以清单的方式进行列举确认，制作权力清单列表，确立权力运行流程、监督机制，并向社会公开；行政机关行使行政权力应当在清单列举的范围内进行，逐步形成权责清晰、程序严密、运行公开、监督有效的行政权力公开透明运行机制。同时，权力清单也是责任清单。通过权力清单，可以进一步明确不同层级政府和部门职能，把该负的责任负起来，把该管的事管住管好。

1. 全面梳理政府权力事项，明确政府权力边界

明确政府及政府部门的职责体系，根据职责体系的调整变化完善组织体系，调整优化机构和人员编制配置，推进行政体制改革。政府部门要切实做到法无授权不可为，行政机关不得法外设定权力，没有法律法规依据不得作出减损公民、法人和其他组织合法权益或增加其义务的决定。

推行权力清单制度，要按照职权法定和市场优先原则，对政府部门现有行政职权进行全面梳理，厘清权力名称、法律依据、行使部门等。科学确定政府及其部门的行政职权，在梳理部门职责，分析履职情况的基础上，确立对职权合并、削减等的清理意见，确定权力清单和权力运行流程图。把政府的权力以清单形式明确下来，有利于让政府部门及其工作人员清楚自身到底有多少职权，更好地履职担责；有利于进一步厘清层级或部门之间的职责关系，突出不同层级政府的管理和服务重点，解决多年来群众反映强烈的部

门职责交叉、相互推诿扯皮等问题；有利于根据职权更加科学合理地设置机构、配备人员，促进政府运行的精简统一效能。同时，推行权力清单制度也是给行政权力“做减法”的过程。

此外，对存在权力交叉的事项，各级政府和同级不同部门之间要加强衔接协调，划清权限，明确责任。对超越法律法规范围，通过红头文件违法设立的权力事项，应坚决予以取消。对违法实施行政权力的非行政主体，要坚决清理。对应该加强的行政权力也要加强，做到简政放权和加强监管齐推进、相协调。

2. 规范政府权力运行过程

对政府权力行使的程序、环节、过程、责任进行分解细化，并制定相应的政府权力行使标准、运行流程、监督制约制度，防止政府权力行使的随意、异化和滥用。

3. 抓好晒权环节

权力清单及权力运行流程依法向社会公布，打造阳光政府，行政权行使的过程和结果要公开透明。将各部门经过依法审核确认保留下来的行政职权，以清单形式对外公布，包括每项行政职权的运行流程图等，都一并公开，主动接受社会监督。让政府部门及其工作人员知道自己有哪些权力、该如何操作，让社会公众了解什么事情该找哪个部门、具体怎么办。政府权力清单之外的权力，一律不得实施，更不得违规新设。政府权力清单要根据法律法规的修改完善进行动态调整。

（二）把推行权力清单制度作为简政放权的重要抓手和基础

当前我国经济正处于提质增效转型升级的关键时期，要把推行权力清单制度与简政放权紧密结合起来，把推行权力清单制度作为简政放权的重要抓手和基础，把凡是市场能够自我调节和公民、法人及其他组织能够自主决定、自担风险、自律管理的事项全部放出去，最大限度地减少政府对资源的直接配置，最大限度地降低市场准入门槛，最大限度地给市场和企业松绑减负，从而为企业创新、大众创业提供更多机遇和更好环境，促进市场活力充分迸发。

1. 通过推行权力清单制度，进一步加大简政放权的力度

通过对各级政府和部门行政职权进行彻底清理，把一些部门仍然藏着、掖着的审批事项彻底清理出来。尤其是把那些没有法律依据、利用“红头文件”设立的具有审批性质的权力，包括各类年检、证照等都“扒拉”出来，能交给市场的交给市场，能交给社会的交给社会，能下放的下放，促进行政审批制度改革取得更大进展。

2. 推行权力清单制度，进一步提高简政放权的质量

推行权力清单制度，要坚持问题导向，抓住主要矛盾。厘清政府与市场的关系，按照“能减则减、该放尽放”的原则实现政府权力的“瘦身”，要从有利于社会主义市场经济发展的角度来清权减权，推动政府职能转变，用政府权力的“减法”换取市场和社会活力的“加法”。对市场，实行负面清单，明确非禁止即准入，最大限度“还权”于市场主体，释放市场的活力。政府要让企业明了不该干什么、可以干什么，“法无禁止皆可为”，以形成公开透明、预期稳定的制度安排，促进企业创新活力充分迸发。探索负面清单外企业投资项目政府不再审批改革；条件成熟的行业可探索以先照后证、住所地和经营场所分离等为主要内容的商事登记制度改革。建立负面清单要做到明确责任主体、明确清单目录、明确配套监管机制。

3. 通过推行权力清单制度，进一步理清理顺权责关系

要按照财权、事权相统一的原则，合理划分省、市、县、乡不同层级政府的履职重点，实现权责一致，同时，进一步加大放权力度，能交给基层政府的权力，要放手交给基层。要强化部门责任。按照宏观调控部门、市场监管部门、社会管理和公共服务部门的职责定位，合理确定各自的权责范围和职能重点。坚持一件事情原则上由一个部门负责，确需多个部门管理的事项，明确牵头部门，分清主次责任。坚决纠正重审批轻监管、以批代管、批而不管的错误倾向。要理顺部门间的职责关系，研究建立职责分工协调机

制，用制度规范部门职责分工协调工作，切实解决政府部门之间存在的关系不顺、职责交叉问题，提高行政效能，形成工作合力。

四、推进各级政府事权规范化法律化

推进各级政府事权规范化、法律化，完善中央和地方政府事权的法律制度，是依法全面履行政府职能的前提，是建设法治政府的重要内涵，是推进国家治理体系和治理能力现代化的必然选择。只有在明确政府间事权基础上实现政府机构、职能、权限、程序、责任法定化，才能让行政权力在法律和制度的框架内运行。

现代国家治理要求科学界定国家公共权力边界，并实现国家公共权力的合理配置和规范运行。通过完善立法、明确事权，推进各级政府事权规范化、法律化，加快形成分工合理、权责一致、运转高效、法律保障的国家权力纵向配置体系与运行机制，是形成合理的行政秩序、市场秩序和社会秩序的基本前提，是推进国家治理体系和治理能力现代化的重要内容和必然要求。

针对改革实践中存在的中央和地方经济社会事务管理权责边界模糊、职能错位，中央与地方政府事权调整主要依据政策性文件，缺少法律约束力和权威性等问题，十八届四中全会《决定》明确提出，“推进各级政府事权规范化、法律化，完善不同层级政府特别是中央和地方政府事权法律制度，强化中央政府宏观管理、制度设定职责和必要的执法权，强化省级政府统筹推进区域内基本公共服务均等化职责，强化市县政府执行职责”，为各级政府更好地发挥各自优势、依法全面履行职责指明了方向。当前要尽快完善政府事权划分的法律制度，加快推动相关领域改革。

（一）切实推进政府职能转变

合理明确的政府职能是推进各级政府事权规范化、法律化的前提条件。

要围绕使市场在资源配置中起决定性作用和更好发挥政府作用，处理好政府与市场、政府与社会的关系，加快政府职能转变，并通过法律方式界定政府职能边界，强调建立和维护统一市场、促进要素自由流动、价格主要由市场决定等保障市场决定资源配置的核心要素，切实将政府职责和作用聚焦于保持宏观经济稳定、加强和优化公共服务、保障公平竞争、加强市场监管、维护市场秩序、推动可持续发展、促进共同富裕、弥补市场失灵。

（二）加强财税立法，研究制定规范中央和地方财政关系的财政法律制度，落实税收法定原则，研究制定税收基本法，明确界定中央和地方的支出责任

建立事权与支出责任相适应的制度也是深化财税体制改革、建立现代财政制度的重头戏。事权划分是现代财政制度有效运转的基础和支撑，是理顺政府间财政关系的逻辑起点和前置条件。只有明确政府间事权划分，才能相应界定各级政府的支出责任，并合理选择转移支付方式，确定财力与事权相匹配的程度，满足各级政府履行事权的财力需求，实施相应的预算管理。①

第三节 严格规范公正文明执法

十八届四中全会《决定》提出，深化行政执法体制改革，健全行政执法和刑事司法衔接机制。坚持严格规范公正文明执法，依法惩处各类违法行为，加大关系群众切身利益的重点领域的执法力度，建立健全行政裁量权基准制度，全面落实行政执法责任制。

严格规范公正文明执法是一个有机统一的整体。其中，严格是执法基本要求，规范是执法行为准则，公正是执法价值取向，文明是执法职业素养。

① 楼继伟:《推进各级政府事权规范化法律化》,《人民日报》2014 年 12 月 1 日。

“严格”就是以事实为依据，以法律为准绳，在执法工作中，必须做到“有法可依，有法必依，执法必严，违法必究”。“规范”是指规范执法的程序，必须按照法律规定的程序执法，做到实体与程序并重。“公正”就是公平正义，对执法者来说就是实现法律面前人人平等。“文明”是指执法者文明的形象，是对人的一种态度，是执法对象最直接的感受，文明执法要有礼有节、以理服人。

法治政府建设最重要最基本的要求是依法行政。依法行政包括依法制定行政法规、规章和规范性文件，也包括依法执法。在行政立法日趋完善的条件下，相较于依法进行行政立法，依法执法在依法行政中具有更为重要的地位。依法执法有形式意义的依法执法和实质意义的依法执法。形式意义的依法执法指行政机关严格依法律、法规、规章明确的条文、规则执法；实质意义的依法执法则要求行政机关不仅应依法律、法规、规章明确的条文、规则执法，而且还要求行政机关依法律原理、原则和法律条文所蕴含的价值和理念执法，要求执法者严格规范公正文明执法。具体而言，要求做到：

第一，“严格执法”要求执法者铁面无私，不放纵违法行为，不法外施恩，不网开一面。特别是对于黄赌毒和假冒伪劣、坑蒙拐骗、网络诈骗等损害人民群众生命健康和严重侵害公民、法人或其他组织财产权的行为，绝不心慈手软，依法该采取行政强制措施的坚决采取行政强制措施，依法该科处行政处罚的坚决科处行政处罚，行为构成犯罪的必须移交司法机关处理，不能以罚代刑。

第二，“规范执法”要求执法者严格依法定权限、法定规则、法定程序执法。依法定权限执法要求执法机关公开权力清单，保证执法不越位、不错位、不缺位。依法定规则执法要求执法机关公开执法依据，并制定和公开执法基准。因为法律法规的规定往往过于原则、抽象，需要通过执法基准予以细化和具体化。依法定程序执法要求执法机关执法要遵守法定方式和手续、步骤，如出示证件、表明身份、说明理由、听取陈述申辩等。

第三，“公正执法”要求执法者执法不偏私，如执法事项与之有利害关系，应主动回避。平等对待行政相对人，不歧视弱者和弱势群体，如多个行政相对人申请同一行政许可事项，应通过招标、拍卖、考试、考核等公平竞争程序选择被许可人；如多个行政相对人实施相同或不同的行政违法行为，应根据其各自违法行为的事实、性质、情节及社会危害程度等给予处罚，做到过罚相当。执法只考虑相关因素，不考虑不相关因素。

第四，“文明执法”要求执法者在执法过程中摆事实，讲道理，以理服人，以法服人。执法时讲究语言文明，举止文明，尊重行政相对人的人格；不得任性、恣意，不得主观武断、滥用职权；严禁暴力执法、野蛮执法、钓鱼执法、养鱼执法。

一、深化行政执法体制改革

十八届四中全会《决定》提出要深化行政执法体制改革，围绕加快建设职能科学、权责法定、执法严明、公开公正、廉洁高效、守法诚信的法治政府的目标，以减少层次、整合队伍、提高效率为原则，根据不同层级政府的事权和职能，改革完善行政执法体制。十九届四中全会《决定》进一步提出要深化行政执法体制改革，最大限度减少不必要的行政执法事项。进一步整合行政执法队伍，继续探索实行跨领域跨部门综合执法，推动执法重心下移，提高行政执法能力水平。落实行政执法责任制和责任追究制度。创新行政管理和服务方式，加快推进全国一体化政务服务平台建设，健全强有力的行政执行系统，提高政府执行力和公信力。

（一）推进综合执法

综合行政执法改革是建立在合理划分职责权限、明确职能定位、理顺职责关系的基础上的，其以权力清单制度为基础，旨在减少执法层级，清理整顿和调整归并执法机构，整合行政执法资源，强化执法权威，落实执法责任，提高执法效能。在权力清单制度推进的过程中，要梳理出各部门权力交叉和多头行使的权力，以执法体制改革来优化。综合行政执法在行政审批制度改革的基础上，按照政策制定、行政审批与监督职能相对分开的原则推行改革，使得行政审批改革能够“削骨”深入。因此，综合行政执法改革要与行政审批制度改革、机构改革、部门职责清理和推行权力清单制度、规范行政权力运行有机结合，统筹协调稳步推进。

综合行政执法改革以整合执法主体、相对集中执法权、推动执法重心下移为重点，清理并整合行政执法队伍，大幅减少市、县两级政府执法队伍种类，推进跨部门、跨行业综合执法，目标是建立权责统一、权威高效的行政执法体制，解决多头执法、重复执法、执法扰民等问题。十八届四中全会《决定》提出，要重点在食品药品安全、工商质检、公共卫生、安全生产、文化旅游、资源环境、农林水利、交通运输、城乡建设、海洋渔业等领域内推行综合执法，有条件的领域可以推行跨部门综合执法。

（二）完善市、县两级政府行政执法管理，加强统一领导和协调

行政执法改革的总体趋向是重心下移、力量下沉，使市、县两级政府执法队伍成为主要的执法力量。在基层政府执法部门的权限设置上，存在一些职责不清、权限不明的问题。为防止多头执法和执法缺位，市、县两级政府行政执法管理要加强。从宏观上看，要依法管理，进退有据，管好看得见的手，管住闲不住的手。从微观上看，对法律空白点要发挥研究精神，寻找法律依据和法理依据，破解管理难题。要理顺行政强制执行体制，理顺城管执法体制，加强城市管理综合执法机构建设，提高执法和服务水平。

（三）继续加强执法队伍的管理，进一步强化执法监督力度

十八届四中全会《决定》提出，严格实行行政执法人员持证上岗和资格管理制度，所有行政执法人员必须经行政执法岗位培训并考试合格，领取行政执法证方可从事行政执法活动。未经执法资格考试合格，不得授予执法资

格，不得从事执法活动。严格执行罚缴分离和收支两条线管理制度，严禁收费罚没收入同部门利益直接或者变相挂钩。行政执法单位要对执法队伍资格进行全面排查清理，将合同工、临时工以及借用人员依法清退出行政执法岗位。各行政执法单位均应对外公布行政执法监督电话，各行政执法单位对行政相对人的投诉举报要及时复核、及时回复，并建立定期研判机制，不断提升行政执法水平。

二、完善行政执法程序

在国务院《全面推进依法行政实施纲要》提出的依法行政的基本要求中，“程序正当”是其中之一。程序正当的基本要求是政府行使权力必须遵守基本的法律程序。正当程序能够提供行政行为结果的可接受性，并且有助于达到更好的效果，美国学者萨默斯将其归纳为程序的“好结果效能”。通过行政程序对权力的行使进行事前和事中的监督与制约，保障行政相对人的合法权益，已经成为现代行政执法的一个重要特征。行政主体执法过程中违反法定程序会被认定为行政违法。要规范行政执法行为，应当构建的行政程序制度主要有：行政（行政资讯）公开制度、说明理由制度、听证制度、告知当事人救济权利制度，等等。

2017 年 1 月，国务院办公厅印发《关于全面推行行政执法公示制度执法全过程记录制度重大执法决定法制审核制度的指导意见》（以下简称“《指导意见》”）试点工作方案，部署在全国范围内 32 个单位开展“三项制度”试点。全面推行行政执法公示制度、执法全过程记录制度、重大执法决定法制审核制度，这“三项制度”对规范执法程序、提升执法能力、强化执法监督发挥了重要作用，它聚焦行政执法的源头、过程、结果等关键环节，对促进严格规范公正文明执法具有基础性、整体性和突破性的作用，对于切实保障人民群众的合法权益、维护政府的公信力具有重要意义。

行政执法公示制度重在打造“阳光政府”，主动、及时地向社会公开执法信息，让行政执法在阳光下运行，接受社会和广大人民群众的监督。执法越公开，就越有权威和公信力。针对行政执法信息公开不及时、不规范、不透明等问题，《指导意见》主要从强化事前公开、规范事中公示、加强事后公开等三个方面，对行政执法信息公示的主体、内容、形式、程序、职责等作出了明确规定。其中，增加了行政执法机关应当主动公示的信息。如，要求执法机关主动公开行政执法人员信息，方便社会公众查询了解执法人员姓名、证件号、执法领域、区域等。

执法全过程记录制度重在规范执法程序，通过文字、音像记录等形式，对行政执法各个环节进行记录，全面、系统归档保存，做到执法全过程留痕和可回溯管理。音像记录具有直观有力的证据作用、规范执法的监督作用、依法履职的保障作用。为充分发挥音像记录的作用，《指导意见》主要从记录范围、记录规范、记录设备配备等方面提出了明确要求。其中明确，对查封扣押财产、强制拆除等直接涉及人身自由、生命健康、重大财产权益的现场执法活动和执法办案场所，要推行全程音像记录。

重大执法决定法制审核制度，重在保障合法执法，确保每一项重大执法决定必须经过合法性审核，使执法者不能越过权力的边际，守住法律的底线。法制审核是确保行政执法机关作出的重大执法决定合法有效的关键环节。《指导意见》从明确审核机构、审核范围、审核内容等方面提出了一系列要求，确保重大执法决定经得起法律考验。

当前，要着力提升文明执法水平。要牢固树立文明执法、执法为民的观念，严格按照法定权限和法定程序履行职责，充分尊重和保障人权。各执法机关及其执法人员在执法过程中要依法保障当事人和利害关系人的合法权益，对当事人的询问质疑要耐心解释，对当事人的陈述申辩要认真听取，要尊重和保障当事人人身权利和财产权利。严禁态度蛮横、粗暴执法；严禁侮辱当事人人格；严禁殴打、体罚、非法拘禁当事人。改进执法方式，理性文明执法，注重语言规范、行为规范，努力做到融法理情于一体，坚持以法为据、以理服人、以情感人，力求实现执法效果最大化。

三、建立健全行政裁量权基准制度

行政执法中裁量失当、处理不公等情形时有发生，严重破坏了执法公信力。建立行政裁量权基准制度有助于细化、量化执法基准，完善执法流程，健全配套制度，规范执法行为，切实保障法律实施。行政裁量权基准制度是近年来在我国基层执法实践中逐步建立起来的一种新兴制度，是行政机关依照法律授权将法定自由裁量权加以细化和量化，拟定执法中具体的、细化的、可操作的约束规则，以及对行政裁量权在法定幅度内进行控制的具体标准，以达到规范行政裁量权、加强对裁量权的自我控制的目的而创建的一种制度。

从生成路径上看，行政裁量权基准制度植根于中国的本土实践，是一种“自下而上”生成模式，它来自行政机关的典型经验和实践创造。源自于基层实务部门为解决执法随意、裁量不公的突出问题，将在执法一线经常发生的案件，根据案件执法经验，对行政违法行为的事实要件进行细化，将行政执法的法律效果要件进行格式化，从而上升为裁量权基准，并使之成为一线执法人员便捷执法的重要标准。自 2004 年金华市公安局率先实践以来，行政裁量权基准在全国范围内已呈现出多种类、多领域和多层次的发展态势，全国各级各类行政机关在执法实践中纷纷推出各自的行政执法裁量权基准或出台了关于制定行政裁量权基准的相关文件。截至目前，已经有 25 个省、自治区和直辖市制定了统一规范裁量权的办法，对有关行政裁量权基准制定等问题作出了总则性规定。2014 年 4 月浙江省人民政府出台了《浙江省行政处分裁量基准办法》，成为全国第一部规范性裁量基准制定的政府规章。在中央层面，国务院 2008 年发布的《关于加强市县政府依法行政的决定》和 2010 年发布的《关于加强法治政府建设的意见》等等，也都针对行政裁量基准制度提供了建设性意见。十八届四中全会《决定》中更是明确提出，要“建立健全行政裁量权基准制度，细化、量化行政裁量标准，规范裁量范围、种类、幅度”。

观察行政裁量权基准的中国本土实践，它作为一种特殊的“规则之治”，体现了行政自我克制的制度化努力，融合在自律与他律之间、平衡于拘束与裁量之间，具有沟通法律与个案的结构功能优势，实现了行政裁量的有效治理，从而成为当下中国法治推进中最具价值和生命力的一种裁量治理模式。但另一方面，作为一种新兴制度，行政裁量权基准也不可避免地还存在着诸多缺陷与不足，比如：行政裁量权基准制定内容存在形式化、批发化的倾向，以及重复性甚至冲突性的问题；行政裁量权基准制定程序存在诸多不一致、认识不统一的问题；等等。如何从整体上构建行政裁量权基准制度，通过一系列正当化的制度安排来实现行政裁量的内在价值和功能，有必要尽快由国务院制定统一的《行政裁量权基准制定程序暂行条例》的总则性文本，对行政裁量权基准的制定主体、制定技术、制定程序、具体实施、法律监督等问题作出规定，对裁量权基准正当性、法律效力、公开性、制定权限、公众参与等较有争议的问题作出适当回应，以保证行政裁量权基准领域的法制统一，并确保该项制度的法治功效能够得以有效发挥。这是确保裁量基准制度功效的关键举措，是提高裁量基准统一性的根本途径。①

四、全面落实行政执法责任制

严格行政执法责任制，是深化行政执法体制改革的重要环节，也是监督和制约行政执法权力的有效途径。要根据有权必有责的要求，在分解执法职权的基础上，确定不同部门及机构、岗位执法人员的具体执法责任。国务院办公厅 2005 年 7 月发布了《关于推行行政执法责任制的若干意见》。党的十五大、十六大和十六届三中、四中全会对推行行政执法责任制提出了明确要求，《国务院关于全面推进依法行政的决定》和《全面推进依法行政实

① 周佑勇：《从国家战略层面推进对行政裁量权基准的统一立法》，《法制日报》2016 年 2 月 24 日。

施纲要》也就行政执法责任制作出了具体规定。行政执法责任制旨在通过责任追究来约束和监督行政执法，通过加强内部的监管和考核，结合外部行政法律责任的承担和监督机制的融合来促进依法行政。我国绝大多数法律、法规，几乎全部的规章，都是由行政机关来负责实施的。行政执法是否规范守法，关系到人民群众对法治政府的评价，因此必须改变有法不依、执法不严、违法不纠的现象，根除以权代法、以权压法、徇私枉法、执法犯法等乱象，明确执法主体、执法依据、执法权限、执法程序和执法标准等，强调执法责任，推进行政机关依法用权、权责对等，有责必究。

五、健全行政执法和刑事司法衔接机制

十八届四中全会《决定》提出“健全行政执法和刑事司法衔接机制”（以下称“两法衔接”机制）。要求“完善案件移送标准和程序，建立行政执法机关、公安机关、检察机关、审判机关信息共享、案情通报、案件移送制度，坚决克服有案不移、有案难移、以罚代刑现象，实现行政处罚和刑事处罚无缝对接”。“两法衔接”机制的提出，源于整顿和规范市场经济秩序的工作需要。随着社会主义市场经济的深入发展和依法治国的持续推进，行政执法与刑事司法相脱节给市场经济秩序、社会管理带来的问题日益凸显，而“两法衔接”机制作为一种制度设计和程序安排，主要是指行政执法机关在依法查处行政违法行为过程中，发现涉嫌犯罪的行为及时移送公安机关、检察机关等司法机关处理，以形成行政执法和刑事司法工作合力的机制。

国务院于 2001 年 7 月出台了《行政执法机关移送涉嫌犯罪案件的规定》，正式确立“两法衔接”机制的基本框架，对行政执法机关如何移送违法犯罪案件、如何审查涉嫌犯罪案件线索作出具体规定，并规定上述活动应当依法接受人民检察院监督。至此，全国各地区各有关部门陆续建立、健全“两法衔接”工作机制。2007 年，在最高人民检察院的建议下，国务院在全国范围内推广“两法衔接”信息平台，全面建立“网上衔接，信息共享”机制。

但实践中行政执法机关立案查处案件多、移送司法机关处理少的问题仍未有效解决，违法轻罚、有罪不究、以罚代刑、打击不力等问题仍然存在，应当健全行政执法和刑事司法衔接机制，促进执法司法机关严格公正执法、严厉打击违法犯罪。

构建“两法衔接”机制意义重大，一是为行政机关在整顿和规范市场经济秩序过程中发现犯罪行为后移交司法机关处理提供了可循之道，加强行政执法机关和司法机关形成打击犯罪的合力，整合了执法资源；二是强化检察机关对行政执法机关执法活动的监督制约，避免以罚代刑，促进行政执法机关规范、透明执法，提高行政执法水平；三是契合当下我国推进权力运行体制改革、司法体制改革、政治体制改革的内在要求，顺应权力分立制衡的权力运作理念。在实践中，“两法衔接”机制的构建，不仅加强了行政执法机关和司法机关形成打击犯罪的合力，也强化了检察机关对行政执法机关执法活动的监督制约，促进行政执法机关依法、规范执法。

目前，“两法衔接”机制的制度性框架已基本搭建且取得了一些成效，但实践中也出现了一些亟待解决的问题：案件录入不及时，“两法衔接”信息共享平台未得到充分运用；部分行政执法机关配合度不高，移送数量少；刑事立案标准不清、证据收集程序不明；证据证明力欠缺、证据性质转化难；检察监督强度不足，机制运行保障不力等。

当前，“两法衔接”机制面临的最大问题是立法不完善。一是程序法没有对检察机关监督行政执法机关移送涉嫌犯罪案件作出规定，目前开展衔接工作的基础为各级检察机关与公安机关、行政执法机关会签的文件，层级偏低，欠缺法律约束力。二是实体法对一些犯罪的构成标准不明确，影响了行政执法机关对涉嫌犯罪案件的移送。三是一些领域有立法空白，导致“两法衔接”处于无法可依的困境。为进一步健全“两法衔接”机制，应当完善立法衔接、程序衔接、惩治后果衔接、检察监督等机制，保证行政执法机关严格执法，维护法治政府的良好形象。具体如下：

（一）修改行政处罚法，规定“两法衔接”的范围、途径、形式、程序等

强化行政执法机关信息公开、线索移送的义务，明确检察机关的监督权力，弥补立法空白，消除监督盲点。同时规定对不履行移送义务的，依法追究失职渎职的法律责任。

（二）在时机成熟时由全国人大常委会制定一部关于“两法衔接”的单行法，明确行政执法机关、公安机关和检察机关在“两法衔接”工作中的主体责任和具体分工、移送范围和移送要求、信息共享和协作机制、法律后果和责任追究等

特别是要明确检察机关的监督地位和监督职责，赋予检察机关信息查询权、调查核实权、督促移送权、处分建议权和纠正违法权。具体是：一是完善案件移送标准和程序。现行有关法律法规对涉嫌犯罪案件移送工作作出了相关规定，但仍存在一些问题。下一步，一是对有关刑事案件的立案追诉标准进行补充、修改和完善，做到协调统一、具体明确。二是针对各类案件的不同特征，进一步明确行政执法部门移送涉嫌犯罪案件的证据要求，最大限度减少分歧，提高案件移送工作效率。三是进一步完善移送程序，规范移送工作。

（三）强化检察监督，完善助力机制

总体思路是延伸检察机关法律监督权。检察机关的法律监督权表现为侦查监督、审判监督、刑罚执行监督等，而对行政机关执法活动的监督，亦是检察机关的重要职责。具体是：

一是落实提前介入制度，形成常态化机制。对于人民群众呼声高、涉及金额大、影响范围广的案件，检察机关认为必要时，可以委派检察人员提前介入行政执法环节进行指导，将被动的事后监督变为主动的事前监督，能够有效引导行政执法机关收集、固定证据。落实提前介入制度，要坚持“参与

不干预、引导不主导、监督不失职、配合不越位”的原则，对行政执法机关查处的、经初步判断可能涉嫌犯罪的案件形成提前介入的常态化。行政执法机关查处可能涉嫌犯罪的案件时，应主动邀请检察机关参与，检察机关负责引导行政执法机关围绕案件定性，收集、固定和保全证据，提高行政执法效率；检察机关发现行政执法机关查处的可能涉嫌犯罪的案件，认为有必要时可主动派检察官提前介入，帮助行政执法机关正确分析案件定性，将检察机关的监督触角前移，防止“有案不移”、“以罚代刑”，加强对行政执法机关移送涉嫌犯罪案件的监督，力保“两法衔接”机制的有效运行。

二是强化立案监督，发挥整体优势。立案监督是《刑事诉讼法》赋予检察机关的一项重要的刑事监督职能，重点在于监督“有案不移”、“以罚代刑”、“有案不立”及“非法立案”等情形。检察机关要积极行使调卷审查权，有权调阅行政执法机关的行政处罚卷宗材料，调查核实行政违法行为人的违法犯罪事实，彻底改变行政执法机关不主动、不及时移送涉嫌犯罪案件的局面。检察机关应用活“两法衔接”信息共享平台，发现行政执法人员对依法应向司法机关移送的涉嫌犯罪案件以罚代刑或不移送的，及时发出检察建议，全程监督案件移送，对涉嫌渎职犯罪的，及时移送本院自侦部门追究其刑事责任；检察机关应继续拓宽监督渠道，借助“驻公安派出所检察室”加强对公安机关立案活动的监督，发现公安机关对行政执法机关移送的涉嫌犯罪案件，有案不立或非法立案的，及时纠正并加大对后续侦查活动的跟踪监督力度。

三是以改革为契机，强化监督力量。要以司法责任制改革为契机，通过开展入额遴选，科学分类管理，让优秀的办案力量回归办案一线，优化司法资源配置，提高检察监督队伍的专业化水平；通过建立符合司法规律的检察权运行新机制，探索建立专门负责“两法衔接”机制运行的部门，或建立以检察官为主体的新型办案组织，并确立某一办案组专职负责“两法衔接”工作；通过完善绩效考核、追责等机制，调动检察人员监督积极性，提升监督实效。

第四节　推进依法决策和政务公开

党的十八大报告提出："坚持科学决策、民主决策、依法决策，健全决策机制和程序。"科学民主依法决策是决策机制和程序的内核。落实科学民主依法决策，最可靠的就是健全依法决策机制。公开透明是法治政府的基本特征。全面推进政务公开，让权力在阳光下运行，对于发展社会主义民主政治，提升国家治理能力，增强政府公信力执行力，保障人民群众知情权、参与权、表达权、监督权具有重要意义。全面推进政务公开是重大行政决策法治化的前提，决策民主和决策科学都要求将行政决策置于"阳光之下"。公众参与是决策法治化的重要保障，在作出事关人民群众重大利益的行政决策之前，要广泛听取、充分吸收各方面意见。因此要加大政务公开的力度，坚持以公开为常态、不公开为例外原则，推进决策公开、执行公开、管理公开、服务公开、结果公开。①

一、健全依法决策机制

重大行政决策是指政府机关作出的涉及经济社会发展全局、与公共利益和人民群众利益密切关联、涉及面广、专业性强、对一定区域的改革发展稳定具有全局性、长远意义的重大行政决策事项。十八届四中全会《决定》提出："党委依法决策机制"，"健全依法决策机制，把公众参与、专家论证、风险评估、合法性审查、集体讨论决定确定为重大行政决策法定程序，确保决策制度科学、程序正当、过程公开、责任明确。"②

2019年4月20日，国务院总理李克强签署国务院令，公布《重大行政

① 袁曙宏：《健全依法决策机制》，《行政管理改革》2014年第11期。

② 《中共中央关于全面推进依法治国若干重大问题的决定》，人民出版社2014年版，第16、34页。

决策程序暂行条例》自2019年9月1日起施行。条例主要内容包括：一是明确了重大行政决策事项范围。《条例》明确了制定重大公共政策措施、实施重大公共建设项目等五方面重大行政决策事项范围，允许决策机关结合职责权限和本地实际确定决策事项目录、标准，经同级党委同意后向社会公布，并根据实际情况调整。二是细化了作出重大行政决策的程序。《条例》明确了公众参与、专家论证、风险评估程序的适用情形及具体要求，如规定除依法不予公开的决策事项外，应当充分听取公众意见；专业性、技术性较强的决策事项应当组织专家论证；决策实施可能对社会稳定、公共安全等方面造成不利影响的，应当组织风险评估。《条例》明确合法性审查、集体讨论决定为必经程序，还对重大行政决策的启动、公布等作了具体规定。三是规范了重大行政决策的调整程序。《条例》规定，依法作出的重大行政决策，未经法定程序不得随意变更或者停止执行，需要作出重大调整的，应当履行相关法定程序。四是完善了重大行政决策责任追究制度。《条例》规定决策机关应当建立重大行政决策过程记录和材料归档制度，对决策机关违反规定造成决策严重失误，或者依法应当及时作出决策而久拖不决，造成重大损失、恶劣影响的，倒查责任并实行终身责任追究。

（一）严格遵循依法决策机制的法定程序

1. 公众参与

有效的公民参与政策是提升政策品质与公民满意度的重要因素。“公众参与”是民主决策、科学决策的重要体现，也是与人民群众关系最直接、最密切的决策程序。大致而言，公众参与对依法决策机制的制度价值主要体现为以下几方面：首先，公众参与决策可以汇聚群体的智慧，为行政部门提供更为全面的信息，有效提升行政决策的合理性；其次，公众参与重大行政决策能更好地监督行政决策权的规范有序行使，防止权力滥用，预防腐败发生；第三，公众参与决策可以提高政府在社会成员中的影响力。社会公众参与行政决策的过程，实际上也是政府接受公众检验的过程，也是坚持从群众中来、到群体中去的群众路线的重要体现。公众参与到重大决策制定的过程中来，不仅有利于实现决策的民主化、科学化，同时也提高了对决策内容的认识和理解，有利于决策的执行和顺利实施。

当前，要大力拓宽民主渠道，完善公众参与决策的机制。

一是建立决策信息公开制度。重大行政决策方案初步拟定之后，应当向社会公布。决策者在征求意见时不仅要公开决策内容、决策背景和决策拟解决的问题，还要分析决策可能对部分群体利益带来的影响以及减少或消除这些影响拟采取的措施。

二是规范公众参与的方式。公众参与方式主要有听证、公开听取公众意见、展示和咨询、问卷调查、座谈会、实地走访。要积极创造条件，大胆尝试运用微博、微信等各种创新方式推动公众参与。公众参与的方式也应当由规则确定，《湖南省行政程序规定》第三十七条就规定了协商会方式，协商强调沟通和对话机制的建立。公众参与的结果应当有书面记录，并归入档案，行政机关必须以公众参与的结果为依据作出决策。

三是完善公众参与的意见表达和意见反馈机制。包括参与者的申请与审批、利益代表的遴选、对话协商、结果公布与理由说明等。决策机关必须把公众意见作为决策的重要参考，对有重大分歧的问题要加强研究论证和协商协调，对公众意见的采纳情况、理由以及取舍意见要及时公开回应反馈。

四是完善重大决策听证制度，扩大听证范围，规范听证程序。听证参加人要有广泛的代表性，听证意见要作为决策的重要参考。如果决策事项涉及公众特别重大利益的，或公众及专家对初步方案有重大意见分歧的，或经风险评估认为存在较高决策风险的，或法律、法规、有关规章规定应当听证的，行政机关应当组织召开听证会，针对有关问题进行听证。必须从制度上避免听证会“走过场”的流弊，听证会的参加人员应当具有广泛的代表性，保障参加听证会的人员陈述、质证和辩论的权利，完整、真实记录意见，并将意见记录作为制定决策方案的重要参考。

2. 专家论证

专家论证是科学决策的重要保障。由具有专门技能、精通特定领域知识的专家提供决策论证，能够有效增强决策的科学性。行政机关应当组织有关专家、决策咨询机构等，对决策方案涉及的全局性、长期性、综合性、专业性等方面的问题进行研究，对决策的必要性、科学性、可行性、合法性等进行论证和评估。

一是健全专家遴选和评价制度。要真正把专业能力、资质、经验和诚信作为主要遴选标准。遴选应注重专业性，兼顾代表性和均衡性，不得选择有直接利害关系或者可能影响客观公正论证的专家和机构。推动普遍建立决策咨询论证专家库，健全专家库运行管理、诚信考核和退出的机制。

二是完善专家论证运行机制。重大决策课题委托专家研究论证，政府拟定的重大决策事项，可委托专家决策咨询机构开展深入研究，也可由决策部门向社会进行公开招标。进一步探索建立专家参与政府重大决策咨询论证制度、建言献策制度、咨询会议制度，推动专家咨询论证工作制度化。

三是建立专家论证责任制度，通过公开机制促使其客观独立、科学负责地提出论证意见。专家、决策咨询机构在决策论证和评估过程中应保持独立，对知悉的涉密信息依法保守秘密，对出具意见的客观公正性负责。

四是建立专家论证后的评价、反馈、奖励和问责制度，实现对专家论证工作的反馈与监督。政府部门应认真对待论证意见并反馈采纳情况，以示对专家意见的充分尊重。

3. 风险评估

风险评估是保障决策结果理性的关键环节。重大行政决策往往涉及对经济发展、社会稳定、生态环境等多方面的影响，其制定与实施可能会产生各类风险。因此，要把风险评估结果作为决策的重要依据，未经风险评估的，一律不得作出决策。

一是强化风险意识，制定完善重大行政决策风险评估制度，进行可行性和可控性评估，重点是进行社会稳定、环境、经济等方面的风险评估。

二是完善部门论证、专家咨询、公众参与和专业机构测评相结合的风险评估工作机制。通过舆情跟踪、抽样调查、重点走访、会商分析等方式，对决策可能引发的各种风险进行预测判断以确定风险等级、得出评估意见。通过调查预测、分析评估，制定风险应对策略和风险化解处置预案，并研究采取必要的风险防范措施，把风险防范的责任和措施落实在决策前，最大限度地避免决策可能造成的负面影响和损失。

三是细化重大行政决策风险评估程序，规范评估的范围和内容、评估的主体和程序、评估结果及运用、决策跟踪和责任追究等事项。

4. 合法性审查

合法性审查是重大行政决策过程中的必经程序，是避免违法决策的一道防火墙。重大行政决策事项在作出决定前要交法制机构或者法律顾问进行合法性审查，未经合法性审查或者经审查不合法的，不得提交会议讨论，不得作出决策。

为保障合法性审查工作的顺利开展，要大力加强政府法制机构建设，健全机构设置，明确工作职责，提供审查保障；没有专门设立法制工作机构的部门应当聘请常年法律顾问，履行合法性审查的职能。合法性审查的内容主要有：决策事项是否符合法定权限；决策方案的内容是否合法；决策方案制定过程是否符合法定程序；其他需要审查的内容。

5. 集体讨论决定

集体讨论决定是决策形成的最终环节，是保证在行政机关决策层内部实行民主决策，落实行政首长负责制的必要制度形式。对重大决策事项未经集体讨论不得作出决策。

为解决重大行政决策失误集体责任难以追究的问题，必须加强重大行政决策案卷管理，建立重大行政决策集体讨论决定会议记录制度，设立重大行政决策“台账”，行政首长和其他会议组成人员的意见、会议讨论情况和决定应当如实记录，做到集体责任追究时“有账可查”，严格倒查决策责任，坚决杜绝重大决策失误后可能出现的法不责众现象。

（二）建立和完善依法决策程序的保障机制

1.完善依法决策的执行和纠错机制

建立“目标责任、考核奖惩、监督检查”责任体系，健全完善决策执行情况的反馈机制，积极采纳合理的意见、建议，及时纠正决策执行过程中的偏差和问题，防止出现重大决策失误。

2.建立重大决策终身责任追究制度及责任倒查机制

有权必有责，用权受监督。十八届四中全会《决定》提出：“建立重大决策终身责任追究制度及责任倒查机制，决策严重失误或者依法应该及时作出决策但久拖不决造成重大损失、恶劣影响的，严格追究行政首长、负有责任的其他领导人员和相关责任人员的法律责任。”要坚持有错必究、有责必问，不论事发时责任人是在岗在任还是已经升迁、调转或者离退休，都要一查到底、严格追究。要从制度层面提高责任追究制度的可操作性：一是完善责任追究配套制度，实行决策绩效评估机制，科学判断决策失误；二是建立决策案卷制度，准确识别决策责任归属；三是完善决策过错的认定标准和责任追究启动机制；四是除了党政领导干部问责制度，还应当建立领导干部诚信档案。

3.建立行政机关内部重大决策合法性审查机制

建立行政机关内部重大决策合法性审查机制，未经合法性审查或经审查不合法的，不得提交讨论。十八届四中全会《决定》提出：“积极推行政府法律顾问制度，建立政府法制机构人员为主体、吸收专家和律师参加的法律顾问队伍，保证法律顾问在制定重大行政决策、推进依法行政中发挥积极作用。”政府法制机构负责各级政府的法制工作，是各级政府在实施依法行政工作时的参谋、助手和处理行政事务的法律顾问。

二、强化对行政权力的制约和监督

强化监督和问责是加快建设法治政府的重要保障。行政监督是政府管理活动的重要组成部分，应当树立责任政府的理念，把行政监督作为一种经常性活动，贯穿于依法追究行政责任，严格执行行政赔偿和补偿制度之中。

（一）加强对行政权力制约和监督的制度体系建设

十八届四中全会《决定》指出，加强党内监督、人大监督、民主监督、行政监督、司法监督、审计监督、社会监督、舆论监督制度建设。

（二）健全政府内部权力制约机制

加强对政府内部权力的制约，是强化对行政权力制约的重点。十八届四中全会《决定》从行政部门和岗位权力设置、内部流程控制、完善政府内部层级监督、完善纠错问责机制等方面提出了明确要求。一是加强对关键部门和重点岗位的行政权力制约和监督。对财政资金分配使用、国有资产监管、政府投资、政府采购、公共资源转让、公共工程建设等权力集中的部门和岗位实行分事行权、分岗设权、分级授权，定期轮岗，强化内部流程控制。大力推进分事行权，大力推进分岗设权、分级授权，将重点岗位的权力科学分解到多个岗位、多个层级。二是完善政府内部层级监督和专门监督。政府内部层级监督，一般是指各级政府及行政机关内部基于隶属关系和组织关系，由上级对下级、政府对部门、行政首长对工作人员等行政主体及其行政行为进行的监督，是包括对抽象行政行为和具体行政行为以及制度建设在内的全方位监督，是贯穿于行政行为事前、事中、事后的全过程监督。积极探索层级监督与专门监督结合的机制，改进上级机关对下级机关的监督，建立常态化监督制度。三是完善审计制度。审计是国家治理的“免疫系统”，是公共资金的守护神和人民利益的捍卫者，是行政权力监督体系的重要组成部分。要进一步完善审计制度，保障依法独立行使审计监督权，依法实行审计监督全覆盖。进一步完善审计管理体制。要本着循序渐进的原则，逐步改革审计管理体制，探索省以下地方审计机关人财物统一管理，保证审计发挥有效监督作用。大力推进审计职业化建设。要按照推进审计职业化要求，大力推进各级审计机关公务员队伍专业化建设，严格审计人员准入门槛，完善审计人员行为准则。同时，大力鼓励发展专业化审计师事务所等社会组织，积极探索建立政府购买审计服务机制，推动国家审计机关与专业化社会组织形成合力。①

（三）认真落实行政问责制

严格落实中央办公厅、国务院办公厅《关于实行党政领导干部问责的暂行规定》的要求，继续推进行政问责制度化、规范化，逐步在各级党政机关和国家工作人员中全面推行工作责任制和责任追究制。进一步明确问责范围、问责程序，加大问责力度，增强行政问责的针对性、操作性和时效性，坚决纠正行政不作为和乱作为。要健全责令公开道歉、停职检查、引咎辞职、责令辞职、罢免等问责方式和程序，对负有领导责任、主管责任和直接责任的人员，根据其在违法行政行为中的表现与后果，分别给予程度不同的处理处分，以体现“有权必有责、用权受监督、违法必追究”的基本要求。

三、全面推进政务公开

1946年，联合国第一届会议通过的第59号决议中提出，“信息自由是一项基本人权，也是联合国追求的所有自由的基石。”随着人类信息时代的来临，行政公开在民主政治意义之外还具有经济意义。因为政府是社会信息的最大占有者，当信息在信息时代具有资源的属性并能产生经济效益时，公开意味着政府信息利用的提高，相应会增加社会的财富。在此意义上可以说行政公开制度的意义由民主政治价值向信息资源利用最大化经济价值的扩展。

党的十五大以来，在党中央、国务院坚强领导下，政务公开不断深化，

① 宁吉喆：《强化对权力的制约和监督》，《人民日报》2014年12月2日。

政府信息公开，行政权力公开透明运行，电子政务全面发展。

加大政务公开力度，坚持以公开为常态、不公开为例外原则，推进决策公开、执行公开、管理公开、服务公开、结果公开。各级政府及其工作部门依据权力清单，向社会全面公开政府职能、法律依据、实施主体、职责权限、管理流程、监督方式等事项。重点推进财政预算、公共资源配置、重大建设项目批准和实施、社会公益事业建设等领域的政府信息公开。认真贯彻实施政府信息公开条例，凡是不涉及国家秘密、商业秘密和个人隐私的政府信息，都要向社会公开。涉及公民、法人或其他组织权利和义务的规范性文件，按照政府信息公开要求和程序予以公布。推行行政执法公示制度。要完善政府新闻发布制度，要建立健全政务公开评议制度、政务公开责任追究制度等法规制度。要创新政务公开方式，进一步加强电子政务建设，推进政务公开信息化，加强互联网政务信息数据服务平台和便民服务平台建设。

第七章　理顺央地政府关系

中央与地方关系在国家治理体系中占有重要地位，中央与地方关系的调整对于国家治理体系与治理能力现代化水平的高低有着重要影响，关系到国家统一、民族团结、社会稳定、经济发展和人民福祉。党的十九届四中全会提出，要“健全充分发挥中央和地方两个积极性体制机制”。[①]优化中央与地方间权力纵向配置，充分调动中央与地方两个积极性，推动中央与地方关系规范化、法治化，是实现国家治理体系和治理能力现代化的必然选择。

第一节　中央与地方关系回顾

改革开放40多年来，我国在坚持“单一制”国家结构形式的前提下，以充分发挥中央和地方两个积极性为目标，围绕着合理调整中央与地方关系持续开展了艰难曲折的实践探索。尤其是党的十八大特别是十八届三中全会以来，党中央、国务院高度重视中央与地方关系优化配置，通过合理划分中央和地方事权和支出责任，在全面深化改革布局中统筹把握中央与地方关系调整，逐步推进中央与地方关系的规范化、科学化、法治化，从而为进一步深化改革、推动实现国家治理体系和治理能力现代化奠定了坚实基础。

---

① 《中共中央关于坚持和完善中国特色社会主义制度　推进国家治理体系和治理能力现代化若干重大问题的决定》，《人民日报》2019年11月6日。

一、改革开放以来中央与地方关系的变化发展

改革开放40多年来，我国采取了分阶段、分重点、多元化的策略来推进中央与地方关系的规范与调整，中央与地方关系的演变大体可以划分为三个阶段：

（一）以向地方放权让利为特征的改革（1978—1992年）

从1978年实行改革开放到1992年确立市场经济目标期间，在经济体制改革的推动下，以打破中央高度集权、向地方放权让利为核心的改革逐步开展起来，中央与地方关系由过去的“中央集权型”向“地方分权型”逐步转变，地方积极性得到充分调动。

一是推动财权向地方下放。为进一步调动地方增产节约、增收节支的积极性，1980年起，我国对新中国成立以来的“统收统支”财政管理体制进行了改革，开始实行“划分收支、分级包干”的财政管理体制，明确划分了中央与地方财政的收支范围，并确定了收入、支出基数和调剂分成比例。1985年进一步确立了“划分税种、核定收支、分级包干”的财政管理体制。此后，中央针对不同地区分别实行了包括“收入递增包干”、“总额分成”、“总额分成加增长分成”、“上解额递增包干”、“定额上解”、“定额补助”等在内的不同形式的包干办法。

二是下放经济管理权。随着改革开放的启动和经济体制改革的深化，企业自主权和地方政府相应的经济管理权得以不断扩大，主要包括固定资产投资项目和经济建设计划的审批权、外资审批权、对外贸易和外汇管理权、物价管理权、物资分配权、旅游事业的外联权、签证通知权等。经济特区、沿海开放城市、经济开发区相继成立，在经济管理和给予外商投资者优惠政策方面享有更大自主权。

三是确立地方立法权。1979年7月，全国人大审议通过《地方各级人民代表大会和地方各级人民政府组织法》，赋予省、自治区、直辖市人民

代表大会及其常委会制定和颁布地方性法规的权力。此后，全国人大常委会在 1982 年、1986 年两次对《地方组织法》进行修改，进一步赋予省级人民政府所在地的市和经国务院批准的较大的市制定地方性法规或规章的权力。

四是调整干部任免权。随着经济管理权的逐步下放，地方的干部任免权也得到一定程度的扩大。中共中央组织部先后下发《关于改革干部管理体制若干问题的规定》、《关于修订〈中共中央管理的干部职务名称表〉的通知》，明确要求各级党委缩小管理干部的范围，下放管理干部的权限。逐步建立起“下管一级、备案一级”的干部管理新体制，从而实质性地扩大了地方管理干部的自主权。

这一时期内，以放权让利为核心的改革极大激发了地方发展经济的热情，但中央与地方关系的调整仍未摆脱“一收就死、一放就乱”的权力收放怪圈，引发了诸多问题。地方各自为政，地区间恶性竞争和地方壁垒现象日益突出，部分地方政府为追求地方利益最大化而通过减小税收等形式减少向中央政府上交收入，从而导致中央政府收入急剧缩减，中央财政收入占财政总收入比重下降至接近危机的水平，① 中央财力大幅减弱，进而影响到宏观调控职能的发挥。

（二）分权与集权并行的市场化改革时期（1992—2012 年）

1992 年党的十四大明确提出“经济体制改革的目标是建立社会主义市场经济体制”。此后，随着市场化改革的不断推进，基于特定的政策目标，我国的中央和地方关系有收有放，但权力与资源配置不再仅仅是单一的在集权与分权之间交替进行，而是呈现出“分权与集权并行”的特征。

一是推进分税制改革。1993 年中共十四届三中全会通过了《关于建立

---

① 从 1979 年到 1993 年，中央财政占财政总收入的比重从 46.8%下降至 31.6%。参见朱旭峰、吴冠生：《中国特色的央地关系：演变与特点》，《治理研究》2018 年第 2 期。

社会主义市场经济体制若干问题的决定》，首次明确提出要“合理划分中央和地方的经济管理权限，调动中央和地方两个积极性”、“把现行的财政包干制改为在合理划分中央与地方事权基础上的分税制”。并于1994年初在既有的政府间责权划分基础上实行了中央与地方之间的分税制改革。尔后，相继在国地税机构分设（1994年）、撤销人民银行省级分行（1998年）和煤矿安全监管人财物全国垂直管理（1999年）这三个方面推进了中央与地方政府之间纵向责权划分的实体化改革。为了确保中央政府在财政上的集权并拥有充足的财力作为转移支付的资金基础，实行分税制后的二十余年来，中国又持续多次对税种或分成比例进行调整。2002年中国开始实行所得税收入分享改革，将过去作为地方税的企业所得税与个人所得税变为共享税，2002年按中央地方各50%的比例分享，自2003年开始则按中央60%、地方40%的比例分享。

二是扩大地方经济管理权限。在这一时期内，伴随着市场化经济改革，中央提出了一系列扩大地方经济管理权限的政策和措施，旨在进一步理顺中央与地方关系。1993年党的十四届三中全会提出要建立现代企业制度，深化企业改革特别是国有企业改革，中央不再直接管理大部分国有企业，而是通过财政、金融的渠道和企业发生关系，许多企业都下放给了地方。1994年的投资体制改革在明确中央与地方的投资范围和投资责任的同时，增加了地方政府投资跨区域性的基础性项目的权限，地方政府投资权限的扩大也改变了过去中央投资包揽过多的情况。这些举措都使得地方政府对实体经济的管理权大大得到增强。

三是深入推进简政放权改革。进入21世纪后，行政审批权改革和简政放权也成为中国多届政府的主要任务。截至2014年10月，国务院针对各部门的行政审批一共取消审批项目2277项，下放审批项目373项（不包含部分取消或下放），两者合计占原有行政审批项目总数的70%以上。与此同时，中央政府在不同阶段还针对性地上收了部分权力。带有集权色彩的部门垂直化管理改革就出现过两个明显的高潮，分别在1997—1998年和2005—

2006年，涉及的部门包括金融、安全生产、统计、国土资源以及环境保护部等多个领域。

四是划分中央和地方责权。2003年党的十六届三中全会通过的《中共中央关于完善社会主义市场经济体制若干问题的决定》，明确提出，要合理划分中央和地方经济社会事务的管理责权。其中，属于全国性和跨省（自治区、直辖市）的事务，由中央管理，以保证国家法制统一、政令统一和市场统一。属于面向本行政区域的地方性事务，由地方管理，以提高工作效率、降低管理成本、增强行政活力。属于中央和地方共同管理的事务，要区别不同情况，明确各自的管理范围，分清主次责任。此后，“十一五”规划中进一步明确提出要建立健全与事权相匹配的财税体制，党的十七大报告也提出要健全中央和地方财权与事权相匹配的体制。

五是深化干部管理制度改革。在干部管理方面，由于下管一级的改革在增强地方干部任免权的同时，也出现了地方主义的现象，为了遏制这一倾向，中国自1999年起建立起干部交流制度。此后，中央和地方之间的干部交流日趋频繁。在2010年6月至12月，中共中央组织部按照中央要求，分别派66名中央和国家机关中青年干部到省区市、66名省区市中青年干部到中央和国家机关进行双向交流任职。随着中国经济社会发展阶段的变迁，作为中央政府对地方政府的“指挥棒”的干部选任标准，也随之发生了变化。在中央对地方的考核中经济指标逐渐被淡化，开始尝试以包括经济、社会、环保等在内的更加综合的绩效标准对地方进行考核。

此后，党的十九大和十九届三中、四中全会均对健全充分发挥中央和地方两个积极性的体制机制作出了明确部署。这一时期内，随着中央财权的不断集中，中央与地方之间事权模糊不清的弊端逐步暴露出来，财权与事权之间的不匹配愈演愈烈。在实行分税制后，中央收入占总收入比重显著增加，但由中央执行的支出任务并没有增加。新增的政府支出责任尤其是社会保障支出责任几乎都是完全由地方政府来承担。转移支付也因此成为中央消化其巨额财政收入剩余、地方填补其巨额财政收支赤字的基本手段。而中国转移支付尤其是专项转移支付制度的非规范性和非均等化等问题又使得其难以发挥好应有的作用，因而进一步加剧了地方政府事权与财权不匹配的冲突。

（三）全面深化改革阶段（2012 年至今）

党的十八大报告中明确指出，要“加快改革财税体制，健全中央和地方财力与事权相匹配的体制”。党的十八届三中全会提出：“加强中央政府宏观调控职责和能力，加强地方政府公共服务、市场监管、社会管理、环境保护等职责”，“最大限度地减少中央政府对微观事务的管理，……直接面向基层、量大面广、由地方管理更方便有效的经济社会事项，一律下放地方和基层管理”，“建立现代财政制度，发挥中央和地方两个积极性”。党的十八届四中全会进一步提出“推进各级政府事权划分规范化法律化，完善不同层级政府特别是中央与地方政府事权法律制度”。党的十八届五中全会再次强调“建立事权与支出责任相适应的制度，适度加强中央事权和支出责任”。党的十九届三中、四中全会均对健全充分发挥中央和地方两个积极性体制机制作出了明确部署。这一时期内，中央与地方关系得到进一步规范和理顺，中央与地方关系的调整开始向系统化、科学化、精细化方向发展。

一是推进事权与支出责任划分改革。根据党的十八届三中全会精神，2014 年 6 月，中共中央政治局审议通过了《深化财税体制改革总体方案》。该方案明确了改进预算管理制度、深化税收制度改革和调整中央和地方政府间财政关系三个方面的改革重点任务。方案首次提出“中央和地方事权与支出责任”，把“合理划分各级政府间事权与支出责任，建立事权和支出责任相适应的制度”作为“调整中央和地方关系”的重点。2016 年 8 月，国务院出台了《关于推进中央与地方财政事权和支出责任划分改革的指导意见》，延续运用“体制两分法”模式，根据体现基本公共服务受益范围、兼顾政府职能和行政效率、实现权责利相统一的原则，明确划分了中央财政事权、地方财政事权或中央与地方共同财政事权。[①] 同时确定建立财政事权划分动态调整机制，即根据客观条件变化动态调整中央与地方之间的财政事权划分。以财政事权划分为依据，明确了中央与地方财政对上述三类财政事权的支出责任划分规则。此外，还明确了此轮改革的路线图和时间表，要求到 2020 年底“基本完成主要领域改革，形成中央与地方财政事权和支出责任划分的清晰框架”。

二是完善转移支付制度。党的十八届三中全会通过的《中共中央关于全面深化改革若干重大问题的决定》和中央政治局会议审议通过的《深化财税体制改革总体方案》明确提出了完善转移支付制度的总体要求，新修订的预算法对完善转移支付制度作出了明确规定，《国务院关于改革和完善中央对地方转移支付制度的意见》（国发〔2014〕71 号）提出了改革和完善转移支付制度的基本思路和具体措施。

三是深化放管服改革。党的十八大以来，我国深入推进放管服改革，不仅中央政府率先垂范，大刀阔斧取消和下放行政审批权，各级地方政府也纷纷按照中央的要求将原本属于本级部门的权力逐步下放到下一级政府，发挥基层政府就近管理的优势，方便市场主体和百姓办事。对于加快政府职能转变，营造良好经济发展环境，便利企业和群众办事，产生了积极的影响。

---

① 中央的财政事权集中于保障国家安全、体现社会公平正义、维护全国统一市场（全域生产要素流动）、实现宏观经济稳定、推动区域协调发展等方面，包括国防、外交、国家安全、出入境管理、国防公路、国界河湖治理、全国性重大传染病防治、全国性大通道、全国性战略性自然资源使用和保护等基本公共服务；地方的财政事权侧重于直接面向基层、量大面广、受益范围地域性强、信息较为复杂、与当地居民密切相关、由地方提供更方便有效的基本公共服务，主要包括社会治安、市政交通、农村公路、城乡社区事务等；中央与地方共同财政事权是那些体现中央战略意图、跨省（区、市）且具有地域管理信息优势的基本公共服务，主要包括义务教育、高等教育、科技研发、公共文化、基本养老保险、基本医疗和公共卫生、城乡居民基本医疗保险、就业、粮食安全、跨省（区、市）重大基础设施项目建设和环境保护与治理等，明确各承担主体的职责。

四是赋予设区的市享有地方立法权。2015 年 3 月 15 日，十二届全国人大三次会议修改通过的《立法法》赋予了设区的市享有地方立法权。明确了设区的市可以对“城乡建设与管理、环境保护、历史文化保护等方面的事项”制定地方性法规。2018 年 3 月 11 日，十三届全国人大一次会议第三次全体会议经投票表决，通过了《中华人民共和国宪法修正案》。宪法第一百条第二款规定：“设区的市的人民代表大会和它们的常务委员会，在不同宪法、法律、行政法规和本省、自治区的地方性法规相抵触的前提下，可以依照法律规定制定地方性法规，报本省、自治区人民代表大会常务委员会批准后施行。”

这一时期内，中央也上收了部分权力，例如：加强了对地方纪委的领导，纪委系统由过去的完全属地管理变成了半垂直管理；通过新设立的国家安全委员会整合维护社会稳定的各部门力量；通过新设立的全面深化改革领导小组强化了对改革的领导权，由中央负责改革总体设计、统筹协调、整体推进、督促落实。同时，这一时期内涉及政府间事权和支出责任划分的党中央、国务院文件多达数十份，有不少文件明确划分了中央与地方财政事权和支出责任，包括人民防空、金融监管、环保监察、司法管辖、内贸流通、优抚安置、外交、外援、海域海岛管理等方面。这表明中央与地方政府间权力配置逐步精细化，并深入到具体操作层面。

二、中央与地方关系存在的问题

改革开放 40 多年来，我国中央与地方关系的科学化、民主化、法治化取得长足进步。但也要清醒地看到，新形势下的中央与地方关系依然存在着不清晰、不合理、不规范等问题。

（一）中央与地方关系调整的法治化程度不高

依法治国，是推进国家治理体系和治理能力现代化的必然要求，是坚持和发展中国特色社会主义的题中应有之义。历史实践充分证明，中央与地方关系的调整，特别是中央与地方事权和财政支出责任的划分应当有充足的法律支撑，否则上级政府有权单方面改变事权配置和支出责任划分，从而导致事权与财权脱节。党的十八届四中全会明确提出，要“推进各级政府事权规范化、法律化，完善不同层级政府特别是中央和地方政府事权法律制度”。目前，我国中央与地方关系调整的规范性不强、法制化程度不高，多是通过中央的“决定”、“通知”等各类政府规范性文件加以规定并向下传达执行，缺乏必要的宪法、法律和行政法规等法律规范。此外，部分事权和支出责任的划分缺乏相应的法律依据，甚至与现行法律法规存在冲突。例如，《国务院关于推进中央与地方财政事权和支出责任划分改革的指导意见》在各级政府公共事务责权配置方面，已经与现行《宪法》中相对应条款发生冲突。

（二）中央与地方政府事权和支出责任划分仍不够清晰

清晰划分中央与地方政府事权和支出责任，是理顺中央与地方政府关系，充分调动中央和地方两个积极性，推进国家治理体系和治理能力现代化的重要基础。目前已经完成的公共物品提供责任和财政支出责任划分，在财政支出科目中占比很小，且较为笼统不够细致。尚有大量的事务尚未明确划分中央与地方的事权和支出责任。中央和地方事权与支出责任划分依然存在着不够清晰、不够规范、不够合理等问题，导致一些本应中央政府承担的事务却由地方承担，一些适宜地方承担的却由中央承担。同时，中央与地方之间存在着职责交叉重叠问题。这些都客观上导致大量设立专项转移支付项目、地方“跑部进京”等现象，进而影响地方的自主性、积极性，不利于建立事权与财力相匹配的现代财政体制，制约市场统一和基本公共服务均等化。

（三）事权与支出责任不相适应、不相匹配

支出责任的履行要与财力相适应，超出财力可能就会出现赤字，进而形

成政府债务。应该说，目前地方政府性债务累积，虽然有预算法约束软化等因素，但与事权和支出责任不相适应有直接的关系。尽管近几年我国深入推进转移支付改革，结构不断优化，资金使用效益明显提升，有效提升了地方财力保障水平，但受我国经济社会发展不平衡、城乡二元结构比较明显、政府职能转变不到位，以及中央与地方财政事权和支出责任划分改革刚刚启动、地方税体系尚未建立等多种因素制约，转移支付改革尚需继续推进。主要表现在：转移支付改革与财政事权和支出责任划分改革衔接不够；转移支付资金统筹力度有待加强，资金闲置沉淀问题依然存在；专项转移支付清理整合没有到位；转移支付管理有待规范，预算公开和绩效评价有待加强。此外，省及省以下财政转移支付制度改革进展不平衡。

第二节　新时代构建中央与地方关系的部署

党的十九大报告中提出，要"加快建立现代财政制度，建立权责清晰、财力协调、区域均衡的中央和地方财政关系"，"统筹考虑各类机构设置，科学配置党政部门及内设机构权力、明确职责"，"赋予省级及以下政府更多自主权"。党的十九届三中全会通过的《关于深化党和国家机构改革的决定》则进一步提出，要"统筹优化地方机构设置和职能配置，构建从中央到地方运行顺畅、充满活力、令行禁止的工作体系"，"科学设置中央和地方事权，理顺中央和地方职责关系，更好发挥中央和地方两个积极性，中央加强宏观事务管理，地方在保证中央令行禁止前提下管理好本地区事务，合理设置和配置各级机构及其职能"。[①] 党的十九届四中全会进一步提出，"理顺中央和地方权责关系，加强中央宏观事务管理，维护国家法制统一、政令统一、市场统一"，"优化政府间事权和财权划分，建立权责清晰、财

① 《中共中央关于深化党和国家机构改革的决定》，《人民日报》2018年3月5日。

力协调、区域均衡的中央和地方财政关系，形成稳定的各级政府事权、支出责任和财力相适应的制度。构建从中央到地方权责清晰、运行顺畅、充满活力的工作体系。”① 这就为中国特色社会主义新时代理顺中央与地方关系指明了方向。

一、科学设置中央和地方事权

为全面贯彻落实党的十九大精神，进一步提高各级政府提供基本公共服务的能力和水平，国务院办公厅印发《基本公共服务领域中央与地方共同财政事权和支出责任划分改革方案》，将八大类18项主要基本公共服务事项首先纳入中央与地方共同财政事权范围，同时，对暂未纳入上述范围的基本公共文化服务等事项，根据事权属性分别明确为中央财政事权、地方财政事权或中央与地方共同财政事权。提出基本公共服务领域中央与地方共同财政事权的支出责任的具体分担方式。调整完善转移支付制度，在一般性转移支付下设立共同财政事权分类分档转移支付，从而完整反映和切实履行中央承担的基本公共服务领域共同财权的支出责任。

2018年8月，国务院办公厅公布了《关于印发医疗卫生领域中央与地方财政事权和支出责任划分改革方案的通知》，这是首个中央与地方财政事权和支出责任划分细分领域的改革方案。该方案明确将医疗卫生领域具体事项划分为中央财政事权、地方财政事权和中央与地方共同财政事权三类，以全国性或跨区域的公共卫生服务为重点，适度强化中央财政事权和支出责任。明确了公共卫生、医疗保障、计划生育、能力建设四个方面的14项具体内容的中央与地方的财政事权和支出责任。属于中央与地方共同财政事权的，由中央财政和地方财政共同承担支出责任，其中，中央支出责任实行分

① 《中共中央关于坚持和完善中国特色社会主义制度　推进国家治理体系和治理能力现代化若干重大问题的决定》，《人民日报》2019年11月6日。

档分担方法。此后，科技、教育、交通运输等具体细分领域的中央与地方财政事权和支出责任划分改革方案也陆续出台。[①]

随着中央与地方财政事权和支出责任划分改革的逐步推进，我国已初步形成“中央领导、权责清晰、依法规范、运转高效”的中央与地方财政事权和支出责任划分模式，基本公共服务的供给效率和水平得到极大提升。随着改革的深入，社会保障、环境保护等具体细分领域的中央与地方财政事权和支出责任划分方案也将会陆续出台。尽管改革方案所涉及的公共服务事项只占据全部公共服务事项的一小部分，但在合理清晰界定中央与地方在公共领域财政支出责任方面迈出了重要一步。

二、理顺中央与地方财政分配关系

党的十八大以来，我国持续推进空前规模的“减税降费”改革，但是在实施过程中，受经济下行压力加大影响，部分地方政府财政实际运行面临较大困难。为更好地落实“减税降费”改革措施，2019 年国务院下发了《关于印发实施更大规模减税降费后调整中央与地方收入划分改革推进方案的通知》（国发〔2019〕21 号），按照“保持现有财力格局总体稳定、建立更加均衡合理的分担机制、稳步推进健全地方税体系改革”的总体原则，对调整中央与地方收入划分改革作出重要部署。

主要改革措施包括：一是保持增值税“五五分享”比例稳定。在原有的全面推开营改增试点后调整中央与地方增值税收入划分过渡期到期后，仍保持中央和地方增值税收入划分“五五分享”比例不变。引导、鼓励和支持地方依据自身实际培育和拓展税源，增强自身造血功能。二是调整完善增值税留抵退税分担机制。为缓解部分地区留抵退税压力，增值税留抵退税地方分

① 详见：《国务院办公厅关于印发科技领域中央与地方财政事权和支出责任划分改革方案的通知》（国办发〔2019〕26 号）、《国务院办公厅关于印发交通运输领域中央与地方财政事权和支出责任划分改革方案的通知》（国办发〔2019〕33 号）。

担的部分（50%），由企业所在地全部负担（50%）调整为先负担15%，其余35%暂由企业所在地一并垫付，再由各地按上年增值税分享额占比均衡分担，垫付多于应分担的部分由中央财政按月向企业所在地省级财政调库。三是后移消费税征收环节并稳步下划地方。在征管可控的前提下，将部分在生产（进口）环节征收的现行消费税品目逐步后移至批发或零售环节征收，拓展地方收入来源，引导地方改善消费环境。

三、理顺中央和地方职责关系

我国宪法第一条规定，中华人民共和国是工人阶级领导的、以工农联盟为基础的人民民主专政的社会主义国家。这表明我国是单一制国家，不搞地方政府专属权。从具体实践来看，我国政府职权大致可以分为两类：一类是由中央负责、中央直接管理的职权；另一类是中央确立大政方针，具体由地方分级管理的职权。理顺和明确中央与地方的权责关系，要从理顺和明确这两类事务的权责关系入手。2018年2月党的十九届三中全会作出的《关于深化党和国家机构改革的决定》(以下简称《决定》)，对中央和地方职责关系、事权划分及管理体制作出了总体性制度安排，将职权事项分为中央负责、中央和地方协同管理、地方负责等三类。并强调要“理顺和明确权责关系”和“规范垂直管理体制和地方分级管理体制”。

《决定》指出，“属于中央事权、由中央负责的事项，中央设立垂直机构实行规范管理，健全垂直管理机构和地方协作配合机制。”实行垂直管理强调的是中央的责任，但在实际工作中，中央和地方并非是井水不犯河水，中央垂直机构既需要协助和配合地方职权的发挥，也需要地方的协作与配合。《决定》指出“属于中央和地方协同管理、需要地方分级负责的事项，实行分级管理，中央加强指导、协调、监督”。实行分级管理强调的是地方各级的责任，但并不是要排斥中央的统一领导，中央对地方要加强指导、协调和监督。

四、更好发挥中央和地方两个积极性

充分发挥中央和地方两个积极性，是处理和调整中央和地方关系须遵循的重要原则，也是我国改革开放40多年实践检验的重要经验之一。中央和地方的国家职权划分，必须在中央统一领导下，充分发挥地方的主动性、积极性。一方面，要树立中央权威，确保政令畅通，加强中央政府的宏观调控职责和能力，充分发挥中央积极性。《决定》明确提出，“地方机构设置要保证有效实施党中央方针政策和国家法律法规。省、市、县各级涉及党中央集中统一领导和国家法制统一、政令统一、市场统一的机构职能要基本对应，明确同中央对口的组织机构，确保上下贯通、执行有力。”

要充分发挥地方的主动性、积极性，赋予地方相应权限，允许地方因地制宜、主动作为，形成“权界清晰、分工合理、权责一致、上下联动、条块结合”的机制。党的十九大报告和《决定》均提出，要“赋予省级及以下机构更多自主权”，这是深化党和国家机构改革的重大决策部署，对于更好发挥中央和地方两个积极性，构建系统完备、科学规范、运行高效的党和国家机构职能体系，具有重要的理论价值和现实意义。“赋予省级及以下机构更多自主权”包括：一是增强地方治理能力。把直接面向基层、量大面广、由地方实施更为便捷有效的经济社会管理事项下放给地方。突出不同层级职责特点，除中央有明确规定外，允许地方因地制宜设置机构和配置职能，允许把因地制宜设置的机构并入同上级机关对口的机构，在规定限额内确定机构数量、名称、排序等。二是统筹设置党政群机构。在省市县对职能相近的党政机关探索合并设立或合署办公，党的有关机构可以同职能相近、联系紧密的其他部门统筹设置，实行合并设立或合署办公，整合优化力量和资源，发挥综合效益。三是从制度上规避上级干预下级行为。全面清理部门规章和规范性文件，废除涉及条条干预条款。坚决整治上级部门通过项目资金分配、考核督查、评比表彰等方式干预下级机构设置、职能配置和编制配备的行为。

五、合理设置和配置各层级机构及其职能

合理设置和配置各层级机构及其职能，是构建从中央到地方运行顺畅、充满活力、令行禁止的工作体系的重要基础。《决定》从多方面对合理设置和配置各层级机构及其职能，尤其是对构建简约高效的基层管理体制作出了重要部署。

乡镇和街道是我国的最基层政权，是社会和居民获取政务服务和公共服务的一线窗口，是国家治理体系和治理能力的基础。基层事务有其自身特点，乡镇和街道的机构设置不能照搬上级机关机构设置模式，不能要求乡镇和街道对口上级机关设置机构和配置职能。《决定》明确提出，“基层政权机构设置和人力资源调配必须面向人民群众、符合基层事务特点，不简单照搬上级机关设置模式”，“上级机关要优化对基层的领导方式，既允许‘一对多’，由一个基层机构承接多个上级机构的任务；也允许‘多对一’，由基层不同机构向同一个上级机构请示汇报。”基层的人员编制资源极为有限，且事务具有综合性特征，这就需要整合相关力量、资源和职能，设立综合性机构，推进扁平化和网格化管理，提高行政效率和服务水平。《决定》提出，基层政权的机构设置要“根据工作实际需要，整合基层的审批、服务、执法等方面力量，统筹机构编制资源，整合相关职能设立综合性机构，实行扁平化和网格化管理”。基层政权最靠近人民群众、最了解具体情况，人民群众的诉求最先向基层政权表达，最后的管理责任也是由基层来承担的。《决定》提出，“推动治理重心下移，尽可能把资源、服务、管理放到基层，使基层有人有权有物，保证基层事情基层办、基层权力给基层、基层事情有人办。”

第三节　中央与地方关系的调整措施

为有效理顺中央和地方职责关系，更好发挥中央和地方两个积极性，实

现中央与地方关系的科学化、民主化、法治化。必须进一步调整中央与地方关系，主要措施包括：通过机构改革为中央与地方事权划分提供支持，构建财力协调、区域均衡的中央和地方财政关系，建立权界清晰、分工合理、权责一致的机制等。

一、通过机构改革为中央和地方事权划分提供支持

中央和地方关系不够规范，与政府职能转变不到位有关，而这背后的主要原因是机构设置的不合理。本轮党和国家机构改革为理顺中央与地方关系提供了前所未有的良好契机，将为中央与地方事权划分提供有力支持。

一是规范垂直管理体制和地方分级管理体制。实现垂直管理部门与地方政府之间关系的规范化、合理化，彻底解决“统死放乱”、“条块打架”问题。科学设置中央和地方事权，中央加强宏观事务管理，地方在保证党中央令行禁止前提下管理好本地区事务。属于中央事权、由中央负责的事项，中央设立垂直机构实行规范管理，健全垂直管理机构和地方协作配合机制；属于中央和地方协同管理、需要地方负责的事项，实行分级管理，中央加强指导、协调、监督。鼓励地方将其他直接到市场、进企业，面向基层、面向老百姓的执法队伍，如商务执法、盐业执法等，整合划入市场监管综合执法队伍；药品经营销售等行为的执法，由市县市场监管综合执法队伍统一承担。继续推动省级和省级以下国税地税机构合并，实行以国家税务总局为主与省(区、市）人民政府双重管理体制。

二是加强地方机构改革的灵活性和创造性。中央和地方机构改革的衔接联动，关系到改革的整体成效，要推动省市县改革相互衔接、有序开展，形成整体效应。按照要求，一方面省（区、市）党委职能部门和政府组成部门总体上要同中央和国家机关机构对应，另一方面赋予了地方更多的自主权，各地可以根据本地经济社会发展实际因地制宜设置相关机构。地方机构改革要综合考虑与国务院改革方案的衔接，相关职能部门的调整。随着机构改革

的深入推进，鼓励地方因地制宜，根据自身职能特点进行改革创新的趋势日益明显。在规定动作以外，要结合本地实际用好自主权，做好自选动作，合理设置相关职能机构、改革基层行政管理体制、增强地方的治理能力、提高办事服务效率。

二、建立财力协调、区域均衡的中央和地方财政关系

科学规范的中央与地方关系，客观上要求建立财力协调、区域均衡的中央和地方财政关系。其中，财力协调就是要合理配置中央与地方政府的财力，为中央与地方间财政事权和支出责任的有效履行提供相应的财力保障；区域均衡就是要在充分考虑成本支出因素的前提下，合理控制常住人口人均财政收入的地区间差异，不断提高财政困难地区的兜底能力，推动区域间基本公共服务均等化。

一是完善中央和地方收入划分体系。在保持中央和地方财力格局总体稳定的前提下，遵循“公平、效率”原则，结合税收制度改革和政策调整、财政事权和支出责任划分，进一步规范中央和地方收入划分办法，将税基流动性大、税基分布不均衡、税收收入波动较大的税种划为中央税，或中央分成比例多一些；将税基较广、收入稳定、具有非流动性且税负不能转嫁等特征的税种调整为地方税，或地方分成比例多一些，以便“使本地的税负落实到本地居民身上而较好地把地方公共物品的成本和效应联系起来”①。要合理确定共享税共享比例及方式，科学划分专享税，加快构建以“共享税为主、专享税为辅”的中央和地方收入划分体系。同时，要因地制宜合理划分省级以下政府间收入，确保中央政府有充裕的财力履行宏观调控职能，地方政府有财力实现分级预算和收支平衡。

二是适当增加地方税种。营业税是我国地方政府的主体税种，“营业税

① 于长革：《加快建立新型央地财政关系》，《中国经济时报》2015 年 3 月 31 日。

改增值税”在一定程度上改变了中央与地方政府关系，短期内将导致地方政府主体税种的缺失和财税收入的下降。为加强地方政府的财力保障水平，充分发挥地方的主动性、积极性，减少对中央转移支付的依赖，确保中央重大决策部署的贯彻落实，有必要适当增加地方税种，乃至允许地方政府依照法定程序自主探索开辟地方税种和税源。健全地方税体系，客观上要求加快形成新的地方税主体税种。“地方税主体税种应具备税基较广、收入稳定、具有非流动性且税负不能转嫁等特征，以便使本地的税负落实到本地居民身上而较好地把地方公共物品的成本和效应联系起来。”依照以上原则，可从三个领域探索形成地方税主体税种：第一，房地产税。继续深入推进房地产税改革试点，总结相关经验，凝聚改革共识，加快房地产税立法进程，探索形成“重保有环节税收、轻流转环节税收”的房地产税收结构；第二，资源税。稳步推进水资源税改革试点工作，逐步扩大资源税征税范围，提高资源税税率，充分发挥资源税在促进资源合理高效利用中的作用；第三，消费税。研究将消费税转为地方税主体税种或中央和地方共享税的可行性，逐步调整消费税征收范围、环节和税率。同时，要稳步推进环境保护税征税工作，为地方政府推进生态文明建设提供必要财力支持。

三是深化转移支付制度改革。促进转移支付制度同中央与地方财政事权和支出责任划分改革相衔接，属于中央支出责任的要列为中央本级支出，属于地方支出责任的要相应取消专项转移支付。进一步加大“均衡性转移支付、阶段性财力补助、县级基本财力保障机制奖补资金、综合改革转移支付、产粮大县奖励资金”等一般性转移支付规模和统筹力度。要清理整合专项转移支付，适当压减不同支出方向的数量，探索建立“大专项＋工作任务清单”机制，继续取消“预定目标实现、政策到期、绩效低下”等专项转移支付，逐步取消竞争性领域专项转移支付和以收定支专项转移支付，建立健全专项转移支付设立、定期评估和退出机制。推动地方清理整合省级专项转移支付，加大向基层转移支付力度，提升资金统筹使用和基层财政保障水平。

四是推进区域间基本公共服务均等化。从人民群众最关心、最直接、最现实的主要基本公共服务事项入手，兼顾需要和可能，合理制定基本公共服务保障基础标准，并适时调整完善。根据东中西部地区财力差异状况、各项基本公共服务的属性，规范基本公共服务共同财政事权的支出责任分担方式。按照坚决兜住底线的要求，及时调整完善中央对地方一般性转移支付办法，提升转移支付促进基本公共服务均等化效果。省级政府要通过调整收入划分、加大转移支付力度，增强省以下政府基本公共服务保障能力。

三、建立权界清晰、分工合理、权责一致的机制

在理顺政府、市场与社会关系的基础上，坚持“公平、效率”原则，加快推进中央和地方财政事权和支出责任划分改革，理顺中央与地方的关系，充分调动中央和地方两个积极性。

一是要正确处理好政府、市场与社会的关系。建立权界清晰、分工合理、权责一致的机制，前提是加快转变政府职能，理顺政府和市场、政府与社会的关系，充分发挥市场在资源配置中的决定性作用。要厘清政府、市场与社会的边界，明确政府应该做什么、不应该做什么，明确哪些事应该由市场、社会、政府各自承担，哪些事应当由三者共同承担。要充分发挥市场在资源配置中的决定性作用，充分利用市场这只无形的手，通过价值规律等自主发挥市场调节作用，建立统一开放竞争有序的市场经济体制。更好发挥政府作用，既要避免政府对市场的过多干预，也要切实解决政府监管不到位的问题。通过实施负面清单、事中事后监管、逆周期调节、提供公共物品及服务等方式来发挥监督引导调节作用，为市场发挥作用提供良好的环境。

二是建立事权和支出责任相适应的制度。在保持中央与地方收入格局基本稳定的前提下，建立事权和支出责任相适应的制度。首先，要合理划分中央和地方政府间事权和支出责任。要适度加强中央事权和支出责任的比重，将国防、国家安全、外交、关系到全国统一市场规则和管理的事项集中到中央，提升公共服务能力和水平；将区域性公共服务明确为地方事务；明确中

央与地方公共事权。在此基础上，进一步厘清中央与地方的财政支出责任，中央可运用转移支付等方式将部分事权的支出责任委托地方承担。其次，要建立各级政府事权清单和支出责任清单。清单应当清晰明确且具有可操作性，事权与支出责任相对应，对于中央委托地方行使事项和中央与地方共同负责事项，应当有明确的支出分担原则及比例。最后，要建立事权与支出责任动态调整机制。随着经济社会发展和各地区间发展差距的缩小，适时对事权与支出责任的划分、分担标准及比例、分担方式等进行动态调整。

三是推进中央与地方关系法治化。进一步加强中央和地方关系法制建设，探索制定有关规范和调整中央和地方关系的法律法规，不断以法律的形式将中央与地方关系在动态调整中形成的权力边界、结构及运行模式予以明确，在法治基础上形成新型的中央和地方权利义务关系，从而将中央和地方关系纳入法治化轨道中来。

第八章　深化事业单位改革

作为我国行政体制改革的重要组成部分，事业单位改革在历次改革中从未缺席，一直在缓慢但坚定地推行。2018 年初，党的十九届二中全会通过了《关于深化党和国家机构改革的决定》，要求加快推进事业单位改革。除了强调党的领导之外，就具体改革设计而言，这一文件强调了三个方面：一是全面推进承担行政职能的事业单位改革，理顺政事关系，实现政事分开，不再设立承担行政职能的事业单位。二是加大从事经营活动事业单位改革力度，推进事企分开。三是区分情况实施公益类事业单位改革，面向社会提供公益服务的事业单位，理顺同主管部门的关系，逐步推进管办分离，强化公益属性，破除逐利机制；主要为机关提供支持保障的事业单位，优化职能和人员结构，同机关统筹管理。总体来说，事业单位改革的基本思路与此前一系列文件所蕴含的改革设计保持内在改革逻辑的一致性。

第一节　事业单位改革回顾

一、事业单位改革的基本历程

一般认为，事业单位是国家为了社会公益目的，由国家机关或其他社会组织利用国有资产举办的，主要从事教育、科研、文化、卫生、体育等活动的社会组织。但事实上，几乎在每一个政府管理的领域或行业都存在着事业单位，有的主要发挥着行政管理职能，有的主要从事经营性活动，有的则以社会团体形式存在。自从改革开放以来，我国事业单位改革因应时代发展，经历了大约四轮改革，取得了一定成效[①]。

第一阶段是从改革开放始至1992年党的十四大。这一阶段国家主要针对此前文革造成的破坏进行拨乱反正，恢复社会事业，并理顺相关管理体制，以放权让利形式扩大事业单位自主权，允许企业化经营，明确法人地位，强化编制管理等。大多数事业单位实行行政首长负责制，对本单位经营管理、机构设置、用人及利益分配拥有相当程度的决策权。特别是在1985年国家有关科技体制改革的决定，使得一批科技单位加强了与企业的合作，其中一些发展成为经济实体。同年国家有关教育、卫生等工作的政策文件，强化了这些事业单位的自主权。但在当时的情况下，相对僵硬的行政管理体制还未被打破，事业单位仍然较多地受主管单位的直接管理。

第二阶段是从1992年党的十四大到2002年党的十六大。这是事业单位改革的关键阶段，政事分开的改革思路被明确下来。随着社会主义市场体制的初步确立，1993年开启的机构改革明确事业单位改革遵循政事分开原则，要推进事业单位的社会化，党政机关要减少对事业单位的直接管理，鼓励事业单位面向社会独立提供服务，使事业单位在人事、收入、管理等机制方面与党政机关区别开来。事业单位根据经费来源不同，分为自收自支、政府差额拨款和全额拨款三类，实行不同的管理体制。1996年中办国办印发了《中央机构编制委员会关于事业单位改革若干问题的意见》，这是党和国家第一个专门针对事业单位的改革文件，分类改革思想初见端倪：合理划分党政机关与事业单位职责，行政管理职责原则上交归行政机关，党政机关分离出来的一些辅助性、技术性工作由事业单位承担；主要从事生产经营活动，但作为事业单位管理的事业单位，原则上改为企业；一些实行企业化管理可以主要由市场引导资源配置的应用技术开发单位等，并入企业或改办为科技先

① 王澜明：《改革开放以来我国事业单位改革的历史回顾》，《中国行政管理》2010年第6期。

导型企业。此后党中央国务院对一些特定领域如学校管理体制、机关后勤体制、地质勘查、广播影视等下发了一系列文件，事业单位改革分领域不断推进。

第三阶段是从2002年党的十六大到2007年党的十七大。这一阶段改革的主要特征是各地对事业单位分类改革的普遍探索。党的十六大对事业单位改革的基调是按政事分开的原则加快推进。各省区市按这一精神选择了一些领域和地市加以探索，主要做法有：合理划分政事职责，把事业单位承担的行政职能划归行政机关，把机关承担的一些辅助性、技术性、服务性职能交给事业单位；推进事业单位社会化，建立事业单位法人登记制度，鼓励支持事业单位实行横向联合，变事业单位由国家举办、靠国家花钱为花钱买服务；对重复设置、业务相近、规模过小、任务已完成或严重不足的事业单位予以撤销或合并，将主要从事生产经营活动的事业单位转制为企业，部分具有行政职能的事业单位并入行政机关。期间，文化类事业改革成为一个亮点。与此同时，在农村配套改革中，乡镇事业单位被作为乡镇机构综合改革的一个重要方面。当时的背景是国家经济实力大幅增强，优化行政体制机制、更好地践行服务型政府理念需要落到实处。

第四阶段是从2007年党的十七大至今。党的十七大后新一轮的机构改革强调了政事分开、事企分开和管办分离的原则，并注重有关事业单位改革的综合配套举措，如社会保险制度、人事制度等改革。2011年至2012年间国务院发布了《关于分类推进事业单位改革的指导意见》及9个配套文件，分别对有关薪酬、国有资产管理、职业年金、法人治理结构等作出了政策安排。期间医药卫生领域的改革得到前所未有的重视，相关改革的政策文件较为密集。这在一定程度上反映出这一领域的改革难度较大，同时社会关注程度也较高。一段时期以来，医疗卫生事业作为与民众生活紧密相关的一个领域，其暴露的问题在一定程度上是我国事业单位改革滞后的缩影。

经过长期的努力，我国事业单位改革应当说取得了一定实效。其突出表现就是，在事业单位密集的教育、卫生、科研、文化等领域，都有可圈可点的成就。比如，在教育领域，事业单位的布局趋向合理；在卫生领域，我国基本建立了覆盖城乡的综合体系；在文化及科研领域，一大批事业单位转向市场。这在很大程度上减轻了国家财政压力，也提升了公共服务质量，对发展市场经济和激发社会活力起到了重要的推动作用。然而改革的成效虽不容忽视，但这一领域的改革仍然是相对滞后的。“人们对事业单位改革进展的总体评价是低的”，有专项社会调查得出这样的定性判断①。不少事业单位被认为人员臃肿，公众服务质量低下。

二、事业单位改革滞后的原因分析

要对事业单位改革滞后的原因及问题有综合性的了解，有必要分类了解事业单位的改革现状，进而对相关原因及问题有不同层次的把握。

首先，就分类推进改革而言，当前事业单位无论是转为（或并入）行政机关，还是转为企业或保留为事业单位，都还在进行之中。换句话说，到现在为止，仍然有大量的事业单位可以转为行政机构或企业。这从当前国家的机构改革文件中可以解读出这一层意思。而与此同时，其他的事业单位则仍旧保留在事业单位序列中，在此基础上探索新的管理体制机制。可以预见到，这保留下来的也应当是原有事业单位体系中的主体，对他们而言，如何进行下一步的改革，还有相当长的路要走，可以说万里长征刚刚起步。

其次，分类改革的前提是“分类的依据”，但事实上确定事业单位改革的三种取向是较为艰难的，这与事业单位在现实中的具体情境有重大关联。根据中央编办的权威消息，党的十八大以来，我们已经“在全国范围内完成了事业单位清理规范和分类”②。应当说，这个表述从政治上看是妥当的，可

---

① 赵立波、朱艳鑫：《事业单位改革进展、难点及推进战略》，《行政论坛》2012 年第 4 期。

② 牛占元：《加快推进事业单位改革》，《人民日报》2018 年 5 月 25 日。

以看成是中央编办对这一工作在全国进展情况的一个宏观把握，但实际上我们会发现，各地包括省市区的下辖地方仍在推进这一分类。由于中央提出的三种分类原则是功能性的，但现实中的事业单位可能并不单纯具有某一种功能，这就使地方编制部门在认定中难以操作。

再次，分类去看，在当前中国的经济政治环境下，不同类别取向的改革既有共性问题，也有个性问题。对于那些转为行政机构的事业单位来说，考虑中国人政治文化的通常取向，此类改革遇到的阻力可能是最小的，其主要问题在于，时下国家强调财政供养人员只减不增，行政编制总量在一个单元（地域或行业）往往总量是不会增加的，这意味着增加了在行政系统内竞争的压力，相关人员的职业通道反而可能会受到影响。对于可能转制为企业的事业单位，这意味着其未来发展前景是不确定的，取决于自身能力及市场状况，在一些经济不发达的中西部地区，改革的阻力可能较大。对于保留为事业单位的，应当说改革的阻力尚未充分暴露，其阻力或困难取决于后期的改革部署，其要解决的问题主要在于如何提升公共服务质量。但是整个事业单位改革的共性问题，仍然直接体现在两个方面：一是外部环境尚不配套：人事制度、薪酬激励、社会保障等还需要相关主管部门给以政策支持，政府需要统筹改革与稳定的关系；二是事业单位内部自主管理权限不足，受到来自上级的干预较多，体现不出改革的应有意义。

当前，人们应当明确认识到，事业单位分类改革不等同于事业单位改革，或者说只是事业单位改革的一个前期行为，但是分类改革所遇到的问题在一定程度上制约着今后的事业单位改革。由于事业单位分类改革是要实现社会公益服务质量的优化，其直接落脚点在于实现事业单位管理和运行体制机制的重大变革。如果我们抛开转制为行政机构的这一可能性，我们就会发现，对于现有事业单位分类改革来说，是划入生产经营类走向市场，还是保留在事业单位之内，在很大程度上也处在一个探索且变化的进程之中，存在着误判的风险。如果操作不慎，有可能导致无可挽回的公共服务的损失。

对于仍然划定在事业单位范围内这一选择，包括进行这一分类的前提——清理规范，意即有的事业单位要予以撤销，作出这一抉择的前提仍然应当是对政府职能边界的合理认识。然而，在实际操作中，不少地方作出撤销或保留事业单位的决定在很大程度上是为了完成上面指定的任务，其决策原因仍然基于政府经济实力，以及现实中各政府部门的博弈，并不是对政府职能的清醒认识。有一点必须理解的是，对于以地市为单位进行的分类改革，在一个地方单位内，人们或者相关的经办人员很难对政府与社会边界作出合理的取舍。这就延伸出一个问题：事业单位分类改革应当在多大范围内加以统筹？以省或地市为单位统筹？缺乏一个层面的统筹，一方面使得地方改革只能自行探索，同时也造成因后期政策预期不明，谁先改革谁要吃亏的心理笼罩着地方的改革决策者。

下一步的深层次问题，即对保留在事业单位序列内的众多事业单位，如何推动改革？对此国家定下的基调是，留下来的事业单位由两类构成：面向社会提供公益服务的事业单位，要理顺同主管部门的关系，逐步推进管办分离，强化公益属性，破除逐利机制；主要为机关提供支持保障的事业单位，要优化职能和人员结构，同机关统筹管理。这中间，显然公益类是事业单位的大头，是改革成功与否的关键所在。其主要的改革指向两个方面：去行政化、去营利性。然而，就是这两大改革取向内在蕴含着一个政府与市场之关系的合理摆布问题，也就是政府职能边界在何处的问题。去行政化，表明过去或现在事业单位的行政色彩较深；去营利性，表明过去或现在事业单位或多或少具有逐利性，这与其公益使命是相背的。实现这两大目标，意味着在改革初始，就要对相关的政府职能边界有清晰的认识。但这一认识在很大程度上“可望而不可及”，同时受制于一系列现实问题的束缚。

综上所述，对政府与市场或社会的关系、政府职能、政府如何发挥自身作用的认识，不仅是清理规范事业单位的前提，也是对事业单位加以分类的前提，还是公益类事业单位进一步改革的前提。体制僵化、职能定位不清、缺乏监管、效率低下等问题，可以认为都是对政府职能范围和实现方式等问题认识不清、把握不准的化身。

第二节　事业单位的分类改革

党的十八大和十九大都提出要深入推进事业单位分类改革，在此背景下，如何在激发事业单位员工的积极性和创造性的同时，进一步提高公共服务质量成为推进当前改革的重要关注点。在事业单位分类改革中，分类改革的目标是推进改革的方向标，分类改革的总体部署是落实改革的行动指南，所以总结近年来有关事业单位分类改革的政策文件、主要目标、总体部署情况，对于理解我国事业单位分类改革的思路、推进改革的进展、促进我国服务型政府和公共服务体系建设有重要的意义。

一、事业单位改革的目标

改革开放40多年来，我国在事业单位改革领域出台了大量政策文件，指明了事业单位改革的历史路径和前途方向。据不完全统计，截至2017年，仅中央政府和相关部门出台的相关政策文件就有33项。其中国务院2011年颁布的《关于分类推进事业单位改革的指导意见》，已经成为一份指导当前事业单位改革方向的基础性文件。

40多年来，事业单位改革的目标从适应我国社会经济发展进程的角度经历了数次调整。从1978年十一届三中全会开始，至1992年党的十四大，事业单位改革的目标是适度下放事业单位管理权，恢复社会公共事业。这期间，卫生机构、高等学校、艺术院团、研究机构等纷纷恢复和扩大了自主权。党的十四大到十六大（2002年）期间，事业单位改革的目标主要是推进事业单位分领域改革和社会化工作，减少党政机关对事业单位的直接管理，提倡政事分开。党的十六大报告明确强调，事业单位管理体制改革要按照政事分开的原则，事业单位改革的目标进一步锁定为政事分开，推进事业单位分类改革并建立综合试点。从2007年党的十七大至今，我国事业单位改革的目标是推进分类改革，重视公共服务政府购买，强化事业单位公益性质，健全事业单位制度机制。

2007年党的十七大以来，我国事业单位改革树立了开展事业单位分类改革的主要目标。相关思想集中体现在国务院2011年颁布的《关于分类推进事业单位改革的指导意见》之中。该文件提出，在今后一个时期要将事业单位分成三类进行改革，其中对于承担行政职能的事业单位，逐渐转为行政机构或将职能划归行政机构；对于承担公益性职能的事业单位，强化公益性质并保留事业单位序列；对于主要从事生产经营活动的事业单位，逐步转为企业。在这一目标指引下，我国事业单位改革将能够较好地厘清政府与事业单位关系，扩大事业单位自主权，加强事业单位的公益性，从而实现提高公共服务质量、促进公益事业发展、满足人民群众日益增长的公共服务需求的根本目的。

二、事业单位改革的总体部署

2018年党的十九大报告强调，要深化事业单位改革、强化事业单位公益性质。这意味着要推动实现政事分开、事企分开、管办分离。[①] 这种布局思想充分体现在党的十八大以来，党中央对事业单位改革的布局与推进之中：目前全国范围内根据不同事业单位特点进行了分类清理和规范，在分类管理基础上提高了事业单位的运行效率。

党的十九届三中全会审议通过的《中共中央关于深化党和国家机构改革的决定》进一步对事业单位改革进行了总体部署，从而为我国加快改革事业的步伐提供了前途方向。该文件对事业单位改革的部署主要围绕以下三个方面：

① 习近平：《决胜全面建成小康社会　夺取新时代中国特色社会主义伟大胜利——在中国共产党第十九次全国代表大会上的报告》，《人民日报》2017年10月28日。

（一）全面推进承担行政职能的事业单位改革

全面推进承担行政职能的事业单位改革，理顺政事关系，实现政事分开，不再设立承担行政职能的事业单位。政事分开的原则是指事业单位改革需要重塑事业单位与政府之间的关系，从政府直接行政干预事业单位管理走向监督约束。这意味着将事业单位的行政职能剥离，从而有助于突出公益服务属性。如果事业单位继续承担行政职能，则不利于实现“令出一门”，容易造成行政职能低效、政事职责边界模糊，从而提高社会运行成本。按照这种部署，中央和地方各级所属承担行政职能的事业单位改革都要纳入机构改革，要坚持能转职能的不转机构，确需转机构的要综合设置，完善职能配置，提高行政效能。

（二）加大从事经营活动事业单位改革力度

进一步推进事企分开。针对各类在事业单位序列中实际从事经营活动的竞争性领域服务机构，如宾馆、招待所，需要转为自主经营、平等竞争、自负盈亏、自我发展的市场主体，从而激发内生动力，提高资本效率。按照这种部署，实际从事经营活动的事业单位将摆脱计划经济体制下的管理方式、运行机制，有助于提高自身效益和市场竞争力，同时减轻财政负担、突出事业单位公益属性。这类改革要求在改革过程中的机构编制、财政管理政策依法依规、稳中求进。

（三）区分情况实施公益类事业单位改革

面向社会提供公益服务的事业单位，理顺同主管部门的关系，逐步推进管办分离，强化公益属性，破除逐利机制。公益类事业单位是事业单位改革的关键对象，这类事业单位情况相对复杂、基本功能不同、彼此差异较大，主要包括两类：面向社会提供公益服务的事业单位和为机关提供保障的事业单位。前者主要指教育、科技、文化、卫生等相关领域的事业单位。这类事业单位的改革重点是体制机制的创新，即去行政化、去营利性。通过逐步推进管办分离，加强事业单位的自主权，同时促进公益性事业单位回归公益本质。后者主要承担为党和国家机构履行职责提供决策支持及技术性、辅助性的保障工作。这类事业单位需要通过明确功能定位、精简编制、整合机构、实行严格管理等方式，提高运行效率、解决臃肿问题。按照部署，应与面向社会提供公益服务的事业单位相区分，只为行政机关提供支持保障。

三、核心问题：政府职能范围及方式

《中共中央关于全面深化改革若干重大问题的决定》着眼改革与发展全局，系统阐述了转变政府职能范围的总体要求，为进一步简政放权、更好发挥政府作用指明了方向。其中，转变政府职能的一个重要内容便包括理顺政府与事业单位的关系，推动政事分开、政企分开、管办分离，加快事业单位分类改革。文件强调要“建立事业单位法人治理结构，推进有条件的事业单位转为企业和社会组织”，“推动公办事业单位与主管部门理顺关系和去行政化，创造条件逐步取消学校、科研院所、医院等单位的行政级别”。①这要求通过改革明确事业单位的功能定位，强化公益属性。从落实政府职能的角度看，这有助于实现政府的公共服务目标。

事业单位分类改革中涉及了政府职能范围的调整。在政府与事业单位的分工上，改革强调政事分开。政府需要在这个过程中转移对社会具体事务的直接承办权和部分管理权，从而扮演改革推动者和根本责任承担者的角色。事业单位是面向社会共同需要和相关机构特别需要的公益性组织，所以在社会共同需要范围内的事务和一些原由政府机构承担的技术性、服务性工作应由事业单位承担，与此同时，部分事业单位涉及的属于政府职能范围内的行政职能应该改由政府承担。在这个过程中，事业单位取消行政级别十分关键。去行政化意味着事业单位序列与行政序列脱钩，将有助于事业单位建立

① 《中共中央关于全面深化改革若干重大问题的决定》，《人民日报》2013年11月16日。

一套与市场经济体系和社会发展相适应的管理制度、组织模式。

政府与事业单位的关系将在事业单位分类改革中发生改变，政府由直接管理者变为监督者与合作者。在传统体制下，事业单位均由政府直接设立，政府部门可以运用各类方式直接管理、控制、领导事业单位，由此形成了事业单位与政府之间的依附关系。在这个过程中，两类机构逐渐同质化，事业单位出现了行政机关容易产生的弊病，降低了公共资源的运行效率，加重了财政负担。由于目前我国行政体制改革和政府职能转变的目标是建设服务型政府，所以，改革后政府可视为公共服务的提供者，事业单位可视为公共服务的生产者。政府通过购买公共服务的方式面向包括事业单位在内的各类组织进行特定委托或招标采购。政府的主要工作变为拟定公共服务应达到的标准、规范和要求，并对事业单位进行服务质量、效率和效益的考核，依据考核结果支付费用并考虑是否续订该服务。

综上所述，从政府角度来看，事业单位分类改革的核心涉及转变政府职能范围和方式的问题。政府职能转变的一个重要内容是推进事业单位的分类改革。由此，两者之间不再是支配与被支配的关系、管理者与被管理者的关系，而成为了平等的主体。政府减少对事业单位的直接管理和微观管理有助于加快职能转变、提高公共服务质量。在改革后，政府应该承担政策法规、行业规范的制定并对事业单位的公益服务情况进行监督，这才是政府应当具备的角色。

第三节　事业单位改革方向和任务

一、事业单位转向社会组织

在全国范围内事业单位现有改革进展普遍不如人意的情况下，在新时代一种新的改革取向可以加以考虑，即将事业单位转制为社会组织。党的十八届三中全会通过的《中共中央关于全面深化改革若干重大问题的决定》要求，“推进有条件的事业单位转为企业或社会组织”，[①] 明确指出事业单位转社会组织的改革方向。党的十九届三中全会作出的《中共中央关于深化党和国家机构改革的决定》中就事业单位改革来说，虽然没有直接出现将其改革为社会组织的文字表述，但并不表明这一改革可能性不复存在。然而这一改革取向在现实中尚无破题，亟须进行系统研究。社会组织是我国新兴壮大的社会力量，在今后的社会公共服务提供与社会治理方面会发挥越来越大的作用。我国社会组织包括社会团体、民办非企业单位和基金会三类。其中，社会团体是指中国公民自愿组成，为实现会员共同意愿，按照其章程开展活动的非营利性社会组织，其互益性特征较之公益性更明显，但不太可能是事业单位的整体性转制方向，基金会也有特定功能，故民办非企业单位是事业单位向社会组织转型的最可能归属。

从价值层面看，这一转制有助于实现更好的公益服务供给，推动公益事业发展。与事业单位相比，社会组织以发展公益为使命，自主性强而更少受到公权力的干预。事业单位与社会组织的主要区别体现在以下几点上：组织产生性质不同，前者主要是党政机关举办，后者更多是社会自组织；运行性质不同，事业单位兼有行政性、趋利性与公益性的性质，而社会组织非政府性、非营利性与公益性特征更明显；法人地位不同，前者是事业单位法人，后者体现为社会团体法人；人事关系不同，前者是编制用人，后者主要是岗位用人；经费来源不同，前者是财政预算拨款，后者主要是社会筹集；资产性质不同，前者是国有资产，后者主要体现为非国有资产的作用。两者也有一些发展共性，比如都应是基于公益目的来提供公共服务。理论上社会组织较之事业单位在公益服务提供方面更加独立自主，公益性更强，而公权力干预更少，具有更强的竞争与服务意识，更加重视成本核算，追求效率与服务创新，因而也会更加专业化且富于活力，代表了一般公益服务的发展趋势与

① 《中共中央关于全面深化改革若干重大问题的决定》，《人民日报》2013 年 11 月 16 日。

国际潮流。实际上，集中在教育、卫生、社会服务等领域的民办非企业单位确实也在提供公共服务方面发挥了重要作用，是对公办事业单位的重要补充。这一类型的转制改革也可以起到倒逼公益类事业单位本身的改革进程，激发其竞争意识，从而优化公益服务供给的社会主体结构。

从社会发展进程看，这一转制也具有可行性。当前我国政府简政放权，鼓励向社会购买服务，加速出台了一系列有关政府采购、招标投标、社会资本办公共服务类法律规章制度，推动事业单位人事制度改革以及社保并轨，这些都为这一转制创造了配套的基本社会环境。至于转制中的一些技术性问题则可以在实践中探索完善。比如，资产转制的具体操作方式可以是附有条件的捐赠，通过信托、资产管理公司托管，或者协议租赁等。在严格评估的前提下，可以将原事业单位全部或部分财产明确捐赠为社会组织财产，实现产权上的政社分离，并辅以一定的公益服务条件要求。政府强化社会服务的资金支持也很关键，加大政府转移支付投入是十分必要的，可以考虑加强竞争性政府购买服务的资金支持力度，或在考核基础上对社会组织予以项目奖励，或建立公共服务专门基金通过公益项目申报给予项目拨款。至于确定哪些事业单位可以转或应当转制，这实际上也是对政府对自身公共服务职能及行使方式的一次盘点。随之而来的问题是对转制后社会组织的支持和监管能力要履行到位。

哪些事业单位具备转制社会组织的条件？综合现有的研究成果笔者认为，符合以下一些条件的事业单位可以优先考虑转制为社会组织。一是公益性色彩要强。公益类事业单位与社会组织的公益使命、非营利性契合，无疑也最有可能成功转制，行政与经营色彩强的事业单位不在这一转制之列。在公益类事业单位中，公益性质越强的，发展目标与社会组织越一致，由于受到经费约束也更可能有动力进行转制。二是信息对称性条件，即业务信息社会知晓度高、公开性好的事业单位。只有信息对称性与公开性好，服务对象才有能力与可能对服务作出判断、识别与选择。三是可重复比较验证条件，即服务对象对服务有较多次体验机会的事业单位。由于对象能够多次体验，就能够进行自我比较与验证，从而实现重复竞争。四是可量化条件。事业单位转社会组织意味着国家由直接的公共服务提供者变为购买者，如果一个事业单位的公共服务便于量化购买和评估，那转制后购买服务就更具操作性。可以预期，随着大数据的发展，可量化标准将越来越容易实现。五是治理体系基础较好，即那些本身内部治理结构较为完善的事业单位可以优先推动这一转制。而从公益类事业单位服务领域来看，事业单位中规模排前两位的是教育（特别是义务教育）和医疗卫生，均涉及基本的公共民生服务，由于具有很强的“外部性”，或者涉及国家的基本利益，转向社会组织很可能会走进创收营利的陷阱，或出现市场失灵。所以，当前真正可转的主要是各类科研、技术、社会服务机构和非基础类教育医疗服务机构，以及体育、中介、法律等事业单位。由此，从公共服务层级来看，非基本公共服务领域，要更多更好地发挥社会组织的作用，凡适合社会组织承担的，都可以通过竞争性选择方式交给社会组织承担。人们应认识到有条件转制本身就意味着试验探索，是积累经验，不是提倡所有公益事业单位都进行这一转制。

二、事业单位转向企业

按照事业单位分类改革的原则，对于从事生产经营活动类的事业单位，具体指已经实现或经过相应调整可以实现由市场配置资源的事业单位，如开发应用型科研机构、招待所等，应转为企业。这部分事业单位具有一定的市场特征，具备自我经营、管理与发展的内在机制，转为企业可以在一定程度上提高公共服务的供给效率，减轻政府的财政负担，但也可能出现盲目逐利等问题。虽然从 20 世纪 90 年代开始，在多轮事业单位的转企改制工作推进下，已有大量成果显现，但目前仍存在大量事业单位从事生产经营活动，急需通过市场化改革、转企改制激发经营活力，盘活国有资产。

事业单位转向企业的过程取得了大量成就，但并非一帆风顺。20 世纪 90 年代，按照《关于党政机构改革方案》、《中央机构编制委员会关于事业单位改革若干问题的意见》等文件要求，主要从事生产经营活动但作为事业单位管理的单位逐渐开始改制为企业。随后出台的关于科研机构、地质勘查、经济鉴证、新闻出版广播影视业的改革文件，就不同行业的市场化改革提出了操作方案，可以说这些文件使20世纪90年代事业单位转向企业成为一股风潮，取得了明显成效。在这个过程中，同时出现了市场化过度带来的一些问题。2008年出台的《关于事业单位分类试点的意见》具体对从事生产经营类的事业单位范围进行了界定，《文化体制改革中经营性文化事业单位转制为企业的规定》对转制过程中国有资产管理、社会保障、法人登记等各类问题都进行了详细的安排，类似文件也对出版社、新闻网站、文艺院团等作出了部署。从总体上说，事业单位转向企业的改革思路是政府在实践经验、教训上确立的，进行了周全的考虑，符合我国当前实际，有很强的指导意义。但是由于改革的复杂性，事业单位转向企业不可能一帆风顺。第一，转变事业单位人员观念面临困难。长期以来，事业单位被视为“铁饭碗”，改革中需要转变员工的固有思维。第二，需要防范国有资产流失。在转制中，可能出现资产评估不规范、审批不严导致国有资产被低估的问题。第三，对公益二类事业单位和从事生产经营类事业单位进行区分。这两类单位都有营利性行为，容易产生混淆。在坚持改革思路与部署的同时，研究和克服出现的问题是改革成功的关键。

事业单位转向企业可以采取成立运营公司等方式完成。在事业单位的体制下，运作方式缺乏现代企业治理的相应手段，因此产生了经营模式僵固、管理机制不完善、竞争意识薄弱等问题，需要依靠市场化方式进行破解。在转制成企业的过程中，从股权结构来讲，事业单位可以选择转为国有独资、国有控股、国有参股、纯民营控股等多种形式，同时引入员工持股计划等方式促进企业效率和员工积极性提高。对于部分经营负担较重的事业单位可以选择进行国有资本完全退出的方式盘活资产。在改革方向上，一方面，可以依托核心国有资产和主营业务，鼓励部分大型、综合实力较强的事业单位改制成多元化产业集团或专业化运营公司，比如建设集团、工程公司等。另一方面，可以整合存量资产，引导事业单位转向企业后进行合并，在此基础上优化业务结构和盈利模式，从而带动整体财务状况的滚动式提升。另外，针对这部分企业要形成有效的监管模式，应该重点设计监管机制、管理架构，从而实现政事关系、政企关系的重塑。

三、深化事业单位内部改革

面对提高公共服务质量、优化事业单位效率的改革目标，事业单位内部的改革便成为一个重心。深化事业单位内部改革的必要性是因为一些事业单位在改革过程中暴露出了自身管理上深层次问题，而这些问题影响了改革的效果与目标的实现。从改革的范围和要点上看，深化事业单位内部改革可以理解为推进事业单位内部控制的规范化。

相对于企业内部控制开展较为成熟的情况，事业单位内部控制体系建设较晚，但已取得了一定成绩。2012 年 11 月颁布的《行政事业单位内部控制规范（试行)》在 2014 年正式开始全面执行，从而启动了事业单位内部建设的系统工程。这份文件对我国事业单位推进内部改革作出了指导性部署。同时，有助于事业单位在风险评估、信息沟通、内部监督、活动控制等方面健全责任机制，对预决算编制、绩效评价、物资采购和资金、票据、印章、债务、合同等方面的管理机制进行建设和完善，从而保证国有资产的安全和会计信息的真实性。

事业单位深化内部改革的重点在于保障各项业务的有效运行，充分履行管理控制的目标，具体体现为管理、财务、会计、行政等方面的管理架构、运行规范和制度措施。首先，内部控制需要保障事业单位的经济活动合法合规，针对预决算、资产、建设项目进行妥善管理，确保单位财务信息完整、真实，从而为内外部监督打下基础。其次，在保证国有资产安全的同时，提高财政资金的使用效益和公共服务的质量。最后，内部控制还要求事业单位建立风险防控、责任追究与问责的机制，从而防止腐败、舞弊的发生。这些目标的实现将能够为事业单位改革目标的最终实现提供强力保证。

当前，我国事业单位内部控制在取得一定成就的基础上依然存在着一些问题。虽然《内部会计控制规范》等文件针对会计控制方面作出了一些规定，但无法代替各单位的内部控制制度。只有在事业单位内部控制流程进一步健全的前提下，事业单位的内部改革才能完成。目前，改革面临的主要问题包括：内控制度建设滞后导致观念意识淡薄；会计和财务基础薄弱，事业单位财务人员对内部控制方面的新知识、新内容掌握不足；内部监督机制较匮乏，外部监督机制力度不足等。未来的改革中需要着重针对这些实践中出现的问题进行有针对性的研究和解决，从而逐步实现事业单位内部控制监督的制度化，提高财务管理水平，促进事业单位全面健康发展和公共服务目标的实现。

四、综合审慎推进公益类事业单位改革——以公立医院改革为例

公立医院之改革现状在相当程度上反映了我国事业单位改革的困难，也是解析我国事业单位改革进展的一个很好的个案。许多保留在公益类事业单位序列之内的事业单位都可能会遇到公立医院改革类似的问题。这里结合公立医院改革的情况，进而分析如何综合审慎地推进公益类事业单位改革。

历史地看，我国在新中国成立之后至改革之前实行国家包揽式做法，所有医院均为公立，当时国家投入了 GDP 的 3%基本上就满足了人民的医疗需求，这主要得益于合理的医疗体系布局和目标设定，强调预防的卫生干预政策、医疗费用保障覆盖面广等做法。国家通过政府手段，建立了一套包括医疗、预防、保健、科研在内的医疗体系，注重基层和农村医疗体系建设。医院不以营利为目标，全国范围内医疗卫生投入低而服务效益较高，医疗服务相对公平。当然，也受当时经济社会发展环境所限，整体的医疗服务水平不高，城乡地域间存在水平差异，医疗资源浪费现象也一定程度存在。但总的来说，政府作用发挥得较好。然而改革开放以来，这一医疗卫生体制发生

了很大变化。随着社会主义市场经济的发展，医院开始追求营利，乡镇卫生院等实行承包制，农村合作医疗也因人民公社的瓦解而得不到经济支持而解体。配合国企改革等改革进程，职工医保基金开始建立，医疗卫生成本由国家和社会分担，同时国家一方也分为中央和地方两个层面的投入。这导致贫困地区和贫困人口的就医存在困难。同时，药品的生产和流通也更多地实行市场化，在一定程度上抬高了药价。在这种新的环境下，城市居民医保和新农村合作医疗保障体系也发展起来了。应当说，这是一种全新的医疗卫生体制，也取得了很多成就。全国范围内的医疗服务水平和能力都在提升，国家放松管制允许民间资本参与医疗服务领域。但同时这一模式也滋生了新问题，即由于医院和医生的逐利行为，医疗费用不断上涨，看病贵成为社会难题。不同群体间的医疗不公平问题更加突出。而且，医院在逐利驱动下的无序扩张，以及基层医疗服务力量的弱化，加剧了公立医院的资源紧张，特别是在大城市，看病难尤为突出。与此同时，我国医疗服务领域形成了一个恶性循环：在医院营利的背景下，大量优质医疗资源包括医生等流入大医院，基层医疗体系和能力更趋薄弱。为寻求可信的医疗服务，病人竞相涌向大医院，加剧看病难问题。

2009 年以后，为扭转这类问题，国家开始进行医疗卫生体制的改革，推出了众多举措，包括推进分级诊疗，强化基层医疗卫生服务体系建设，鼓励社会办医和各种类医院协调发展，建立基本药物制度，强化药品采购监管，推动公立医院薪酬人事制度改革等。应当说，这些改革都是有针对性的，但是相关的政策文件出台之密集，反而衬托出这一领域改革之艰难。导致人民群众对我国现在医疗卫生服务不太满意的原因是多方面的，一方面存在市场发展不足问题，另一方面政府作用发挥不充分或不当更是主因。比如，在民间资本进入医疗服务领域，仍然存在较多的政府管制。而在医疗资金投入方面，尽管国家包括地方投入，甚至社会投入包括病人自身支付经费也在增长，但因不当的监管而使得服务效益大打折扣，医院的逐利行为没有得到很好的遏制。

在当前，推进公立医院这一类型事业单位改革，已经成为整个医改的关键和核心。破除医院的逐利机制，则成为公立医院改革的要害。国家提出医疗改革的内容很多，如明确定位、改革人事机制、完善监管、建立现代医院管理制度比如建立法人治理结构等，很多地方在试点，效果也在局部呈现，但总体上说全国范围内效果还不是太明显。这里面涉及一个行业专业知识，或者说行业发展规律及有关改革创新问题。由于现行卫生医疗模式下，医院的主要收入形式上来自医保基金，尽管各地实行总量控制，但各医院占用的医保基金总体上不断攀升，以至于不少地方出现基金的透支和亏损。无论是按病种付费，还是按人头付费等方式，绝大多数医院通过报销实际发生的医疗服务来获得医保基金拨付，这促使众多医院并不太能客观考虑实际病情所需要，这又在另一个层面上推动药品回扣等不良行为的滋长，当然政府采购定价中出现药价虚高也反映另一种政府功能失调问题。于是，促进公立医院改革的关键在于，如何在给予医务人员较好或体面的收入保障的同时，能够促使医院规范行医？在某种程度上说，以医保基金采购医疗服务的方向，或许是破解公立医院改革难题的可行选择。这一模式的核心是，政府在发挥充分地医疗服务监管的前提下，在医院对其提供的诊疗行为给予质和量上的保障基础上，并不以实际发生的医疗费用为标准支付医保基金，而是实行总额预付，允许医院将节省下的医保基金用于人员薪酬甚至是其他医院事业发展所需。目前，已有地方在试验这一模式，并取得了较好成效。在这种模式下，医保基金的支出快速增长有望得到遏制，而医院的诊疗行为则得到规范，从而使医院的发展进入一个良性循环。但是，这一模式对政府的监管作用提出了很高的要求，政府要能有效地监管和惩处不良处方等营利行为。不过，现代信息技术的发展应当有助于政府提升这一监管能力。这一模式存在的另一大阻碍在于，医保基金用于支付购买医疗服务，需要政府有关职能部门解放思想，同时强化部门协调机制，因为至少医保基金因其种类不同涉及不同监管部门。

2018 年 3 月，国家卫计委、财政部等六部门发出了《关于巩固破除以药养医成果持续深化公立医院综合改革的通知》，强调了政府的财政支持、内部薪酬制度、医院管理体制、医疗定价与收费方式改革等内容。作为支持改革的文件，其主旨精神是好的。而且，全国各地也出现了一批在许多具体领域探索效果较好示范医院，但是，有关公立医院改革的一些深层次问题似乎并未破解或被明确。比如，在破除逐利性总原则下，公立医院未来是要达到或维持在什么规模上？公立医院发展的较为具体的目标何在？同时国家提倡在事业单位实行绩效管理——且不论世界范围对公共部门的绩效管理本身就极具争议，在公立医院的绩效管理如何操作也是一个难题：医疗服务绩效如何认定？谁来考评？国家也强调事业单位的法人治理结构，但公立医院难以独立自主运营，一方面要受卫生行政部门的众多规划指导约束，另一方面卫生行政等主管部门并不愿意放弃相关的权力和利益。这后者正是许多事业单位法人治理改革成效并不明显的重要成因。此外，对医生等职业群体来说，合理确定其薪酬标准也成为一个难题。这不仅要考虑其职业特性，在中国还要考虑不同社会群体的反应。此外，是否允许更加充分地医疗服务的竞争这一大环境也直接制约着公立医院改革进程。如果大量医生只能依附于医院才有职业空间，就只会进一步强化公立医院的逐利性。而为医生自由流动创造好的社会环境，正是政府之职责。

事业单位是中国的特有现象，有关其改革的探讨也很丰富，但正因为其涉及领域多样而复杂，下一步的改革需要从长计议，综合统筹考虑相关的各个问题，如政府职能范围与方式、绩效管理的争议、部门利益的博弈等。仍然有许多间接相关的问题亟待探讨，又如政府采购公共服务与直接承办机构提供服务的优劣比较、中央与地方的事权划分与财政关系等。此外，还需要在法律层面探讨事业单位的组织定性问题，其被当作一种类型的“法人”已经受到法律专家之质疑，有学者认为，事业单位如果作为公共权力设定之机构，就应当强化公共权力对其的控制①。

---

① 参见方流芳：《从法律视角看中国事业单位改革——事业单位法人化批判》，《比较法研究》2007 年第 3 期。

总之，改革要在实践中探索。在当前环境下，我国要推动事业单位改革，主要的思路应当是采取“农村包围城市”式的改革策略，从外围抓起，特别是要抓住以下四点：一是要积极培育多元化的社会公益事业服务的市场主体。政府一定要加快培育各种非政府的社会组织，与事业单位形成竞争，催生事业单位改革的压力。二是要严格监管社会公益事业服务的市场秩序。在推动市场化的过程中，要重视政府监管职能。三是要探索以钱养事的有效路径，政府要敢于重用敢干事、能干事、会干事的干部，培育一大批富有高超的操作技巧和智慧的干部。四是要搞好顶层设计，积极稳妥地从上到下的联动推进。具体到事业单位改革自身，一定要抓住人员薪酬设计这个关键发力点，推动改革。事业单位的改革，在某种程度上就是要进一步破除官本位的传统文化意识，使中国社会进一步走向世俗化，大多数人把物质待遇作为首要而基本的追求，薪酬待遇首当其冲。重视人力资本价值，合理高效地使用经济资源，已经成为公共服务进一步向前发展的关键环节。现实中，我国不少事业单位及公共服务领域，都或多或少呈现“钱没少花，事没干好”的局面，一个核心问题是对人的价值和尊严的重视与尊重不够。因此设计科学合理的薪酬，调动人员干事的积极性，对于事业单位改革极其重要。

第九章　推进“互联网+政务”与数字政府建设

习近平总书记在党的十九大报告中提出“建设网络强国、智慧社会”“推动互联网、大数据、人工智能和实体经济深度融合”，并强调领导干部要“善于运用互联网技术和信息化手段开展工作”。[①]党的十九届四中全会首次明确提出“推进数字政府建设”，“建立健全运用互联网、大数据、人工智能等技术手段进行行政管理的制度规则。”[②]将数字政府建设纳入坚持和完善中国特色社会主义行政体制的重要组成内容。我国经济发展进入新常态，新常态要有新动力，“互联网+”在这方面大有可为。“互联网+”产生的技术效应、平台红利逐渐外溢到政府治理领域，在政府治理中植入互联网基因，“倒逼”政府变革，基于“互联网+政务”的数字政府治理模式应运而生。建设数字政府是在“互联网+”条件下的政府理念转变、政务流程再造与治理方式创新，是一场全方位、系统性、协同式变革，具有移动化、智能化、云端化、集约化、数据化等基本特征。从某种意义上可以说，当前和未来一段时期的我国行政体制改革创新即得益于“互联网+”的思维引领与技术支撑。

---

① 习近平：《决胜全面建成小康社会　夺取新时代中国特色社会主义伟大胜利——在中国共产党第十九次全国代表大会上的报告》，人民出版社2017年版，第54页。

② 《中共中央关于坚持和完善中国特色社会主义制度　推进国家治理体系和治理能力现代化的若干重大问题的决定》，人民出版社2019年版，第17页。

第一节 “互联网＋政务”的发展演进与概念内涵

根据技术溢出理论，技术溢出效应的产生来源于典范演示、效仿、竞争和传播。21世纪以来，互联网与新一代移动通信技术（智能终端）结合之后，激发出乘数效应的创造力，这种创造力的核心体现就是互联网思维的产生，以及“互联网+”模式的出现。“互联网+”概念最早由于扬提出，经由马化腾的人大提案建议并写入2015年《政府工作报告》。“互联网+”具有“连接一切、万物互联”的初始特征，与传统意义上的信息化相比，“互联网+”代表着创新2.0时代的信息化、普惠大众和全民参与的网络化；“互联网+”是以移动互联网、大数据技术、云计算、人工智能技术等在经济社会生产生活各个领域的“融合—创新—扩散”过程，通过跨界融合、用户聚合、数据聚合、能力聚合、服务聚合催生出新概念、新转型、新业态。当今时代，“互联网+”带来的冲击无所不在，没有一个行业能够“置身事外”，“互联网+”的技术红利外溢到政府、城市管理等领域，“互联网＋政务”模式自此勃兴。

一、网络时代的政府治理模式转型

美国学者伦纳德·D. 怀特（Leonard D.White）的行政环境思想指出，影响行政的环境因素有经济环境、政治环境、社会环境和科技环境，各种不同环境分别作用于行政活动、行政行为及行政效果。其中，科技环境主要影响行政方法、行政技术和行政研究三个方面。① 网络时代，信息科技已成为增强政府能力的重要手段。相当多的地方政府开始谋求以“互联网+”思维、技术与模式转变工作方式，提升行政效率，增强政府透明度，实现行政管理

① ［美］杰伊·M. 沙夫里茨、艾伯特·C. 海德、桑德拉·J. 帕克斯：《公共行政学经典》，中国人民大学出版社2004年版，第44—50页。

与行政环境的协调，进而催生出继“新公共管理”运动之后的新一轮政府治理变革浪潮——人们称之为“数字政府”、“政府 3.0”、“智慧政府”、“数据新政”等等。①

经济和社会环境、制度（政策）环境的变化，使得政务改革受到内部驱动与外界作用的双重叠加力，“互联网 + 政务”处在一个整体生态形成的关键阶段。“互联网 + 政务”变革产生于当前深化“放管服”改革、推进政府治理现代化的现实背景，是我国各级政府主动适应新一轮科技革命需要，利用信息技术力量驱动自我变革的行为。长期以来政务管理和服务之所以低效，简政放权改革推进缓慢，一个重要的问题就在于行政部门之间分工过细，且组织结构与职能边界藩篱客观上造成政务信息资源部门分割、分布失衡、流动不畅。要破除这一障碍，应在深化行政体制改革、增强政府执行力的同时，加大信息化建设力度，应用“互联网 +”思维与技术，打破相关部门之间的信息壁垒，以“技术强制力”克服政务数据碎片化、信息资源共享程度低等问题，解决部门间放权不同步、不协调等问题。② 此外，简政放权后，如何强化对部门权力运行和市场秩序有效地进行事中事后监管也是改革的难点所在，只有依托“互联网 +”的设计模式，建成多个职能部门信息互通、监管互认、联动协同的审批业务监管云平台与协作监管机制，使监管从简单的技术工具堆砌到流程再造创新、监管能力提升的核心转变，铺就一张覆盖全域、疏而不漏的监管网络，才能真正达成全流程、一体化、有效性的事中事后监管。

二、从电子政务到数字治理、智慧治理

早期的电子政务（政务 1.0 阶段）侧重政府自身建设，运作模式不透明，

① 陈振明：《政府治理变革的技术基础——大数据与智能化时代的政府改革述评》，《行政论坛》2015 年第 6 期。

② 高小平：《提升政府现代化治理能力的重要手段》，《人民日报》2016 年 12 月 16 日。

业务信息化水平、程度较低，存在信息资源闲置浪费严重、系统建设分散且重复建设等一系列问题，投资效率比较差，很多业务流程繁复、部门间信息传递阻滞不畅，使得政务服务处于既分散又被动的状态，无法解决群众办事过程中遇到的“跑腿多”难题。到了电子政务2.0阶段，“物理集中”的行政服务中心纷纷成立，“一站式”服务大厅将一些跟群众办事密切相关的政府部门以及业务集中到一起，但依旧存在着政府部门壁垒问题，各个部门出于利益考量或安全顾虑，不愿意突破“信息孤岛”，信息数据等政务资源无法做到互联互通协同共享，依然无法大幅度提升政务服务品质和效率。此时，多部门联合审批已提上议程。当前政务处于3.0“互联网+政务”阶段，进入数字政府治理阶段，政府对“互联网+”高度重视，出现了“一窗服务”、“一网通办”等创新模式，网上办事大厅也如雨后春笋一般出现，一些地方或探索行政审批局的“线下集中”，或尝试推动各个审批部门业务“在线集中”，审批流程进一步规范，数据标准进一步统一，信息传递更加地畅通，线上线下业务整合，迈向跨部门数据共享和业务协同，业务环节大大优化精简、办事效率更高，群众获得更加便捷高效的服务。未来政务将启动4.0版，其特征是以用户需求为中心的智慧政务，不仅做到线上线下融于一体，跨界融合整体服务，而且智能化、精准化的服务更加贴心，政务流程更加精简优化，“前台一窗受理，后台协同办理”成为标配，信息资源集约化程度、数据共享度和开放度、政务服务效率均大幅度提升，最终形成“智慧政府”的一体化、集约化、平台化、智能化的现代治理模式。①

三、“互联网+政务”的概念内涵与创新特征

政府治理植入“互联网+”基因，不仅是技术层面的应用，或是行政管

① 唐鹏、孟照莉、刘琼、孙泽红：《互联网+政务：从施政工具到治理赋能》，电子工业出版社2016年版，第75页。

理移动化、网络化那么简单，更意味着政府部门施政思路、行政理念、管理体系、服务模式以及工作方式的革命性变化。关于“互联网＋政务”的概念内涵，笔者认为，互联网“+”的“政务”包括对内政务管理和对外政务服务两个主要维度，从内部维度来看，“互联网＋政务”是以数字化、智能化、协作化为导向，运用新一代信息技术“打破内部循环、倒逼体制改革”，重塑传统组织体制、运行机制和工作流程，构建整体型行政管理体系。应用政务云和数据库，以数据为驱动，强化政务资源共享，实现政府管理体系的全面升级，构建管理规范、资源集约、运转高效、政务透明的整体性治理模式，做到跨层级、跨部门互联互通、资源共享、业务协同。从外部维度来看，“互联网＋政务”以公共服务普惠化为主要内容，秉持“跨界融合”的思路，运用互联网技术、互联网思维与互联网精神，依托多元化的移动终端与政务服务有机且深度融合，线上服务平台与线下服务大厅的紧密结合，为办事群众和企业提供便捷、实用、有效和及时的精准服务，以“互联化”打通服务群众“最后一公里”。此外，应用“互联网＋”技术实施分级、动态管理，快速响应受众群体诉求，零距离沟通，全天候服务。

与传统的电子政务相比，“互联网＋政务”不是简单的技术创新，而是从硬件到软件的全面升级，从电子政务转向电子治理，将“互联网＋”思维、技术与新的服务内容、新的管理模式等多维度进行融合与改造。它是一场针对政府自身的“转基因工程”，通过植入互联网基因，来重构政务管理和政务服务的方方面面，形成政务创新的核心价值链。第一，思维创新。秉持“用户至上”和“开放共享”的核心思维，以人民为中心、以服务为本位，让群众和企业少跑腿、好办事、不添堵，切实提升用户体验。打破政府部门间系统隔阂和数据壁垒，走向全域、整体、融合性的组织结构，实现政务信息资源的互联互通与开放共享。① 第二，服务创新。依托于信息技术促进原有政务服务的提质增效和转型升级，以此产生新的服务模式、服务形态和服

① 邹雅婷：《政务服务植入互联网基因》，《人民日报》2016 年 11 月 23 日。

务内容，降低企业与群众的办事成本，变“群众跑腿”为“信息跑路”、变“企业挨个找”为“部门协同办”、变“被动服务”为“主动服务”。第三，技术创新。按照互联互通理念，将传统的网络硬件扩展为与“互联网+”技术的集合，一方面，依托政务平台与服务终端，构建起面向公众的一体化、智能化、精细化、便捷化、高效化在线政务服务体系；另一方面，建立起政府部门信息共享的平台，破除“信息孤岛”。第四，管理创新。改变传统组织架构，从科层制下的金字塔结构转为整体联动的扁平化结构，重塑政务流程，促成部门间业务协同，整合数据信息资源，以大数据分析为核心，实现智慧感知、智慧决策与科学决策。

第二节　以“互联网+政务”推动数字政府建设

“互联网+”代表了新一代信息技术在经济社会各领域渗透、融合、改造的一系列过程，这个“+”大大提升了社会运行效率，深刻改变着社会运行模式。“互联网+”的核心内容是技术力量的渗入、思维方式的改变、行为模式的转换。为了适应外界环境变化，保持行动先进性，实现治理现代化，政府比以往更需要跟进网络时代的技术创新步伐来影响和带动制度变迁，在“互联网+”的推动下出现了数字政府的全新治理范式。

一、数字政府的概念与特征

关于“数字政府”的概念与内容，目前无论是学术界或者实务界尚无明确的界定。2016年10月9日，中共中央政治局就实施网络强国战略进行第三十六次集体学习时，习近平总书记强调，要深刻认识互联网在国家管理和社会治理中的作用，以推行电子政务、建设新型智慧城市等为抓手，以数据集中和共享为途径，建设全国一体化的国家大数据中心，推进技术融合、业务融合、数据融合，实现跨层级、跨地域、跨系统、跨部门、跨业务的协同管理和服务。要强化互联网思维，利用互联网扁平化、交互式、快捷性优势，推进政府决策科学化、社会治理精准化、公共服务高效化，用信息化手段更好感知社会态势、畅通沟通渠道、辅助决策施政。①习近平总书记的讲话为我国数字政府建设指明了方向，“跨界协同”、“数据治理”将成为政府数字化转型的核心内容，平台共享、设施共享、数据共享将成为数字政府的运行逻辑。2018 年 5 月，浙江省省长袁家军在一次会议上对数字政府的定义较为清晰，建设数字政府是遵循“政府理念创新+政务流程创新+治理方式创新+信息技术应用创新”四位一体架构的全方位、系统性、协同式变革。建设数字政府，根本目的是通过数据整合、开放、共享，为群众提供个性化服务；基本手段是互联网、大数据、云计算、人工智能等现代信息技术；关键举措是以流程再造实现跨部门、跨系统、跨地域、跨层级高效协同；实践路径是构建人机协同的数字化、网络化、智能化集成应用系统。②

基于“互联网+政务”的数字政府模式具有五大基本特征：一是移动化的服务载体。移动终端设备的出现和广泛应用成为数字政府得以实现的基础条件，政务服务从传统的 PC 端 Web 网页、政府门户网站迅速转移到智能手机桌面，微信、微博、App 应用软件，办事群众足不出户且随时随地通过手机移动端进行预约申请、事项提交、进度查询、意见反馈，移动化的载体更加贴近民众生活、增强了服务体验。二是智能化的运行方式。应用人工智能、云计算、大数据等技术，通过搜集、获取、沉淀数据及服务记录等，感知和挖掘办事群众、企业需求，以便对相关需求、未来需要作出趋势预判，从而精准的为办事群众和企业提供可选择的一揽子超预期服务。三是云端化的业务平台。传统的政务应用被迁移到电子政务云、公共服务云平台上，电子政务云有助于跨部门信息共享、业务协同，增强行政管理效率和政府治理

① 《习近平在中共中央政治局第三十六次集体学习时强调：加快推进网络信息技术自主创新朝着建设网络强国目标不懈努力》，《人民日报》2016 年 10 月 11 日。

② 袁家军：《深化“最多跑一次”改革加快建设数字政府》，《浙江日报》2018 年 6 月 1 日。

能力。公共服务云是为由政府主导，整合公共资源，为公民和企业的直接需求提供云服务的创新型服务平台。四是集约化的管理模式。充分发挥云平台作用，践行“共性平台+应用系统”集约化建设的总体思路，统一标准、统一行动，为部门协作、信息共享、业务协同构建可行性基础，充分保障事项内容、服务流程、技术应用不断扩展时的兼容性。五是数据化的动力内核。借助大数据技术统筹建立自然人、法人、电子证照、社会信用等基础信息数据库。构建数据共享交换平台，达成政务信息资源的跨界互联互通和协同共享。通过对政务数据资源进行实时感知、智能分析，预测出发展趋势，辅助决策者更科学有效地决策和行动。

二、以“互联网+政务”推进政务管理信息化

在传统条块分割体制下，我国政府组织结构与职能边界的藩篱造成政府信息资源部门分割、分布失衡、流动不畅。这一制度结构使得政务管理呈现出职责部门化、权力碎片化、服务裂解性局面。业务在系统内通畅运行，跨系统就会阻滞不前；数据以及资源在本部门本区域可以共享流通，但跨部门跨区域就无法协作共享。特别是纵向权力线的“条条”对口管理与横向权力线的“块块”属地管理之间构筑的“改革壁垒”，在很大程度上限制了当前行政审批改革、综合执法体制改革（大执法）、综合监管体系构建（大监管）抑或跨区域协作治理。基于“互联网+政务”的数字政府整体治理架构能够破解这一体制性障碍，运用信息技术推进协调、整合、责任机制，梳理不同层级、功能、公私部门关系，并重点解决信息系统碎片化问题，将原本的分散、部分、破碎信息进行整体化设计，呈现出整体化的系统服务。① 基于整体思维的架构设计，数字政府具有整体性、网络化的运行体系，优化的运行

① 曾凡军、韦彬：《整体性治理：服务型政府的治理逻辑》，《广东行政学院学报》2010年第2期。

机制及流程，实现了政务管理的数字化、智能化、规范化、协作化。

具体来说，第一，构建政务云平台这一多元化的业务管理载体，使政府内部业务在线化、数字化、可视化和协同化，变传统封闭式、分散状、碎片化的政府管理体制为开放式、网络化、整体性、数字化治理体系，实现业务办理、信息发布、程序公开、对标运行、效果评价的“一网打尽”。第二，应用大数据技术构建基础信息管理系统、政务管理数据库与异构数据交换平台，打破政府内部的信息壁垒，以“技术强制力”克服政府部门间数据碎片化、共享程度低等问题，实现各级政府基础信息互联互通、资源共享、业务协同，管理效能提升。第三，编制工作清单，推动政府内部业务事项、信息数据标准化建设，标准体系的出台有助于遵循组织质量管理的流程和方法，提高管理效率。

三、以“互联网 + 政务”推进政务服务高效化

新时代，群众诉求多样、利益多元，政务工作形势日趋复杂，而部分政府部门政务管理水平落后、网上服务体系缺失，民众常常诟病政府繁杂的办事流程，对改善网上服务质量，提高多元化模块的诉求日益强烈，政府传统行政模式已经不能满足社会大众对行政管理科学化、高效化、透明化的要求。经由技术创新、制度创新来寻求解决办法，推动管理优化、改进服务质量的呼声也愈发响亮。只有借助信息科技红利，创新政府服务模式，运用移动互联网等工具，才能更为迅捷和直接地服务广大群众，回应群众诉求，更好发挥政府的公共服务职能。应用“互联网 +”的用户思维、流量思维、平台思维、跨界思维、整体思维等指导数字政府建设，运用新一代信息技术实现数字政府服务体系重构，服务质量改善，服务效率提升。第一，构建线上线下一体化的群众服务体系，提供“一站式”、“无缝隙”服务，以“互联化”打通服务群众“最后一公里”；第二，构建网络化、普惠化的群众服务体系，拓宽服务领域，依托网络新媒体、资源新平台构建普惠群众的服务圈，通过

多元化平台，为群众提供高粘性、高频度、及时有效的精准服务；第三，创新服务方式，应用区块链和大数据技术，以微博、微信、App等多元化的移动终端为载体，通过网罗服务大数据，力促群众“需求库”与政务服务平台线上线下资源有效衔接，实现信息资源由“单向传输”向“多元互动”转变。此外，应用“互联网+”技术实施分级、动态管理，快速响应群众诉求，零距离沟通，全天候服务，增强群众的满意度和获得感。

第三节　数字政府建设的顶层设计与地方实践

党的十九届四中全会首次明确提出“推进数字政府建设”、“建立健全运用互联网、大数据、人工智能等技术手段进行行政管理的制度规则”。① 将数字政府建设纳入坚持和完善中国特色社会主义行政体制的重要组成内容。新一代信息技术革命带来的信息红利被充分应用于政府再造，我国在全面深化改革，推进政府治理体系与治理能力现代化的新时代背景下，从中央到地方政府，掀起一轮数字政府建设的政府创新浪潮。

一、中央统筹规划推动改革执行

习近平总书记指出，没有信息化就没有现代化。党的十八大以来，以习近平同志为核心的党中央高度重视新一代信息技术与数字经济发展。加快数字中国建设，就是要适应我国发展新的历史方位，全面贯彻新发展理念，以信息化培育新动能，以新动能推动新发展，以新发展创造新辉煌。习近平总书记在中共中央政治局第二次集体学习时强调，要推动实施国家大数据战

① 《中共中央关于坚持和完善中国特色社会主义制度　推进国家治理体系和治理能力现代化的若干重大问题的决定》，人民出版社2019年版，第17页。

略，加快建设数字中国，更好服务我国经济社会发展和人民生活改善。要运用大数据提升国家治理现代化水平，要建立健全大数据辅助科学决策和社会治理的机制，推进政府管理和社会治理模式创新。①

党中央和国务院高度重视“互联网＋”在新常态下的驱动和引领作用，2016年两会《政府工作报告》中首次提出推进“互联网＋政务服务”的任务目标，以此方便企业和群众办事。2016年9月国务院常务会议再次发力，部署如何推进“互联网＋政务服务”，要求各级政府部门将政务服务事项“应上尽上、全程在线”。党的十九大明确提出要加快推进信息化，建设“数字中国”、“智慧社会”。党的十九届三中全会提出“要充分利用信息化技术手段，提高政府机构的履职能力”。2014至2019年间，中央政府为推动“互联网＋政务”发展出台了一系列指导文件（见表6），涉及电子政务集约化建设、一体化在线服务平台、“互联网＋政务服务”建设的技术标准、政务数据共享与开放等，高层决心和意志成为推动“互联网＋政务”与数字政府建设良性、快速发展的重要保障。

表6　2014—2019年我国推动“互联网＋政务”发展与数字政府建设的相关文件

发文单位	发布时间	文件名称
国务院办公厅	2019.12	《关于印发国家政务信息化项目建设管理办法的通知》
国务院办公厅	2019.12	《关于全面推进基层政务公开标准化规范化工作的指导意见》
国务院办公厅	2019.12	《关于建立政务服务“好差评”制度提高政务服务水平的意见》
国务院	2019.4	中华人民共和国国务院令《国务院关于在线政务服务的若干规定》
国务院办公厅	2018.12	《关于推进政务新媒体健康有序发展的意见》
国务院办公厅	2018.11	《政府网站集约化试点工作方案》

① 《中共中央政治局就实施国家大数据战略进行第二次集体学习》，2017年12月9日，见中国政府网，http://www.gov.cn/guowuyuan/2017-12/09/content_5245520.htm。

续表

发文单位	发布时间	文件名称
国务院	2018.7	《关于加快推进全国一体化在线政务服务平台建设的指导意见》
国务院办公厅	2018.6	《进一步深化“互联网＋政务服务”推进政务服务“一网、一门、一次”改革实施方案》
国务院办公厅	2017.5	《关于印发政务信息系统整合共享实施方案的通知》
国务院办公厅	2017.2	《关于开展全国政务服务体系普查的通知》
国务院办公厅	2017.1	《“互联网＋政务服务”技术体系建设指南》
国务院办公厅	2016.12	《关于印发“互联网＋政务服务”技术体系建设指南的通知》
国务院	2016.9	《关于加快推进“互联网＋政务服务”工作的指导意见》
国务院发改委等10部委	2016.4	《推进“互联网＋政务服务”开展信息惠民试点的实施方案》
中共中央办公厅 国务院办公厅	2016.2	《关于全面推进政务公开工作的意见》
国务院办公厅	2015.11	《关于简化优化公共服务流程方便基层群众办事创业的通知》
国务院	2015.8	《促进大数据发展行动纲要》
国务院办公厅	2015.7	《关于运用大数据加强对市场主体服务和监管的若干意见》
国务院	2015.7	《关于积极推进“互联网＋”行动的指导意见》
国务院	2015.1	《关于促进云计算创新发展培育信息产业新业态的意见》
国务院发改委等8部委	2014.8	《关于促进智慧城市健康发展的指导意见》
国务院办公厅	2014.2	《关于促进电子政务协调发展的指导意见》
国务院发改委等12部委	2014.1	《关于加快实施信息惠民工程有关工作的通知》

资料来源：作者整理。

国务院各部委相继推出政务信息化与数字化方案。一方面以“互联网＋”技术提升服务水平。国税总局推出《“互联网＋税务”行动计划》。工信部建设运行行政许可“一个窗口”查询系统，实现行政许可事项从前期申报、受理、查询到后期反馈和决定的全流程网办。人社部出台《“互联网＋人社”2020行动计划》，提出了“互联网＋人社”的“轻量化”解决方案。另一方面探索基于“互联网＋”的管理方式，强化业务能力。海关总署探索“互联网＋易通关、制度通关”改革。国家发改委建设完善投资项目在线审批“一网式”服务平台，12358价格监管平台、贯通国家与省级系统的公共资源交易平台、失信联惩守信联奖的全国信用信息共享平台。此外，国办构建起对各级政府网站的常态化监管机制。以督察促发展，使得政府网站建设迈向建设集约化、栏目标准化、服务智慧化、管理规范化、监测常态化方向。

二、地方先行先试进行“政策试验”

（一）数字政府建设的浙江实践

党的十八大以后，浙江率先启动“四张清单一张网”改革，打造浙江政务服务网，公布省级行政部门“权力清单”，在全国率先编制《数字政府建设总体方案》，并于2016年底推出“最多跑一次”改革，提出群众和企业到政府办事“最多跑一次是原则、跑多次是例外”的口号。2017年2月印发《加快推进“最多跑一次”改革实施方案的通知》，各部门全面梳理公布群众和企业到政府办事“最多跑一次”的事项，上报后公布在浙江政务服务网，形成《办理指南参考目录》，对涉及多个部门的复杂事项，建立部门联办机制，探索全程代办制。通过浙江政务服务网将各级政府及其部门纳入其中，实现在一张网上办公、互联互通、信息共享，以此提升不同层级、不同部门行政协同水平。公布《省级公共数据共享清单》，通过政府内部的数据共享，最大程度地减少群众办事所需提供的证明材料；建立“一窗受理、集成服务”线下工作模式，通过部门间的系统对接，最大限度地简化群众办事流程，降低办事成本。[①]2018年浙江提出深化“最多跑一次”改革推进政府数字化转型，组建省大数据发展管理局，公布浙江省建设实施的政府数字化转型首批项目清单，项目清单包含了经济运行监测分析数字化平台、一体化互联网政府服务（掌上办事）平台、“浙政钉”掌上办公平台等21项内容，覆盖政府职能各领域。

（二）数字政府建设的广东实践

作为“互联网+”改革创新的前沿地区，广东省在全面推开“一门式、一网式”政务服务模式改革基础上，2018年10月26日，发布《广东省“数字政府”建设总体规划（2018—2020年）》，从“数字政府”总体架构、九大创新政务应用、八大应用支撑平台、三大信息基础设施以及安全标准和运维管理方面做好整体规划。广东将互联网思维如用户思维、流量思维、平台思维、跨界思维、整体思维等用以指导“数字政府”建设，重塑传统政务信息化模式的管理架构、业务架构、技术架构，以政务大数据为驱动，全面提升政府履职能力，实现由分散向整体转变、由管理向服务转变、由单向被动向双向互动转变、由单部门办理向多部门协同转变。为破除“数字政府”改革的体制机制障碍，广东省撤并调整省信息中心以及省直各单位全部44个信息中心，行政职能回归机关，打破因传统体制下“部门壁垒”、“条块分割”造成的系统互不联通、业务各自为政、数据无法共享之困局，建立政务数据资源“负面清单”管理模式，全面推进数据资源开放应用。在“数字政府”建设过程中，统一规划建设全省政务云平台，集约化建设基础设施，充分整合优化各部门已有的信息基础设施、应用系统，以便最大化发挥存量资源的价值。建立“政企合作”新模式，广东“数字政府”的运营中心是数字广东公司，由三大运营商和腾讯公司共同出资组建。遵循“整体政府”新思路，将“数字政府”改革建设作为省委省政府“一把手工程”来推动，旨在建设

① 参见浙江省“最多跑一次”改革办公室：《浙江省“最多跑一次”改革工作指南》。

上下贯通，“全省一盘棋”整体化数字政府。①

（三）其他省市数字政府建设的探索

福建省较早提出建设“数字福建”目标，把加快电子政务建设作为重要抓手，统一建设全省政务信息网、数字福建云计算中心政务云，开展信息资源整合与开发利用；实施省级范围政务信息资源标准化、规范化、时空化改造；启动实施省级政务数据整合汇聚与共享应用工程，开展省直部门数据中心和信息中心整合，并在全国率先推行文件证照电子化应用。2018年，山东省政府印发《数字山东发展规划（2018—2022年）》，推动政务服务、公共服务、社会治理、宏观决策、区域治理等方面的数字化转型。包括创新数字治理，建设高效协同数字政府，以“一片云、两张网”构筑一体化政务平台，建设省数据大厅，精简审批流程、优化政务服务、增强监管能力。创新数字社会治理模式，深化在应急指挥、平安山东、防灾减灾、环境资源、交通治理等领域智慧化应用。创新发展数字服务，围绕公众关心的社保、教育、文化、健康养老、扶贫、救助等领域，构筑信息惠民服务体系，让老百姓的生活更便捷、更智能。山东省数字政府建设注重领导机制建设，明确数字山东建设为“一把手”工程，成立省大数据局以及数字山东建设专项小组，建立多层级的推进落实机制，分级分类推动任务落实。②2018年9月，湖北成立数字政府建设领导小组，并于2019年1月推出《湖北省推进数字政府建设实施方案》，做好基础设施集约化支撑，如建设政务云平台，加快政务信息系统迁移上云；建设政务信息资源共享开放体系，以省大数据建设推进全省政务数据共享交换，开展政务数据治理分析；提升实体大厅“一站式”功能，实现线上线下服务融合；建设政务协同办公平台；政府部门办公一体化水平；建立“互联网＋监管”体系，构建全方位

① 逯峰：《广东“数字政府”的实践与探索》，《行政管理改革》2018年第11期。

② 山东省人民政府：《数字山东发展规划（2018—2022年）》，2018年12月，鲁网，http://sdio.sdchina.com/online/648.html。

监管机制。①

此外，在2018年新一轮机构改革中，有十多个省份组建大数据管理机构，发挥大数据在政府管理中的优势作用，同时也为数字政府建设打好数据基础。如福建成立数字福建建设领导小组办公室（省大数据管理局）；安徽组建省数据资源管理局加挂省政务服务管理局牌子；重庆组建市大数据应用发展管理局；北京在市经济和信息化局加挂市大数据管理局牌子，广东在省经信委内部设立大数据局，充实大数据管理职责。

第四节　我国数字政府建设的现存问题与未来展望

数字政府建设是一项革命性、系统性的工程，是一次打破传统政府管理格局、触及深层次利益的改革，需要方方面面的协作协力。当前从中央政府到地方政府的改革中，遇到诸多问题和障碍，亟待通过理念更新、体制重塑、机制创新、流程再造等实现改革突破。

一、数字政府建设面临的现实困境与障碍

（一）部分地方政府缺乏改革统筹安排且改革理念存在误区

一些地方政府缺乏“互联网＋政务”与数字政府改革的整体统筹布局，尚未以跨界思维、平台思维、用户思维去思考和解决实际问题。一是需求导向不明确，重设施建设、轻系统运营，重硬件技术、轻软性服务，忽视业务痛点，热衷于高新前沿的技术应用，却没有改变政府运作模式，只是把线上线下简单叠加，缺乏融合互补，“物理集中”无法生成“化学反应”。二是

① 湖北省人民政府办公厅：《湖北省推进数字政府建设实施方案》，2019年1月15日，湖北省人民政府网站，http://www.hubei.gov.cn/zfwj/ezbf/201902/t20190215_1713588.shtml。

把“互联网＋政务”与数字政府改革当作“设备更新”，放弃整合现有资源。当前大多数政府部门均在更新网络基础设施，重建“一网”系统，忽视对存量设备的整合，硬件重复建设造成资源浪费，大大增加行政成本。三是崇尚“一劳永逸”，忽视“迭代更新”，一些地方的数字政府改革瞄准一步到位、一网打尽，提供全面完整的网上办事服务，平台建设追求毕其功于一役，缺乏试错和迭代的思维，忽视了网络平台需要在不断运营中持续优化、拓展功能和整合资源。[①] 四是个别领导以“晋升锦标赛”的政绩导向为创新目的推进改革，为了创新而创新，一味追求创新数量的比拼，改革内容呈现碎片化局面，缺乏系统考量和整体设计。“互联网＋”与政府管理结合过程中仍存在各种各样的兼容问题，尤其是一些政府部门思维方式、工作模式落伍，已不适应当前政府创新的需要。

（二）条块分割体制和部门利益导致跨部门业务协作受阻

有基层干部总结道，互联互通难、信息共享难、业务协同难（“老三难”）是数字政府改革的“绊脚石”。条块分割的管理体制致使政府部门间协同共享与统筹共建机制欠缺，信息建设纵强横弱局面形成了条块分割的“信息孤岛”，严重制约着政务协作。在跨部门基础信息资源共建上，虽然国务院层面已启动四大基础数据库建设工作，但实际推进缓慢，尚未建立起信息采集、分类、交换、发布等配套管理制度。在信息化建设过程中，政府部门“各自为政”，仅从自身需求出发开发系统，忽视跨部门业务全流程设计，资源集约化程度低。一些部门出于自身利益考量或信息安全考虑，拒绝开放信息数据，加之格式不统一，标准不一致，甚至文档源码缺失，无法破解供应商锁定，使得数据重复采集、二次录入、效率低下。在部门本位的观念下，府际间、部门间缺乏跨界协作，如某市 11 个市辖区政务系统尚未做到跨区

---

① 唐鹏、孟照莉、刘琼、孙泽红：《互联网＋政务：从施政工具到治理赋能》，电子工业出版社 2016 年版，第 53 页。

域、跨部门、跨层级的信息共享与业务协同。海量数据资源除部分自用和少量公开外，大部分未实现信息共享、社会开放和开发利用，造成信息资源的价值浪费。作为新时代国家战略资源的信息资源作用和潜能没有得到发挥，技术红利难以释放，更遑论资源整合或利企便民办事。

（三）地区差异以及标准不一致使创新扩散面临困境

受地区经济、技术发展不均衡影响，“互联网＋政务”与数字政府改革的地区分化明显。如同属广东一省，深圳、广州、佛山等沿海发达城市的信息基础设施建设完备，智慧政务水平走在了全国前列，而粤北一些经济欠发达地区尚不能适应网络时代的要求，政务服务水平区域性滞后，信息资源无法有效利用。地区差异将对今后跨区域、跨部门的业务协同增添阻碍，成为我国“互联网＋政务”模式在全国范围内全面推广的制约因素。此外，更具隐患性的是，各地方政府基本上是各自搞建设，按照国家发改委等 10 部委《推进“互联网＋政务服务”开展信息惠民试点的实施方案》要求在 80 个信息惠民试点城市建设“一号、一窗、一网”，“到 2017 年底，跨省的电子证照流转交换与网上身份认证体系投入应用，省、市多级数据共享交换平台、政务服务系统和线上线下一体化政务服务体系基本建成。”① 然而，不同城市之间的电子证照库、数据共享交换平台和政务服务信息系统仍无法兼容，各地分头行动将会导致跨地区整合困境。当前的跨地区经验交流只是部分的学习借鉴，由于全国性统一建设标准欠缺，地域差异性大，一些地区难以企及较高标准，另一些地区独具特色的经验难以复制推广，可能出现创新扩散困局。

（四）地方领导改革协调工作欠缺且本位主义依旧存在

囿于缺乏信息化专业知识，部分领导干部对新事物接受速度慢，对新变

---

① 国家发改委等 10 部委：《推进“互联网＋政务服务”开展信息惠民试点的实施方案》，2016 年 4 月 26 日，中国政府网，http://www.gov.cn/zhengce/content/2016_04/26/content_5068058.htm。

化准备不足，对新发展应对不力，甚至产生畏惧心理和抵触情绪。政务服务改革涉及部门广，牵涉利益多，必须由党政“一把手”出面，从上到下形成思想共识和行动合力。如佛山某试点区在打通部门数据壁垒时，由区委书记坐镇督导，每周召集职能部门负责人汇报工作进度，不达标者则被问责，在领导极为重视的情况下，该区短时间内实现部门间数据共享。然而，当前大多数地方政府统筹数字政府改革的机构权属缺位，领导的协调力度不能适应实际工作要求。除此之外，由于难以摆脱政府主导的固有思维，一些政府部门在政务创新时存在本位主义，忽视用户场景，用户体验一般。例如，线上用户服务应用欠缺，简单堆砌服务模块设置，未能满足办事群众实际需求，服务渠道偏窄，服务事项不全，可全程网办率不高，线上系统运行与线下业务流程没有形成无缝衔接，流程优化再造停留在纸面上，办事群众的获得感不足。未能充分挖掘数字红利，缺乏对政务数据的重视和应用，对推进“互联网 + 政务”与数字政府改革的重要意义认识不足，未能以“互联网 +”思维和技术为突破口，推动行政审批改革，有效预防权力寻租腐败，促进优化营商环境。

二、迈向数字政府与智慧治理的未来展望

“互联网 +”与政务的深度融合是建设数字政府的题中应有之义，也是政府改革创新的大势所趋。中央政府高瞻远瞩，统筹规划，地方政府要做好充分准备，从思维转变、跨界协同、资源整合、数据应用等方面入手，构建政策法规体系、组织保障体系、标准规范体系、信息安全体系、技术人才体系，实现“互联网 + 政务”与数字政府改革创新的顺利开展。

（一）秉持“互联网 +”思维理念，全面统筹分步实施

应当转变传统观念，秉承互联互通理念，从“跨界融合”、“用户至上”、“协作治理”等多个思路推进数字政府改革创新。“互联网 +”思维技术与政

府治理有机融合，线上服务平台与线下服务大厅紧密结合，政务外网与网络安全可控地结合。地方政府必须遵照中央关于“互联网＋政务”与数字政府的顶层设计，对改革创新全过程要有一个清晰的认识和规划，分阶段分步骤地统筹推进，不可“贪大求全”，要在不断运营中拓展功能、整合资源、协同创新。审慎硬件软件设施更新，不可“为创新而建设”，杜绝一有新政策、新思路就摊开新平台建设，应充分集约化利用各单位存量设施，促进部门系统和整体政务平台的有效对接。做好系统统一规划、信息数据打通，避免分散建设、重复投资。政府部门应当系统地思考，基于平台思维，把握信息技术红利，推动线上服务平台发展，构建“数、云、网、端”一体化的在线服务平台生态，建设扁平化、网状化的政务外网全新构架，提供多样化的公共应用云服务。① 探索政务服务 O2O（线上到线下）模式，打造公共数据共享交换平台，支撑部门间信息资源共享。

（二）构建跨部门业务协同体系，优化政务服务流程

除了“物理集合”（硬件的建设与连接）之外，“互联网＋政务”与数字政府建设更重要的是实现“化学反应”（管理的变革与应用）。由于改革工作几乎都是跨部门甚至跨层级跨区域的，涉及部门广，协调任务重，因而地方领导的执行力和协作力成为改革顺利推进的关键。各级领导干部要切实提高履职能力，着力构建跨部门业务协同体系，整合重塑原有业务流程和政务运行机制。在组织结构方面，理清部门权力与资源边界，并优化配置，破除“条块分割”藩篱，真正实现部门间的互联互通、数据共享。按照“共享为原则、不共享为例外”的要求，加快研究制定政务信息资源共享管理制度，通过“改革工作联席会议”机制统筹推动跨界协同；建立覆盖全国的数据共享交换平台体系，建设电子证照库等数据库，促进政务信息资源跨层级、跨

① 周民、吕品：《“互联网＋”政务外网——新时期国家电子政务外网发展思路》，《电子政务》2015 年第 8 期。

部门、跨地区的畅通流动和业务的高效协同。① 在业务流程方面，依托部门权力清单、责任清单及审批、服务事项目录，绘制跨部门业务流程图。理清各职能部门功能与业务流程之间的逻辑关系，改变以往以人为中心的线性序列，按业务流程先后顺序进行整合，以"行政效率+服务体验"为导向，通过合并、删除来优化调整原有流程，确保信息数据按照合理的政务逻辑流动。②

（三）整合政务信息资源，统一技术与服务标准规范

信息鸿沟是数字政府建设过程中的最大障碍之一，各部门软硬件基础设施的重复建设是"互联网+政务"数字政府改革推进中的最大浪费。当前，政务信息化正朝着平台化、融合化、协同化的趋势发展。政务资源集约化整合是协同共享的重要支撑，通过信息基础设施的集约化建设，搭建统一标准的政务服务平台、数据共享交换平台、信息资源管理平台等，实现政务云、网站平台与移动端的有机融合。政府应建立起以首席信息官为核心的政务信息化领导小组，完善配套管理制度建设，以领导力加制度力引导跨部门业务的无缝链接。此外，改革创新的关键在于标准化建设，即做到审批、服务和监管的标准化，做到"同一事项、同一标准、同一编码"，一方采集，多方使用，实现"服务质量标准化、服务方式规范化、服务过程程序化"。技术与服务标准规范的统一，应当在充分考察实践经验基础上，结合国家层面与地区层面的实际情况通盘考虑，建立起行之有效的全国通用标准与制度规范。只有标准通用，方能实现政务服务异地申请和异地办理，打破传统区域界限，节省行政成本，真正利企便民。

---

① 周民、贾一苇：《推进"互联网+政务服务"，创新政府服务与管理模式》，《电子政务》2016年第6期。

② 孟川锦：《"互联网+政务服务"：以数据为核心的政务改革》，《中国行政管理》2016年第7期。

（四）深化政务数据应用，让人民群众有更多获得感

政府部门应注重政务数据挖掘应用，变“数据池”为“总车间”，让数据“活起来”、“动起来”，应用大数据分析技术、机器学习的人工智能技术，重塑政府运行机理与服务生态，由粗放式服务供给向精准化转变，促进政务决策科学化、产品供给精准化、政务服务高效化。通过对用户数据与业务数据的采集、交换、分析、整合、挖掘，变被动服务为主动服务，在化解群众“找谁办”、“去哪办”、“怎么办”疑惑的同时，更好地满足群众个性化、多样化和定制化的政务服务需求。① 政府部门要摒弃传统的“官本位”思想，树立“群众导向”的价值观，从需求端出发推动政务服务的供给侧改革。坚持“群众点菜，政府端菜”，持续扩充和更新线上线下服务内容，满足办事企业和群众需求；注重人性交互，简化办事流程，增强用户粘性，提升用户体验；扩大服务覆盖的渠道和区域；开展“互联网＋政务服务”效果的第三方评估，有效收集群众对服务需求和满意度的意见建议，设置群众监督岗，及时发现和解决政务服务中存在的问题。

① 陈潭、邓伟：《大数据驱动“互联网＋政务服务”模式创新》，《中国行政管理》2016年第7期。

第十章　改革行政监督与行政监察体制

行政监督是行政体制中的重要内容，行政监察体制改革则是行政体制改革中的关键一环。在一定意义上，行政监督不仅立足于行政体制内部，而且涉及行政体制外部的社会政治主体，因此，行政监督存在着广义和狭义区分。从广义的角度看，行政监督是各种社会政治主体，包括立法机关、行政机关、司法机关、政党、社会团体、新闻舆论等，对政府及其公务员的行政行为进行的监察和督导。从狭义的角度看，行政监督则是指行政机关内部对自己的机构及其公务员进行的监察和督导。显然，行政监督旨在监督行政，无论行政体系内部的监督还是行政体系外部的监督，都指向行政机关及其公务员。行政监督不仅关系到行政管理之科学、民主和效率，而且，直接关系到行政客体的社会公平和正义。

中国共产党历来重视行政监督的作用，并将其置于公权力运行和监督的整个体系中。习近平总书记指出："要以规范和约束公权力为重点，加大监督力度，加强党内监督、人大监督、民主监督、行政监督、司法监督、审计监督、社会监督、舆论监督，努力形成科学有效的权力运行制约和监督体系，增强监督合力和实效，做到有权必有责、用权受监督、违法必追究。"①行政监督不仅构成权力监督体系的重要一环，而且，行政监督的实效直接影响到国家治理体系和治理能力的现代化。中国特色社会主义行政监督体制在实际行政管理中发挥着愈益重要的积极作用，但是，由于社会经济发展，行政监督体制中存在着与国家治理现代化不相适应的地方，"要把促进社会公

① 《习近平总书记系列重要讲话读本》，学习出版社、人民出版社 2014 年版，第 97 页。

平正义、增进人民福祉作为一面镜子，审视各方面体制机制和政策规定，哪里有不符合促进社会公平正义的问题，哪里就需要改革；哪个领域哪个环节问题突出，哪个环节哪个领域就是改革的重点。”[①] 党的十八大以来，国家监察委员会从成功试点走向制度设定，行政监察体制改革推动国家治理体系和治理能力现代化进一步升级。

第一节　行政监督定位：以人民为中心的权力监督

行政监督旨在监督行政，防范行政机关及其公务员的行为(决策、执行)偏离科学、民主、实效、法治的轨道，其实质是对公权力进行有效地规范和约束，保障和促进人民的权益，提高政府公信力，增强国家的合法性。行政监督充分体现了社会主义国家人民与权力之间辩证统一的关系。习近平总书记正是从人民与权力辩证统一的角度出发，论述行政监督与行政监察体制改革在国家治理体系现代化中的定位和作用。

一、行政监督与行政监察体制改革要以人民为中心

首先，“我们的权力是人民赋予的”，权力运行和监督要以人民的利益为根本。行政监督与行政监察体制改革要充分体现这种人民性。习近平总书记指出：“不论行政体制怎么改，政府职能怎么转，为人民服务的宗旨不能变”，“各级党政组织、各级领导干部手中的权力是党和人民赋予的，是上下左右有界受控的，不是可以为所欲为、随心所欲的。”[②] 行政机构及其公务员的权力来自于人民授权，任何行政行为都要以人民利益为基本出发点，任何损害人民利益的

① 《习近平总书记系列重要讲话读本》，学习出版社、人民出版社 2014 年版，第 77 页。
② 《习近平总书记系列重要讲话读本》，学习出版社、人民出版社 2014 年版，第 97 页。

行政行为都应予以制止和纠正。“推进任何一项重大改革，都要坚持‘以百姓心为心’，都要站在人民立场上把握和处理好涉及改革的重大问题，都要从人民利益出发谋划改革思路、制定改革举措。”① 坚持人民至上、人民利益高于一切，坚持人民为中心的发展，是行政监督与行政监察体制改革的基本出发点。

其次，中国共产党始终站在人民立场上，人民立场是中国共产党的根本政治立场，是马克思主义政党区别于其他政党的显著标志。党是人民利益的集中体现者、真实反映者和具体实现者。中国共产党是执政党，党领导国家进行社会主义现代化建设，“党政军民学，东西南北中，党是领导一切的”②，党在执政和领导过程中，始终以人民利益为根本利益。党的领导包括对行政机关及其公务员的领导，行政监督与行政监察体制都要坚持党的领导，同样要坚持党的人民立场。

再次，行政监督与行政监察体制的监督实效如何最终要由人民进行评判。2013 年 12 月 26 日，习近平在纪念毛泽东同志诞辰一百二十周年座谈会上讲话说道，坚持群众路线，就要真正让人民来评判我们的工作。“执政者在草野”，任何政党的前途和命运最终都取决于人心向背。“人心就是力量”，我们党的党员人数，放在人民中间还是少数。我们党的宏伟奋斗目标，离开了人民支持就绝对无法实现。我们党的执政水平和执政成效都不是由自己说了算，必须而且只能由人民来评判。人民是我们党的工作的最高裁决者和最终评判者。如果自诩高明、脱离了人民，或者凌驾于人民之上，必将被人民所抛弃。任何政党都是如此，这是历史发展的铁律，古今中外概莫能外。③ 行政监督与行政监察体制改革的实效如何同样要由人民来进行评判，具体制度设计应纳入人民群众的意见和建议。

最后，现实行政管理实践中仍存在着与国家治理体系现代化不相适应的

① 《习近平总书记系列重要讲话读本》，学习出版社、人民出版社 2014 年版，第 78 页。

② 习近平：《决胜全面建成小康社会　夺取新时代中国特色社会主义伟大胜利——在中国共产党第十九次全国代表大会上的报告》，人民出版社 2017 年版，第 20 页。

③ 《习近平谈治国理政》，外文出版社 2014 年版，第 29 页。

地方，例如行政监督与行政监察不到位，这些行政行为最终损害的是人民利益，损害的是社会公平正义。“我们党推进全面深化改革的根本目的，就是要促进社会公平正义，让改革发展成果更多更公平惠及全体人民。……特别是随着我国经济社会发展水平和人民生活水平不断提高，人民群众的公平意识、民主意识、权利意识不断增强，对社会不公问题反映越来越强烈。全面深化改革必须以促进社会公平正义、增进人民福祉为出发点和落脚点。”① 行政监察体制改革要遵循促进社会公平正义和增进人民福祉的基本目标。

二、行政监督与行政监察体制改革在国家治理体系中具有重要作用

当中国进入 21 世纪的第二个十年，国内外形势出现了新的变化，中国的改革面临着前所未有的挑战，当然，国家同样面临着发展的机遇。在新时代的背景下，以习近平为核心的党中央高瞻远瞩，提出了国家治理体系和治理能力现代化的基本命题。“国家治理体系和治理能力是一个国家制度和制度执行能力的集中体现。国家治理体系是在党领导下管理国家的制度体系，包括经济、政治、文化、社会、生态文明和党的建设等各领域体制机制、法律法规安排，也就是一整套紧密相连、相互协调的国家制度；国家治理能力则是运用国家制度管理社会各方面事务的能力，包括改革发展稳定、内政外交国防、治党治国治军等各个方面。”②

从国家治理体系的角度看，行政监督与行政监察体制是国家制度体系中的重要环节，具有重要的制度定位。首先，行政监督与行政监察体制要坚持党的领导。中国共产党的执政地位和领导地位是当代中国国家治理体系制度

---

① 《习近平总书记系列重要讲话读本》，学习出版社、人民出版社 2014 年版，第 76—77 页。

② 《习近平总书记系列重要讲话读本》，学习出版社、人民出版社 2014 年版，第 73 页。

中的关键。“党是我们各项事业的领导核心……党中央作出的决策部署，党的组织、宣传、统战、政法等部门要贯彻落实，人大、政府、政协、法院、检察院的党组织要贯彻落实，事业单位、人民团体等的党组织也要贯彻落实，党组织要发挥作用。”①“在我国政治生活中，党是居于领导地位的，加强党的集中统一领导，支持人大、政府、政协和法院、检察院依法依章程履行职能、开展工作、发挥作用，这两个方面是统一的。要改进党的领导方式和执政方式，保证党领导人民有效治理国家；扩大人民有序政治参与，保证人民依法实行民主选举、民主协商、民主决策、民主管理、民主监督；维护国家法制统一、尊严、权威，加强人权法治保障，保证人民依法享有广泛权利和自由。巩固基层政权，完善基层民主制度，保障人民知情权、参与权、表达权、监督权。健全依法决策机制，构建决策科学、执行坚决、监督有力的权力运行机制。各级领导干部要增强民主意识，发扬民主作风，接受人民监督，当好人民公仆。”②行政监督与行政监察体制要维护党的领导地位，党则统筹领导行政监督与行政监察体制。其次，行政监督与行政监察体制指向行政机构及其公务员，即狭义上的政府。习近平同志特别强调要更好地发挥政府作用，提升有效的政府治理，全面正确履行政府职能，使政府能够实现科学的宏观调控，加强和优化公共服务，推动可持续发展。③因此，行政监督与行政监察体制改革要服务于政府职能转变的需要，要服务于提升政府治理的需要，要服务于实现社会公平正义。再次，行政监督与行政监察体制改革要与党的反腐败斗争做到无缝结合。在行政官员体系中，中共党员的比重占全体行政官员比重的95%以上，且领导地位越高，中共党员干部所占比例越高。中国共产党自十八大以来加强了反腐败力度，行政监督与行政监察体制改革要配合党的反腐败斗争，要将廉政建设贯穿始终，建设清廉型政

① 《习近平谈治国理政》，外文出版社2014年版，第396页。

② 习近平：《决胜全面建成小康社会　夺取新时代中国特色社会主义伟大胜利——在中国共产党第十九次全国代表大会上的报告》，人民出版社2017年版，第18页。

③ 《十八大以来重要文献选编》（上），中央文献出版社2014年版，第500页。

府。最后，行政监督连接着国家和社会、政府和人民，行政监督的有效运转能够进一步增强国家和社会的互动。

首先，行政监督与行政监察体制要着眼于政府的工作效率和服务水平。习近平指出，“在服务中实施管理，在管理中实现服务。要加强公务员队伍建设和政风建设，改进工作方式，转变工作作风，提高工作效率和服务水平，提高政府公信力和执行力。”① 政府是为人民服务的国家机关，政府要提高服务水平和工作效率。行政监督与行政监察体制要聚焦在政府行政作风和行政行为上，要以提高政府行政效率为重点。其次，行政监督与行政监察要以规范权力行使为内容。习近平指出，“该管的事一定要管好、管到位，该放的权一定要放足、放到位，坚决克服政府职能错位、越位、缺位现象，要深化行政审批制度改革，推进简政放权，深化权力清单、责任清单管理，同时要强化事中事后监管。”②“转变政府职能，深化简政放权、创新监管方式，增强政府公信力和执行力，建设人民满意的服务型政府”。③ 最后，行政监督与行政监察体制要防范公权力滥用，要将政风建设放在第一位，坚决打击任何形式的权力寻租行为。“优良的行政生态有赖于常态化、法治化的行政监督，自律不能代替监督，必须将‘不能腐’的制度框架扎进扎牢，尽最大可能减少和消除权力寻租空间。”④

三、行政监督与行政监察体制改革在制度上要实现合力监督

习近平在论述党和国家监督体系时，特别指出监督的合力作用。“要以

① 《习近平总书记系列重要讲话读本》，学习出版社、人民出版社 2014 年版，第 178 页。

② 《习近平关于全面建成小康社会论述摘编》，中央文献出版社 2016 年版，第 67 页。

③ 习近平：《决胜全面建成小康社会 夺取新时代中国特色社会主义伟大胜利——在中国共产党第十九次全国代表大会上的报告》，人民出版社 2017 年版，第 39 页。

④ 中国行政管理学会课题组：《习近平新时代中国特色社会主义行政管理体系建设思想研究》，《中国行政管理》2018 年第 6 期。

规范和约束公权力为重点，加大监督力度，加强党内监督、人大监督、民主监督、行政监督、司法监督、审计监督、社会监督、舆论监督，努力形成科学有效的权力运行制约和监督体系，增强监督合力和实效，做到有权必有责、用权受监督、违法必追究。”第一，行政监督与监察体制离不开党的监督，党是执政党，党的自我净化能力对于国家的领导具有关键性的作用。第二，人民是国家公权力的来源，要让人民监督权力，让权力在阳光下运行，把权力关进制度的笼子里。第三，要强化自上而下的组织监督，改进自下而上的民主监督，发挥同级相互监督作用。第四，深化国家监察体制改革，将试点工作在全国推开，组建国家、省、市、县监察委员会，同党的纪律检查机关合署办公，实现对所有行使公权力的公职人员监察全覆盖。制定国家监察法，依法赋予监察委员会职责权限和调查手段，用留置取代“两规”措施。第五，改革审计管理体制，完善统计体制。总之，要构建党统一指挥、全面覆盖、权威高效的监督体系，把党内监督同国家机关监督、民主监督、司法监督、群众监督、舆论监督贯通起来，增强监督合力。

四、行政监督制度发展：以问题为导向的改革取向

当前中国改革进入深水区，面临着前所未有的挑战，政府在某些方面出现了一些问题，直接影响到国家治理体系和治理能力现代化，强化行政监督、改革行政监察体制刻不容缓，以习近平为核心的党中央一再强调权力监督的重要性而且在权力监督体制方面作出了重大的改革。

行政监督与行政监察体制改革首先是由现实生活中的问题倒逼而来，这也是权力监督制度发展的一个特性。习近平总书记在谈到深化改革时指出，改革是由问题倒逼而产生，又在不断解决问题中而深化。35 年来，我们用改革的办法解决了党和国家事业发展中的一系列问题。同时，在认识世界和改造世界的过程中，旧的问题解决了，新的问题又会产生，制度总是需要不

断完善，因而改革既不可能一蹴而就，也不可能一劳永逸。要有强烈的问题意识，以重大问题为导向，抓住重大问题、关键问题进一步研究思考，找出答案。

当前党和国家机构设置和职能配置中存在着一些问题，诸如："一些领域党的机构设置和职能配置还不够健全有力，保障党的全面领导、推进全面从严治党的体制机制有待完善；一些领域党政机构重叠、职责交叉、权责脱节问题比较突出；一些政府机构设置和职责划分不够科学，职责缺位和效能不高问题凸显，政府职能转变还不到位；一些领域中央和地方机构职能上下一般粗，权责划分不尽合理；……一些领域权力运行制约和监督机制不够完善，滥用职权、以权谋私等问题仍然存在；……这些问题，必须抓紧解决。"① 因此，行政监督与行政监察体制改革势在必行。

国家治理体系中的关键问题则是领导制度和组织制度问题，习近平强调"领导制度、组织制度问题更带有根本性、全局性、稳定性和长期性。"② 从邓小平同志强调领导制度的重要性，到习近平同志对领导制度、组织制度问题进行全面论述，中国共产党在权力监督问题上迈出了坚实的步伐，即抓领导干部建设、抓组织建设，这两个方面的推进对行政监督体制改革具有基础性的作用。

第二节　构建起全方位行政监督体系

党的直接领导、人民的主体性地位、制度的刚性制约，从而构成了行政监督的效果，构建行政监督的三大原则。为了更好地构建起一个全方位的行政监督体系，需要我们从组织自身（上级对下级、同级之间）的角度、人民

① 《中共中央关于深化党和国家机构改革的决定》，《人民日报》2018 年 3 月 5 日。

② 《习近平总书记系列重要讲话读本》，学习出版社、人民出版社 2014 年版，第 74 页。

群众的角度进行监督。全方位的监督包括自上而下的组织监督、自下而上的民主监督以及同级之间的平行监督。

一、自上而下的组织监督

我国的行政监督涉及的对象是全方位的，包括法律监督、民主监督、审计监督、司法监督、舆论监督等，在涉及各种不同的对象时，他们对于行政权力的监督具有重要的作用，但是行政组织自身自上而下的组织监督是处于核心地位的，如果行政组织自身不对自身进行强有力的监督，最终肯定会导致对权力监督的无序、弱化甚至是无效。

在《中国共产党党内监督条例》中，对于党内监督以及其监督职责的规定，形成了一套自上而下、自下而上的全方位监督体系，对比于自下而上的监督方式，习近平总书记一针见血地指出，“上级对下级尤其是上级一把手对下级一把手的监督最管用、最有效”，并多次强调要强化自上而下的党内监督。

在《党章》中，对于形成自上而下的组织监督有明确的文本规定，比如第十条规定：“党是根据自己的纲领和章程，按照民主集中制组织起来的统一整体。”第十五条规定：“党的下级组织必须坚决执行上级组织的决定。”通过把自上而下的组织监督形式写进党的根本大法中，既明确了上级组织拥有的监督管理权限，更是有利于加强上级监督的权威，从而使得自上而下的这种组织监督形式真正发挥最管用、最有效的作用。

（一）自上而下的监督直接涉及党员干部的切身利益

党员干部的利益获取与上级领导干部的认可有强相关的联系，为了实现自身党员干部的利益最大化，党员干部会尽量与上级组织的步伐保持一致。从而自上而下的监督能够使得党员干部自觉在规范的范围内工作，做到不逾矩。

（二）上级对下级组织工作内容的熟悉度更高、契合度更强，能够实现针对性、专门性的监督

习近平总书记指出：“纪委是党内监督的专门机关，是管党治党的重要力量。”习近平总书记强调：“纪委监督重点是履行监督执纪问责的职责。”这是下级民主监督和同级直接监督所不能比拟的组织优势，对于组织中出现的专业工作和不同的人员职务分工，上级组织能够有一个更加准确的了解。从而更便利监督工作的开展。

（三）自上而下的组织监督有利于优化管理，实现效率最优

《条例》规定各级党组织主要负责人应多过问、多了解下级党组织主要负责人的日常思想、工作、作风、生活状况，多注意干部群众对其问题的反映，发现苗头、倾向要及时咬耳扯袖。由于上下级之间同属于一个利益团体，从而使得监督产生的组织利益能够最大程度的返回至组织系统之中。这既有利于组织中每一个党员干部，更有利于组织的发展扩大，为了追求组织的最大效益，也会激发自上而下的组织监督产生最优的监督效果。

自上而下的监督是以权力监督权力，正确理顺权力的授予关系，做好自上而下的监督，就能有效地施行监督。

二、自下而上的民主监督

习近平总书记在党的群众路线教育实践活动工作会议上讲话提到：“我们党来自人民、植根人民、服务人民，党的根基在人民、血脉在人民、力量在人民。失去了人民拥护和支持，党的事业和工作就无从谈起。党要继续经受住执政考验、改革开放考验、市场经济考验、外部环境考验，就必须始终密切联系群众。在任何时候任何情况下，与人民同呼吸共命运的立场不能变，全心全意为人民服务的宗旨不能忘，群众是真正英雄的历史唯物主义观

点不能丢，始终坚持立党为公、执政为民。”①

共产党执政的目的在于为人民服务，因此，党在权力行使过程中，人民当然有权力进行监督。民主监督具有独特的优点：

（一）民主监督具有广泛性

人民群众人数众多，监督范围广泛，能够对于党员干部的各个方面进行监督。群众的眼睛是雪亮的，我们从各方面取得的成果显示，群众在反腐败斗争中发挥了不可磨灭的作用。

（二）民主监督具有多元性

民主监督的形式多种多样，比如直接检举揭发、网上监督、信访等多种方式。群众的积极性也在不断的提高，促使监督良好运行。

（三）民主监督具有直接性

一般情况是群众拥有直接性的证据证明官员的贪污腐败现象，这种方式使得群众监督具有时效性，且将引起群众的大范围信息的扩散和传播，这样就易引起政府相关部门的注意，也更有利于快速地进行相关的调查和惩戒。

虽然民主监督具有如上所述的各类优点，但是同样不能忽视它产生的各类弊病。首先，民主性的监督其本身并不具备权力的性质，并不能直接对于一些贪污腐败现象进行调查和惩处，它必须借助于一定的机关机构，才能实现其监督的职能。因而单就其本身的监督而言，并不具有震慑力。此外，民主监督的形式不具有法律的约束力，它不能对于行政机构采取及时制止的强制性措施，一般是在事后进行监督，对于事前和事中的监督常常不足，无法对于反腐产生的经济损失进行及时的弥补。最后，民主监督的形式也常常伴随着群众情绪化的渲染，有时并不具有确凿的证据。

① 《习近平谈治国理政》，外文出版社 2014 年版，第 369 页。

因而对于民主监督的优点和弊端，需要我们对其有个相对辩证的观点。既要发挥好民主监督的优势，又要注意区分民主监督同无理干涉、非法干涉的区别，正确发挥好民主监督的作用。

民心所向，胜之所往。我们国家的政党政权的前途命运与人民的支持与否密切相关，政党政权的腐败将会导致人民群众对政权的不满，而这种不满的持续宣泄将会导致政权合法性危机，从而影响国家长治久安。我们应当及时站在人民的立场上思考，及时解决民众深恶痛绝的腐败问题，为人民群众检举监督腐败现象提供制度性的平台，从而能够及时回应群众的关切，加强群众对于国家政权制度的信任，做到党始终立党为公、执政为民。

党员干部的日常生活也在人民群众中，群众也能够以最便利、最快捷的方式掌握干部动态。让人民群众更多地去参与、监督党和党的各项工作，最后形成一把以人民的名义反腐败的利剑，真正做到习近平总书记提到的虚心向群众学习，真心对群众负责，热心为群众服务，诚心接受群众监督，坚决整治消极应付、推诿扯皮、侵害群众利益的现象。

三、同级行政间相互监督

自上而下的组织监督与自下而上的民主监督可能会产生敷衍应付的形式主义和投机取巧的蒙混过关。因此需要健全各种监督形式，加强同级行政间的相互监督。这种监督形式亦称内部监督，是指依靠本级组织的内部机制，监督权力运行，降低执政风险，提升执政绩效的监督体制。

习近平总书记在十九大报告中强调了同级监督的重要性，这使得同级监督的职能会在未来一个相对长的时间内得到强化。发挥同级监督的职能，有其天然的优势。邓小平同志曾指出："上级不是能天天看到的，下级也不是能天天看到的，而同级的领导成员彼此是最熟悉的，对领导人最重要的监督来自党委会本身。"

我们可以看到，同级监督的形式能够对党政主要负责人进行有效监督，它可以在腐败严重性后果产生之前进行及时指正，把运动式的定期监督转变为日常工作中的经常性监督，能够对于腐败现象进行及时的制止，避免巨大的财产、人才损失。

对于当前的同级监督，虽然有其特有的监督优势，但是在现实生活中进行同级监督时也有诸多弊端。主要存在的一些问题有：不敢、也不愿意履行同级监督的职责，不希望得罪同事，想当好好先生，不希望伤害自己一个班子队伍的团结，对于身边同事存在的一些问题睁一只眼、闭一只眼。

监督是为了工作更好的开展，批评是为了避免同事犯更大的错误。对身边同事监督不是为了影响一个群体的团结，反而是为了一个团队长远的团结。通过定期召开的民主生活会，干部之间彼此进行交流沟通，互相交流意见，对于身边同事的错误敢于指正。习近平总书记指出："民主生活会要及时开，遇到重要问题或普遍性问题，需要集体批评和自我批评的，就要召开民主生活会，把事情说清楚、谈透彻。有了群众反映，接到揭发检举，经过查核确有轻微违规违纪行为，就要让犯错误的同志在民主生活会上自我检讨，大家批评帮助，共同敲响警钟。"

创新同级监督模式、强化同级监督保障，需要积极探索创新模式，借鉴相关成功经验，推动同级监督的常态化。此外，各级党员领导干部还应落实监督主体之间相互约束的政治责任，要把监督当做分内之事，不能置身事外做旁观者，在日常监督中敢于较真碰硬、敢于"红脸出汗"，发扬批评与自我批评精神，促进同级监督"阳光化"。

制度的生命力在于执行；将纪律规矩挺在前面，让同级监督发力生威，就必须让各级纪委切实地履行同级监督的职责。一方面要继续推动各级纪委专职化，配齐、配强队伍，着力提升纪检干部监督执纪能力；建立、健全同级监督机制制度，明确监督问责具体情形、方式和流程，明确履行同级监督不力、阻挠同级监督等行为的处理方式。另一方面要将同级监督与群众监督、社会监督有机结合，形成对权力监督的无缝之网，把权力真正关进制度的笼子，随时处于监督阳光之下。

第三节　国家监察体制委员会的制度建构

党的十九大报告提出，“深化国家监察体制改革，将试点工作在全国推开，组建国家、省、市、县监察委员会，同党的纪律检查机关合署办公，实现对所有行使公权力的公职人员监察全覆盖。”①国家监察体制改革是一项事关我国全局的监督体制改革，其成功推行将会在我国产生重大的影响。2018年通过的《中共中央关于深化党和国家机构改革的决定》提出，“健全党和国家监督体系，完善权力运行制约和监督机制，组建国家、省、市、县监察委员会，同党的纪律检查机关合署办公，实现党内监督和国家机关监督、党的纪律检查和国家监察有机统一，实现对所有行使公权力的公职人员监察全覆盖。完善巡视巡察工作，增强以党内监督为主、其他监督相贯通的监察合力。”②

一、党内监督和国家监察无缝衔接

2018年3月，全国两会通过了宪法修正案和监察法，组建产生了国家监察委员会，纪委和国家监察委员会合署办公，这意味着纪检监察的工作进入了新阶段，形成了党内监督和国家监察的无缝衔接。

国家监察委员会成立之前，党内监督和国家监察分署办公，有各自的划分范围。从国家过去多年的实践经验来看，分署办公的模式会产生诸多弊端，比如：无法做到对所有公权力人员的监督，监察的范围有限；反腐败力量分散，党的纪律检查机关、行政监察机关、检察机关之间的职能既各自有对应的职能范围又有交叉重叠的部分，从而不能形成合力，浪费了大量的行

① 习近平：《决胜全面建成小康社会　夺取新时代中国特色社会主义伟大胜利——在中国共产党第十九次全国代表大会上的报告》，人民出版社2017年版，第67—68页。

② 《中共中央关于深化党和国家机构改革的决定》，《人民日报》2018年3月5日。

政资源。对于监察机关而言，在职务犯罪调查过程中，集侦查权、批捕权、起诉权于一身，没有一个有效的监督机制，这都为加强监督形成合力提供了现实需要。

在我国的监督体系中，党内监督是对全体党员特别是对党员领导干部实行的监督；而国家监察，是对所有行驶公权力的公职人员进行的监督；在我国的公务员队伍中，党员的比例超过 80%，而在县处级以上的领导干部中，中共党员的比例甚至超过了 95%，这样，使得党内监督和国家监察之间具有了高度内在一致性和互补性，合署办公使得监督范围进一步扩大，形成全方位的监督。

全方位的监督，使得监督范围既能盯住“关键少数”又能管住“绝大多数”，做到对所有行使公权力的公职人员全覆盖。盯住县处级领导干部的“关键少数”，尤其是主要的领导干部，使得各级领导干部能够正确行使权力。此外，对于“绝大多数”干部的监督，纪检监察机关通过认真履行监督责任，严格落实主体责任，层层传递监督信息，监督所有公职人员。对于基层、村居人员的监督，通过赋予乡镇纪委必要的监察职能对其进行监督，能够有力消除监督范围内出现的空白和死角。

党的监督和国家监察实行无缝对接之后，一套班子、两个机构，同时实行纪检、监察两项职责。为了更好地实现机构对接之后的目标，我们更应该处理好党和监察机构两者之间的关系。一是要把握工作职责。调整后产生的监察委员会其监察的范围扩大，其工作内容涉及查处违纪、职务违法、职务犯罪方面。整合产生后的机构应当更加明确自身的工作职责。二是要做到两个机构的相互配合。纪委和监委的工作既有不同也有相同之处，他们之间是互相补充、具有高度的内在一致性的机构，在坚持党的统一领导的基础上，正确处理两者之间的关系，能够更好发挥新时代监察委员会的作用。三是要用好党规党纪和宪法法律。这既需要我们强化用党规党纪对党员干部的纪律约束，也需要用宪法、法律来确保监察委员会对所有公职人员的监察。“两个尺子”同时发力，有利于实现监督效用的最大化。

国家监察委员会的成立实现了党内监督和国家监察的统一，形成了全方位、无死角的监督形式。为了更加优化两者的职能发挥，还需要对一些老办法、老规定进行改变调整。比如以“留置”的方式取代之前纪委实行的双规的做法，这样有利于对权力的运行实现制约和监督，把权力装进制度的笼子里，这将会使得更多的贪官落马，百姓的利益也会得到切实的保障。

总的来说，“纪律之笼”和“法律之笼”的无缝对接，不管是在整合反腐败力量、加强党的统一领导上，还是在加强集中统一、形成高效权威的中国特色监察体制上都会形成新的历史起点，也必将随着时间的推移产生重大的现实意义和长远的历史意义。

二、国家监察体制改革试点

国家监察体制改革是事关我国全局的重大政治体制改革，需要从顶层设计上对政治权力和政治关系进行调整，而且进行体制改革是一项复杂且需要周全安排的过程，它涉及新机构的成立、工作人员的安排、新老工作职能的调整，这需要诸多单位如人大、政法、组织、编办等单位的彼此配合。因而为了最大程度地减少改革中出现的失误，先进行改革试点的安排，试点成功后推广到全国的办法能够确保国家监察体制改革的成功。

根据中央的规划安排，从 2016 年 12 月开始，改革的试点工作首先在北京、山西、浙江三地进行，从这三地进行实地实践效果来看，有望形成可以推广至全国的经验。三地成立监察委员会后，已初步产生了良好效果。三地整合了反腐败的资源力量，明确了监察委员会的职能职责，与执法机关和司法机关之间建立了协调衔接机制。试点省（自治区、直辖市）党委对试点工作负总责，成立深化监察体制改革试点工作小组，组长由党委书记担任。试点地区纪委细致谋划、扎实推进。各单位之间各司其职、协调配合，从而确保了如期完成试点任务。

以习近平同志为核心的党中央作出在全国推进国家监察体制改革试点的

重大决策，给我们进行改革提供了实践的机会。使得在推进改革试点的实践过程中，可以逐步总结经验、深化认识，确保改革失误性降到最低。党的十九大的召开，使得省、市、县三级监察委员会开始在全国推广，十三届全国人大一次会议通过了宪法修正案，使得监察委员会得以在国内落地生根，形成了中国特色的国家监察体制。进行国家监察委员会试点改革，对于推动全面从严治党向纵深发展、确保改革有序深入推进、加快改革步伐、强化党和国家的自我监督具有重要的意义。

三、《宪法》修正案与《国家监察法》

习近平指出，“行政监察法要体现党中央关于中央纪委、监察部合署办公，中央纪委履行党的纪律检查和政府行政监察两项职能，对党中央全面负责的精神。监察对象要涵盖所有公务员。要坚持党对党风廉政建设和反腐败工作的统一领导，扩大监察范围，整合监察力量，健全国家监察组织架构，形成全面覆盖国家机关及其公务员的国家监察体系。”①

国家监察委员会的成立，从顶层设计上来看，由原来的“一府两院”转变为现在的“一府一委两院”，这是对国家机构的重大调整，是国家权力的重新分配，因此，其存在必须拥有合法性基础，这就要求其必须于宪法有据，为了保证宪法的稳定性、保证宪法规范和社会实际的一致性，此次宪法宜采用修正案的形式来确立国家监察委员会的地位。

在此次通过的宪法修正案中，在宪法第一章“总纲”等处作了修改，在宪法第三章“国家机构”中增加一节，作为第七节“监察委员会”，规定了国家监察委员会和地方各级监察委员会的性质、地位、名称、人员组成、任期任届、领导体制、工作机制等。

监察委员会宪法地位的确立，具有重大的现实作用和历史意义，保证了

① 《习近平谈治国理政》第二卷，外文出版社 2017 年版，第 169 页。

监察委员会的独立地位，确定了它作为反腐败工作机构的性质和监督执法机关的职能定位，能够更有效的行使监督权。从宪法修改后监察委员会产生的作用来看，主要可从以下一些方面进行归纳：

（一）国家监察体制改革拥有根本法治保障

改革必须在法律的制度框架下进行，任意地进行相应改革会致使法律的权威尽失，从而易产生社会秩序的混乱。我们需要正确把握改革和法律之间的关系，改革需要在法律的制度框架内进行，而法律也需要通过改革去不断地优化整合。国家监察委员会是国家的顶层设计，对监察体制改革具有全局性、根本性的影响，确定其宪法地位是于法有据的体现，为监察委员会日后进一步的工作提供了根本的法治保障。

（二）为反腐败向纵深发展提供了制度支撑

习近平在十八届中央纪律检查委员会第二次全体会议上的讲话中提出："要继续全面加强防止和预防腐败体系建设，加强反腐倡廉教育和廉政文化建设，健全权力运行制约和监督体系，加强反腐败国家立法，加强反腐倡廉党内法规制度建设，深化腐败问题多发领域和环节的改革，确保国家机关按照法定权限和程序行使权力。要加强对权力运行的制约和监督，把权力关进制度的笼子里，形成不敢腐的惩戒机制、不能腐的防范机制、不易腐的保障机制。"① 国家监察委员会作为反腐败机构，以监察法的推出作为立法保证，通过形成巡视、派驻、监察的全方位权力监督格局，及时惩治腐败，从而达到净化政治生态的目的。

（三）形成反腐合力，取得反腐压倒性胜利

党在反腐工作中起着指挥领导的作用，党的主张在监察委员会下变成国

① 《习近平谈治国理政》，外文出版社 2014 年版，第 390 页。

家意志，据不完全统计，2005—2014 年因贪污受贿、玩忽职守等腐败行为受党政纪处分者达 1012179 人，但被移送司法机关处理的仅 38636 人，约占总数的 3.82%。国家监察委员会的成立，将使所有行使公权力的公职人员都在有效的监督范围之内。这意味着反腐败工作将进一步推进，反腐败斗争将在监察委员会的推动下取得压倒性的胜利。

四、国家监察委员会的建立

我国之前的行政监察体制机制存在的各类问题（行政监察范围窄、反腐败力量弱、纪法衔接不畅）要求我们对权力的行使和监督制约机制进行新一轮的改革探索，走出一条适合新时代中国国情的监察之路。

2016 年 11 月，中共中央办公厅印发了《关于在北京市、山西省、浙江省开展国家监察体制改革试点方案》，决定开始在三省市进行试点改革，2017 年 10 月，十九大报告提出了要健全党和国家监督体系，组建国家、省、市、县监察委员会。同月，中央办公厅印发《关于在全国各地推开国家监察体制改革试点方案》。2017 年 11 月，十二届全国人大常委会通过《在全国各地推开国家监察体制改革试点工作的决定》，开始在全国范围内进行试点改革工作。

2018 年 3 月，十三届全国人大一次会议通过《中华人民共和国监察法》，明确规定了监察机关及其职责、监察权限、监察程序以及对监察机关和监察人员的监督等重大问题。十三届全国人大一次会议通过《宪法》修正案，明确了监察委员会的性质和地位，也明确了监察委员会的领导体制和工作机制。2018 年 3 月 23 日，中华人民共和国国家监察委员会在北京揭牌，举行新任国家监察委员会副主任、委员宪法宣誓仪式。这标志着国家监察委员会开始投入运行。

国家监察委员会的主要职责在于维护党的章程和其他党内法规，检查党的路线方针政策和决议执行情况，对党员领导干部行使权力进行监督，维护宪法法律，对公职人员依法履职、秉公用权、廉洁从政以及道德操守情况进行监督检查，对涉嫌职务违法和职务犯罪的行为进行调查并作出政务处分决定，对履行职责不力、失职失责的领导人员进行问责，负责组织协调党风廉政建设和反腐败宣传等。

国家监察委员会整合了以往的监督力量，实现了对于所有公权力机关工作人员的监督。从实行的《中华人民共和国监察法》第三章规定的监督范围来看，监察机关主要对以下公职人员和有关人员进行监察：

1. 中国共产党机关、人民代表大会及其常务委员会机关、人民政府、监察委员会、人民法院、人民检察院、中国人民政治协商会议各级委员会机关、民主党派机关和工商业联合会机关的公务员，以及参照《中华人民共和国公务员法》管理的人员；

2. 法律、法规授权或者受国家机关依法委托管理公共事务的组织中从事公务的人员；

3. 国有企业管理人员；

4. 公办的教育、科研、文化、医疗卫生、体育等单位中从事管理的人员；

5. 基层群众性自治组织中从事管理的人员；

6. 其他依法履行公职的人员。

监察法对监督对象范围的规定，使得以往“狭义政府”监督变成了“广义政府”监督，实现了全方位无死角的监督范围。监察法还在“监察程序”一章，从审批权限、操作规范、调查时限等方面，对监督、调查、处置工作程序作出规定，特别是对留置措施规定了严格的程序和界限条件，保护了被调查人的合法权益。

为了保证国家监察委员会的正常运行，其运行必须坚持以下原则：

一是坚持党的领导和纪委协调的原则。国家监察体系设计要体现党的绝对领导，从组织体制上确保国家监察职能在纪委监督框架下开展。党中央、中纪委及地方党委、纪委，在国家及地方各级监察委员会设立党组、纪检组，充分发挥党在各级监察机构中的政治核心和监督作用；国家监察委员会要依据中央纪委全会的工作部署，统筹各级监察委员会工作；各级监察委员会接受党的纪律检查，模范遵守党章党规，在突出反腐执法独立性、统一性和权威性的过程中，保障党的反腐败方针、政策落实到腐败治理的各个环节。

二是坚持人民主体地位和人大监督的原则。在我国，人民的主体地位是通过人民代表大会制度实现的。因而，整合组建国家监察机构，应该由人大修改宪法有关条款和制定修改相关法律，体现职权法定、权责相适应、用权受监督的法治精神，接受全国人大及其常委会的立法监督和工作监督。

三要坚持依法治权和依法控权原则。组建国家反腐败机构体制必须做到既有利于强化对国家机器的监督，实现对国家公务人员的全覆盖，又有利于国家反腐败机构的自身监督和外部监督，包括人大监督、司法监督、社会监督等。比如监察机关查处腐败犯罪案件，就需移送检察院审查起诉；对腐败违法案件的非刑事处罚，当事人可向法院申诉，由法院依法裁判。

四要坚持独立、高效、权威原则。独立性是指反腐败机构能独立行使职权，不受外部政治压力或不当形式的干预。高效性是指能及时查办腐败案件，做到办案质量高、执法效果好，追求法律效果、政治效果、社会效果的有机统一。权威性是指反腐败机构能够得到最高政治领导层的推动，要突出党的领导权威、国家法律的权威。要健全国家监察组织架构，使其成为巩固党的执政基础、强化人民民主监督、维护国家政权安全上下贯通的战略支点。

国家监察委员会是一个全新的国家机关，权力的整合使得监察权力极大聚合，但权力导致腐败，绝对的权力导致绝对的腐败。其行使的监察权必须能够得到一定的监督和制约。从对国家监察委员会的监督制约来看，主要有以下形式可以实现相应的制约：

1. 人大监督。国家监察委员会由人民代表大会产生，对人民代表大会负责，因此也要接受人民代表大会的监督。具体而言，国家监察委员会成员由人民代表大会选举或者任命，人民代表大会可以质询、罢免、监督监察委员会成员。监察委员会由人大产生，对人大负责，接受人大监督，这是把党的监督和人民的监督有机结合在一起的重要方式。作为合署办公机构，纪委接受上级党委、上级纪委的党内监督，监察委员会接受人民代表大会的监督，本质上它是一个权责一致、接受监督制约的机构。

2. 司法监督。党的十八届六中全会强调，各级党委应当支持和保证同级人大、政府、监察机关、司法机关等对国家机关及公职人员依法进行监督。对国家监察委员会的司法监督，是在权力的分工、制衡、制约中实现的。国家监察委员会移交给检察院的案件，如果检察院认为不构成犯罪，有权撤案或者不批捕，这就是一种司法监督。对国家监察委员会做出的决定或者采取的措施，检察院有权实施法律监督，这也是一种司法监督。国家监察委员会的权力要通过各种措施和程序流程加以制约和监督。

3. 自我监督。党的十八大以来，党中央所采取的一系列反腐措施，就是党的自我监督。离开了共产党自我净化、自我完善、自我革新、自我提高的能力，无法彻底铲除腐败。国家监察委员会对所有公职人员的监督既是国家机器的自我监督，也是国家监察委员会对自身的监督。十八大之后，中纪委专门设立了对纪委工作人员实施监督的内设机构，集中力量解决“灯下黑”问题，移交司法机关处理的有十几人，纪律处分的有几十人。打铁还需自身硬，只有解决好自我监督问题，才能够增强社会公众对国家监察体制改革的信心，更好发挥监察委员会的监督功能。

4. 社会监督。民众和舆论监督也是监督国家监察委员会的有效方式。党的十八届六中全会强调，要支持民主党派履行监督职能，重视民主党派和无党派人士提出的意见、批评、建议。要认真对待、自觉接受社会监督。国家监察委员会同其他国家机关一样，也应当自觉接受包括舆论监督、民众监督在内的各种社会监督。就像《党内监督条例》所要求的那样，要“利用互联网技术和信息化手段，推动党务公开、拓宽监督渠道，虚心接受群众批评。新闻媒体应当坚持党性和人民性相统一，坚持正确导向，加强舆论监督，对典型案例进行剖析，发挥警示作用”，实现对监察委员会的有效社会监督。

5. 党的监督。国家监察委员会是一个国家机器，其党员身份的工作人员，尤其是党员领导干部当然要接受党的监督。强化对国家监察委员会的监督，也是党内监督的重要内容。党的十八届六中全会强调，监督是权力正确运行的根本保证，是加强和规范党内政治生活的重要举措。必须加强对领导干部的监督，党内不允许有不受制约的权力，也不允许有不受监督的特殊党员。要完善权力运行制约和监督机制，形成有权必有责、用权必担责、滥权必追责的制度安排。

国家监察体制改革是全面从严治党、实现党内监督与人民监督有机结合的需要。党的十八大以来的经验告诉我们，只有坚持全面从严治党，集中有效的反腐败力量，才能从根本上解决腐败问题。推进国家监察体制改革，特别是设置国家监察委员会，是全面从严治党的需要，是加强党对反腐败统一领导，形成制度化、法制化成果的需要，有利于实现党内监督与人民监督有机结合。

第十一章　建设高素质专业化公务员队伍

千秋基业，人才为本。为政之要，唯在得人；治国理政，关键在人。党的十八届三中全会通过《中共中央关于全面深化改革若干重大问题的决定》明确提出："全面深化改革的总目标是完善和发展中国特色社会主义制度，推进国家治理体系和治理能力现代化。"党的十九大报告指出，"党的干部是党和国家事业的中坚力量"，要"建设高素质专业化干部队伍"。① 党的十九届四中全会通过的《中共中央关于坚持和完善中国特色社会主义制度　推进国家治理体系和治理能力现代化若干重大问题的决定》提出"把提高治理能力作为新时代干部队伍建设的重大任务"。习近平总书记结合干部队伍建设所面临的新环境、新目标、新任务，继承并发展了党的干部队伍建设思想，对干部队伍建设作出了全面而深刻的论述，对我国干部组织路线的发展和建设高素质专业化公务员的实践产生了重要影响。本章结合新时代中国特色社会主义行政改革需要，着眼公务员管理制度创新，尤其是公务员法的最新修订精神，探讨建设高素质专业化公务员队伍的目标和途径。

第一节　我国改革开放以来的干部领导体制改革与新时代党的组织路线

邓小平曾指出，解决组织路线问题，最大的问题，也是最难、最迫切的

① 习近平：《决胜全面建成小康社会　夺取新时代中国特色社会主义伟大胜利——在中国共产党第十九次全国代表大会上的报告》，人民出版社2017年版，第64页。

问题，是选好接班人。组织路线是政党进行组织工作的根本原则和根本方针。组织路线为政治路线服务，是由政治路线决定的。组织路线在思想路线和政治路线的基础上制定，是实现思想路线和政治路线的保证。党的组织路线是党在一定历史时期内根据政治路线的需要而制定的关于组织工作总的原则和方针。它的主要内容包括党的组织原则、组织制度、组织纪律、干部政策、干部制度、干部路线、干部标准、基层组织建设的要求和党员标准等。其中最重要的是干部队伍和各级领导班子的建设，特别是培养和选拔接班人。

中国共产党在长期领导革命和建设的过程中，根据各个不同历史阶段我国社会政治、经济发展的需要，在制定政治路线的同时，也制定了服从和服务于党的政治路线的组织路线。党的组织路线的基本内容包括：坚持从严治党，坚决清除党内的腐败现象和各种不正之风，保持和发扬党的优良传统和作风；实行党政职能分开，改善党的领导制度、领导方法和领导作风，加强党的领导作用；坚持民主集中制原则，在高度民主的基础上实现高度集中，加强组织纪律性，健全党的生活，保持党在思想上的高度一致以及组织上的巩固和统一；正确执行党的干部路线和干部政策，按照德才兼备的标准培养、选拔、使用干部，要全面、准确地按照革命化、年轻化、知识化、专业化的要求，搞好各级领导班子的建设，建设一支高素质的干部队伍；加强党的基层组织建设，发挥共产党员的先锋模范作用，提高党组织的战斗力等等。坚持这条组织路线，就能够为党在社会主义初级阶段基本路线的贯彻执行提供可靠的组织保证。结合我国政治体制及行政体制改革经历的改革开放的40多年历程，对我国领导干部体制改革做一个回顾，以便更好地理解和把握新时代党的组织路线的历史使命。

一、中国特色社会主义建设前期的干部领导体制改革

伴随着我国经济体制改革的深入发展，我国政治体制及行政体制改革也经历了改革开放的40多年。对这40多年的历程，学者们根据不同的划分标

准、不同的时间阶段及任务特征有不同的时期和阶段的划分。其中有一种比较典型的是“四个阶段划分法”。如《人民论坛》上发表的《40年政治体制改革的发展脉络》一文就把中国政治体制改革划分为四个阶段：1978年至1989年的起步阶段，重在重建；1989年至2002年的调整推进阶段，重在稳定；2002年至2012年的渐进发展阶段，重在和谐；2012年至今是深化发展阶段，重在全面。[①] 这种以主要政治事件为主兼顾领导人交替为标志的划分法有一定的道理。我国干部领导体制作为政治体制改革和行政体制改革的一个重要组成部分，回顾其发展历程也大致可以划分为如下四个阶段：

（一）领导干部体制改革的起步阶段：废除领导干部终身制，实行干部队伍“四化”

这一阶段的主要时间是以十一届三中全会为起点，直到1989年春夏之交为止。与以拨乱反正、恢复重建、改革开放为主要内容的政治体制改革相适应，该阶段的领导干部体制改革主要内容是落实干部路线和方针政策，废除领导干部终身制，实行干部队伍“四化”。

1978年12月，党的十一届三中全会确立了实事求是的思想路线和以经济建设为中心的政治路线。思想路线和政治路线的实现，要靠组织路线来保证，全面系统地解决党内高度集中的领导体制就成为关系全局的战略问题。邓小平同志于1980年8月在政治局扩大会议上作了《党和国家领导制度的改革》的讲话，提出切实改革并完善党和国家的领导制度，保证党和国家政治生活的民主化，成为中国政治体制改革的纲领性文献，开启了政治体制改革的序幕。1982年12月，五届人大第五次会议通过了《中华人民共和国宪法》，规定国家、全国人大、国务院领导人连续任职不得超过两届，标志着党的干部离退休制度初步建立，废除了干部领导职务终身制，妥善解决了干部队伍严重老化问题。

① 何玉芳：《40年政治体制改革的发展脉络》，《人民论坛》2018年10月12日。

（二）领导干部体制改革的调整推进阶段：公务员制度的确立和推行

1989年动乱后，我国在政治体制改革方面进入一个调整推进的稳定时期，直到2002年的十六大，期间都是以江泽民同志为总书记的阶段。这个阶段的基本任务是以经济建设为中心，政治体制改革方面重在稳定。在党和国家领导干部体制改革方面，则是主要推行和完善我国的公务员制度。

我国公务员制度是对传统干部人事制度的改革与发展。1987年，在中国共产党的十三大上，中共中央正式提出了建立国家公务员制度的要求："进行干部人事制度的改革，就是要对'国家干部'进行合理分解，改革集中统一管理的现状，建立科学的分类管理体制；改变用党政干部的单一模式管理所有人员的现状，形成各具特色的管理制度；改变缺乏民主法制的现状，实现干部人事的依法管理和公开监督。""当前干部人事制度改革的重点，是建立国家公务员制度"。1988年3月七届全国人大一次会议通过的机构改革决定中，新组建了国家人事部。该部门的组建标志着我国公务员制度开始向实施阶段过渡。1989年开始在国务院6个部门和全国2个城市进行公务员制度的试点工作。考试录用制度、亲属回避制度、人事考核制度、人员培训制度等单项制度的实践在全国范围内试行并取得明显效果。1993年国务院发布《国家公务员暂行条例》，在各级国家行政机关中建立和推行公务员制度，这标志着我国公务员制度的初步建立。1993年11月《国家公务员制度实施方案》出台，到1997年底，我国公务员制度入轨工作基本完成。2000年6月党中央下发《深化干部人事制度改革纲要》（以下简称《纲要》），在这一《纲要》的指导下，2002年7月，党中央印发《党政领导干部选拔任用工作条例》，对干部选拔任用工作的重要原则和基本程序作出明确规定，干部人事管理向着科学化、民主化和法治化迈出关键的一步。

（三）领导干部体制改革的渐进发展阶段：改革和完善党的执政和领导

党的十六大后，胡锦涛作为总书记，开始了领导干部体制改革的第三阶段，其主要特征是渐进发展，其主要内容是继续改革和完善党的领导方式和执政方式，提高党的执政能力。主要体现为：

2004 年 9 月，党的十六届四中全会通过《中共中央关于加强党的执政能力建设的决定》，提出了构建社会主义和谐社会，提出科学执政、依法执政、民主执政，这些成为政治价值观转变的重要标志，表明党对领导方式和执政方式有了全新认识。与此相适应，围绕提高党的执政能力，党和政府都开始了围绕“优化为民服务，强化执政为民”的服务型政府建设和改革进程。

在执政党建设方面：2005 年，全党开展保持共产党员先进性教育活动，巩固了党的执政基础；完善信访工作责任制，综合运用政策、法律、经济、行政等手段和教育、协商、调解等方法，依法及时合理地处理群众反映的问题，实践执政为民，密切了党和人民群众的血肉联系。

在行政体制改革方面：2003 年 10 月，党的十六届三中全会提出要在全国范围深入践行建设服务型政府的施政目标。2005 年 3 月，十届全国人大三次会议将“努力建设服务型政府”上升为国家意志。2006 年 10 月，党的十六届六中全会通过《中共中央关于构建社会主义和谐社会若干重大问题的决定》，提出建设“公共服务体系”。2007 年 10 月，党的十七大报告提出“行政管理体制改革是深化政治体制改革的重要环节”，其目标是建立服务型政府。2008 年党的十七届二中全会提出加快行政管理体制改革、建设服务型政府的要求。而现实中，现代政府开启了服务型政府建设的各项改革，在机构、体制、机制、服务方式等方面都进行了改革和创新。

在党政领导干部体制改革方面：继续推进公务员制度的建立和完善。为解决公务员法立法层次低、公务员范围过窄等问题，对当时的公务员管理制度进行了改进。2005 年 4 月全国人大常委会通过了《公务员法》（2006 年施行），作为我国公务员管理的基础性法律。《公务员法》制定后，中央公务员主管部门就考核、培训、奖励、处分、公开遴选、调任、职务任免与升降、任职与定级等制定了一系列的相关规定。2009 年中共中央办公厅、国务院办公厅发布《关于实行党政领导干部问责的暂行规定》，对担任领导职务公务员的问责制度作了规定。此时，公务员管理制度体系不断得到完善。

（四）党政领导干部体制的深化发展阶段：以反腐败为契机，着力培养忠诚干净担当的高素质干部队伍

十八大以来，习近平总书记成为我党新的领导核心。在新的阶段，习近平总书记在理论上很好地解决了新时代的中国特色社会主义理论问题，也作出了新的四个全面的部署。在全面深化改革战略的关键时期，政治体制改革作为其中一个重要的组成部分，党政领导干部体制改革也逐步地深化。在这个时期，健全反腐败领导体制和工作机制，全面推进从严治党，贯彻落实新时代的组织路线成为新时期党政领导干部体制改革的主要内容。

在健全反腐败领导体制和工作机制方面：在2015年党的十八届三中全会作出的《关于全面深化改革若干重大问题的决定》中，政治体制改革的重点指向了协商民主、司法改革和反腐倡廉三个方面。其中反腐倡廉对于领导干部队伍的建设产生了深远的影响。2012年11月，十八大报告指出了“要坚持中国特色反腐倡廉道路，坚持标本兼治、综合治理、惩防并举、注重预防方针，全面推进惩治和预防腐败体系建设，做到干部清正、政府清廉、政治清明”。2014年10月，十八届四中全会将反腐倡廉的体制建设纳入了法治的轨道……依法全面履行政府职能、健全依法决策机制、深化行政执法体制改革、坚持严格规范公正文明执法、强化对行政权力的制约和监督，全面推进政务公开，提出要从法治建设的源头上、根本上，防范、制约和惩治腐败的产生。2017年后，我党又开始致力于纪律检查和国家监察体制改革，旨在通过建立国家监察委员会，整合反腐败资源力量，形成集中统一、权威高效的反腐败体制，形成严密的法治监督体系，有效实现对所有行使公权力的公职人员监察全覆盖。

在从严治党方面：十八大以来党不断出台新的党员管理规章，强化纪律管理，加强党的组织建设。一是坚决贯彻中央巡视制度，经常化对权力进行监督，坚决贯彻《党内问责条例》和《党内监督条例》，将政治清明与政

府清廉紧密结合，有力推动法治、廉洁的政府建设。二是出台了《中国共产党廉洁自律准则》，多次修改了《中国共产党纪律处分条例》，通过完善党内法规的途径为党员划定行为红线，要求所有党员公私分明、崇廉拒腐、尚俭戒奢、吃苦在前；党员领导干部要廉洁从政、廉洁用权、廉洁修身、廉洁齐家；要求党员遵纪纪律，“严”字当头，体现了从严治党的基本要求；三是通过实施《中华人民共和国宪法修正案》和《中华人民共和国监察法》，使依法治国的步伐更加扎实有力，正风反腐的力度空前加大。四是带动政府体制机制的改革，建立和强化权力监督体系，给权力扎牢制度笼子；建立绩效审计和民主评估制度，开放深化监督；开展各类审计，加强效能政府建设；强化法律纪律体系，加强对腐败分子的监察和惩处；各种措施共促廉洁政府和效能政府建设。

在领导干部队伍建设方面：党的十八大以来，以习近平同志为核心的党中央高度重视干部队伍建设，坚持党管干部原则，坚持新时期好干部标准，坚持德才兼备、以德为先，坚持五湖四海、任人唯贤，坚持事业为上、公道正派，不拘一格选人用人，深化干部人事制度改革，强化干部管理监督，激发干部队伍生机活力，确保党和国家各项事业顺利推进。一是破除“四唯”，不拘一格选用干部。党的十八大以来，在习近平总书记关于干部工作的一系列新理念新思想新要求指导下，“四唯”难题得到有效破解。习近平总书记明确提出“信念坚定、为民服务、勤政务实、敢于担当、清正廉洁”的好干部标准，进一步丰富和发展了德才兼备、以德为先的时代内涵，为干部选拔任用工作提供了基本遵循。改进民主推荐方式，对唯票问题“釜底抽薪”。改进竞争性选拔方式，破解“唯分”问题。改进政绩考核工作，破解“唯 GDP”问题。2014 年 6 月，中央出台《关于加强和改进优秀年轻干部培养选拔工作的意见》，优化干部成长路径，破解“唯年龄”问题。2014 年初，中央修订颁布《党政领导干部选拔任用工作条例》。层层落实新规定，着力打造选拔好干部的选人用人机制。二是完善机制，激发干部干事活力。2016 年 7 月，中办、国办印发《专业技术类公务员管理规定（试行）》、《行政执法类公务员管理规定（试行）》，深化公务员分类管理制度改革、建立公务员职务与职级并行制度，同时完善事业单位领导人员管理制度体系，从制度层面为建设一支高素质的干部队伍提供了坚强保障。三是套上“紧箍”，干部管理从严从实。为破解“带病提拔”难题，2016年8月，中办印发《关于防止干部“带病提拔”的意见》，明确实行党委书记、纪委书记在拟提任干部廉洁自律情况结论性意见上签字制度，还明确提出“凡提四必”要求，即干部档案“凡提必审”，领导干部个人有关事项报告“凡提必核”，纪检监察机关意见“凡提必听”，反映违规违纪问题线索具体、有可查性的信访举报“凡提必查”，确保人选干净、忠诚、担当。党的十八大以来，党中央坚持全面从严治吏，持续开展专项整治，不断规范清理党政领导干部在企业、社团等兼职，打出了整饬吏治的“组合拳”，净化了干部队伍。在以习近平同志为核心的党中央坚强领导下，我国干部队伍建设成效显著，选拔任用更加科学，管理监督更加严格，干部管理的“四梁八柱”制度框架基本确立，为实现中华民族伟大复兴的中国梦奠定了坚实基础。① 四是提出新时代党的组织路线。2018年7月，习近平总书记在全国组织工作会议上的重要讲话，紧紧围绕新时代党的组织路线为党的政治路线服务，统揽伟大斗争、伟大工程、伟大事业、伟大梦想，深刻阐明新时代党的组织路线，也就是全面贯彻习近平新时代中国特色社会主义思想，以组织体系建设为重点，着力培养忠诚干净担当的高素质干部，着力集聚爱国奉献的各方面优秀人才，坚持德才兼备、以德为先、任人唯贤，为坚持和加强党的全面领导、坚持和发展中国特色社会主义提供坚强组织保证。②

① 新华社记者：《建设一支宏大的高素质干部队伍——党的十八大以来干部队伍建设成就综述》，2017年9月14日，见 http://www.xinhuanet.com/2017-09/14/c_1121665672.htm。

② 谭评、吕冀平：《贯彻落实好新时代党的组织路线》，《中国纪检监察报》2018年8月16日。

二、新时代我国领导干部制度改革的基本方向

回顾历史，展望未来。十九大报告提出我国进入了中国特色社会主义建设的新时代，我国的执政党建设和领导干部建设也必将围绕国家治理体系和治理能力现代化而进行大刀阔斧的一系列改革。正如有学者预测，未来一段时期，政治体制改革将聚焦以下三个方面：一是坚持和加强党的全面领导，坚决维护习近平总书记的核心地位，保证党中央在全党的核心地位。关键要在实践中将这个原则转化为一套比较完整具体的制度保证和机制安排。二是全面推进依法治国，抓住领导干部这个“关键少数”。加大改革司法体制和运行机制的力度，健全反腐败领导体制和工作机制，依法执政，依法行政，约束公权。三是尽快实现政治参与的制度化、程序化和技术化，抓住人民群众这个“关键多数”，一切权力属于人民，不以地位、财富、关系来分配政治权力，实现多数参与、全程参与、嵌入参与和制度参与，满足中下层群众和普通党员的合理政治诉求，将人民当家作主落到实处。[①]2019年党的十九届四中全会《决定》要求把提高治理能力作为新时代干部队伍建设的重大任务。并提出，通过加强思想淬炼、政治历练、实践锻炼、专业训练，推动广大干部严格按照制度履行职责、行使权力、开展工作，提高推进“五位一体”总体布局和“四个全面”战略布局等各项工作能力和水平。坚持党管干部原则，落实好干部标准，树立正确用人导向，把制度执行力和治理能力作为干部选拔任用、考核评价的重要依据。[②] 同时提出“尊重知识、尊重人才，加快人才制度和政策创新”[③]。这些都说明，新时代我国领导干部制度改革将着重从以下方面着力进行：

---

① 何玉芳：《40年政治体制改革的发展脉络》，《人民论坛》2018年10月12日。

② 参见《中共中央关于坚持和完善中国特色社会主义制度　推进国家治理体系和治理能力现代化若干重大问题的决定》，人民出版社2019年版，第44页。

③ 《中共中央关于坚持和完善中国特色社会主义制度　推进国家治理体系和治理能力现代化若干重大问题的决定》，人民出版社2019年版，第44页。

（一）贯彻新时代党的组织路线，造就忠诚干净担当的高素质干部队伍

习近平总书记多次提出："培养造就一代又一代可靠接班人是党国事业发展的百年大计。"为此，新时代的领导干部制度改革的核心就是贯彻落实新时代党的组织路线。进入中国特色社会主义建设的新时代，我党的组织路线也就有了新时代的历史使命。新时代党的组织路线是"全面贯彻新时代中国特色社会主义思想，以组织体系建设为重点，着力培养忠诚干净担当的高素质干部，着力集聚爱国奉献的各方面优秀人才，坚持德才兼备、以德为先、任人唯贤，为坚持和加强党的全面领导、坚持和发展中国特色社会主义提供坚强组织保证"。这个组织路线与我国政治体制改革的目标和使命高度契合，是坚持和加强党的全面领导的基本组织保障。

（二）着眼政府治理现代化需要，形成分工专业、管理规范、富有活力、超高效率的公务员队伍

国家治理现代化需要有现代化的治理主体。现代化的治理主体主要体现为执政党领导的现代化、政府治理的现代化和国家治理的现代化①。而前两者主要体现为高素质的执政党党员领导干部和现代化的公务员队伍，国家治理现代化的主体则主要体现为具有民主参与意识和能力的现代国民。相比较而言，前二者居于主导型地位，对于新时代中国特色社会主义事业具有决定性作用。现代公务员制度作为政府治理的专业化和行政效率提高的明显优势，确保了政府、社会、公民等现代治理框架体系的形成和有效运转。因此，高素质高能力的公务员队伍建设是现代政府国家的一个基本标准配置。我国在治理体系和治理能力现代化的道路上，有建构高素质高能力的公务员队伍和完善公务员制度体系的问题。为此，我们需要在完善公务员的职权

① 林新典、汪文来：《国家治理主体现代化的路径分析》，《淮海工学院学报（人文社科版）》2015 年第 9 期。

配置、责任追究、权利救济等的科学化以及考试录用、选拔晋升、考核监督、福利待遇、新陈代谢等管理制度方面体系化，确保我国的公务员能力符合现代社会的治理需要和现代化的发展需要，确保政府治理的有效性和合法性。

（三）着眼新形势下具体实践需要，搞好领导干部管理制度创新

作为治理主体现代化的主要抓手，领导干部管理体制和机制的改革创新就是面向治理现代化的一个关键环节。中国共产党从成立到新中国成立初期，在党管干部原则指导下，逐步形成了一整套高度集中统一的干部管理体制。改革开放40多年来，我们的干部管理机构设置、管理权限、管理原则和方法也随着客观形势发展的需要，进行了不断的调整和改革。如建立了领导干部和业务干部的分类管理制度，实行任期制、任届制和任职年龄限制，在领导干部中普遍实现有限任职；建立领导干部任职资格考试制度；完善退出机制，疏通领导干部“下”的渠道，等等。这些改革和创新对我国的改革开放事业有着积极的作用。我们要在此基础上，认真贯彻好新时代我党的组织路线，认真做好各项干部管理制度的创新。一是在干部培育方面，要建立源头培养、跟踪培养、全程培养的素质培养体系。二是在干部选拔方面，要建立以德为先、任人唯贤、人事相宜的选拔任用体系。三是在干部管理方面，要建立管思想、管工作、管作风、管纪律的从严管理体系。四是在干部使用方面，要建立崇尚实干、带动担当、加油鼓劲的正向激励体系。五是在干部监督方面，要继续完善干部监督体系建设。要充分发挥党内监督和国家监察的一体两面；要抓住领导干部这个“关键少数”，健全对一把手的监督制度；要狠抓整改，落实主体责任，健全问责机制；要强化党员干部日常监督管理工作。六是在干部考核和问责方面，要建立和完善包括日常考核、分类考核、近距离考核等在内的全方位干部考评机制，要建立内含干部容错纠错机制的正向激励体系。只有通过这些制度创新，才能解决实际中不断存在的问题，有效地确保我党和制度的执行力和队伍的执行力。

（四）着眼于科学发展可持续，不断优化干部队伍结构

中国共产党革命和新中国建设的历史告诉我们，中国的革命和建设事业需要一代又一代的共产党人前赴后继；改革开放的历史也告诉我们，中国特色社会主义道路同样需要我们一代又一代的传承和坚持。中国特色社会主义走入新时代，更是需要有一个坚强而正确的领导核心，需要一支坚强而优秀的领导团队和干部队伍，需要有一个高素质高能力，能适应各类挑战、应对复杂局面，强有力的领导团队和执行团队。这就需要不断补充和优化我国的党员干部队伍结构，始终保持队伍的青春活力和战斗力。在这方面，我们需要注重培养专业能力、专业精神，增强干部队伍适应新时代中国特色社会主义发展要求的能力；需要大力发现储备年轻干部，注重在基层一线和困难艰苦的地方培养锻炼年轻干部，源源不断选拔使用经过实践考验的优秀年轻干部；需要统筹做好培养选拔女干部、少数民族干部和党外干部工作，尽最大可能做好民族统一战线和爱国统一战线，注重性别、民族、党派的结构优化和公平进步，以提高党员领导干部队伍的综合素质和整体能力。

（五）着眼于长治久安，在不懈的反腐败斗争中维护干部廉洁

对于一个长期执政的政党来说，对于一个现代政府来说，其最大的危险和考验还是来自于廉洁与腐败带来的民心向背，为此，干部廉洁和反腐败斗争应该是关系到长治久安、伴随执政始终的一项队伍建设工作。十八大以来，全面从严治党，实现政治清明、政府清廉是新一届领导集体达成的共识。政府治理过程中应时刻与党中央保持高度一致，坚决贯彻执行改进工作作风、密切联系群众，坚持开展反腐败斗争，既打“老虎”，又拍“苍蝇”，保持队伍的廉洁，发挥廉洁力和生命力。十九大在党员干部的廉洁从政方面作出了许多建设性的改革，我党的纪检监察部门在清洁队伍肃清腐败方面也作出了积极的努力，下一时期，一要始终保持从严治党、高压反腐的态势，发挥廉政监察的威慑力和震慑力，使党员领导干部“不敢腐”；二要不断修订和完善党规国法，完善规章制度，立好规矩，严明纪律，给权力扎牢制度

笼子，使党员干部“不能腐”；三要不断加强党员教育和管理，坚持理想信息教育，保持党员领导干部的先进性，教育所有党员公私分明、崇廉拒腐、尚俭戒奢、吃苦在前；教育党员领导干部廉洁从政、廉洁用权、廉洁修身、廉洁齐家；教育党员遵守纪律，“严”字当头，自觉拒腐。四是通过廉洁政党建设带动廉洁政府建设，推进行政体制机制改革，建立和强化权力监督体系，建立绩效审计和民主评估制度，开放深化监督；开展各类审计，加强效能政府建设；强化法律纪律体系，加强对腐败分子的监察和惩处；各种措施共促廉洁政府和效能政府建设。总之，廉洁政党和廉洁政府建设作为治理主体现代化的一个常规性途径，需要持久重视和持久建设，久久为功，坚持不懈。①

第二节　全面推进公务员管理制度创新，建设高素质专业化的一流公务员队伍

高素质专业化的一流公务员队伍建设，不仅要坚持党的正确的组织路线，坚持好干部的标准选拔，同时更需要对新时代的公务员队伍设计一套科学化法治化现代化的管理体制，也就是说我国的公务员管理制度要适应新时代的要求，与时俱进，不断进行制度创新。

一、《中华人民共和国公务员法》（2018 年修订）的新精神和新要求

《中华人民共和国公务员法》，以下简称《公务员法》(2006)，或称原《公

① 胡仙芝、胡佳妮：《我国领导干部体制改革四十年的回顾与新时代改革前瞻——以治理主体现代化的视角》，《中共福建省委党校学报》2019 年第 1 期。

务员法》，于2006年正式实施，至2018年12月29日，长达12年，对我国公务员队伍建设发挥了重大作用，但也逐步暴露出一些不适应的方面，离国家治理现代化和治理主体现代化的要求还比较遥远。十九大以后，围绕国家治理现代化的新目标，我国的公务员管理制度也在法治化、科学化和现代化的路子上迈出重要步伐。2018年12月29日，第十三届全国人大常委会第七次会议表决通过了《中华人民共和国公务员法修订草案》，后文简称《公务员法》（2018年修订），该法修订是认真贯彻习近平新时代中国特色社会主义思想、贯彻落实新时代党的组织路线、加强党对公务员工作的领导、推动中国特色公务员制度完善发展方面的最新成果，为全面建设忠诚干净担当的高素质专业化公务员队伍提供了坚强的法律保障。将《公务员法》（2018年修订）与《公务员法》（2006）进行条文对照，可以看到《公务员法》（2018年修订）体现了新时代中国特色社会主义行政改革的新精神和新要求。主要有如下几个方面：

（一）旗帜鲜明地加强了公务员制度的政治性

新修订的公务员法充分体现了党的十八大以来中央关于干部工作的新精神新要求，贯彻了党中央新时代的组织路线。旗帜鲜明地把公务员制度坚持中国共产党的领导，坚持以习近平新时代中国特色社会主义思想为指导，贯彻落实新时代党的组织路线，坚持党管干部原则，落实好干部标准等一系列政治要求写入法中。具体表现为“总则”部分的修订：其一，《公务员法》（2018年修订）将“科学发展观”和“习近平新时代中国特色社会主义思想”写入了“总则”的第四条，明确为公务员管理工作必须长期坚持的指导思想。其二，在第一条“立法目的”中，将“建设高素质的公务员队伍，促进勤政廉政，提高工作效能”的表述，修改为“促进公务员正确履职尽责，建设信念坚定、为民服务、勤政务实、敢于担当、清正廉洁的高素质专业化公务员队伍”。其三，在第二条“公务员政治属性”中，增加了“公务员是干部队伍的重要组成部分，是社会主义事业的中坚力量，是人民的公仆”的表述。其四，在第六条“公务员管理原则”中，在“坚持监督约束与激励保障并重的原则”基础上，增加了“坚持严管和厚爱结合的原则”。其五，在第七条“公务员任用”中，将“坚持任人唯贤、德才兼备”的原则扩展为“坚持德才兼备、以德为先，坚持五湖四海、任人唯贤，坚持事业为上、公道正派”，并强调“突出政治标准”。其六，新增第十条，规定“公务员工资、福利、保险以及录用、奖励、培训、辞退等所需经费，列入财政预算，予以保障”，提高了公务员的劳动保障。① 以上修改充分明确了公务员是干部队伍的重要组成部分，是社会主义事业的中坚力量，是人民的公仆，大大强化了公务员的政治属性。在公务员的任职条件、义务、任用、考核、培训等重要环节突出政治标准、强化政治素质。这些修改和完善，集中体现了公务员政治性、先进性、示范性的要求，必将有力地促进公务员队伍的政治建设和思想建设。②

（二）大大增强了高素质和专业化的要求

新修订的公务员法充分体现了公务员制度改革新要求。贯彻落实党的十八届三中全会有关要求，改非领导职务为职级，建立公务员职务与职级并行制度，体现持续激励，注重倾斜基层，这是公务员制度的重大改革和完善。落实分类改革要求，按照综合管理类、专业技术类和行政执法类公务员的不同类别特点，进一步明确分类考录、分类考核、分类培训要求，规范聘任管理。这些修改和完善，有利于进一步激发广大公务员的积极性，加快推进公务员队伍的专业化建设。

（三）有针对性地着手解决公务员的积极性问题

新修订的公务员法充分体现了近年来干部人事制度改革新要求，回应了

---

① 贾海薇：《新时代公务员队伍的建设路径：科学化 + 法治化——以〈公务员法〉（修订草案）为视角》，《行政管理改革》2018 年第 12 期。

② 《人民日报》评论员：《建设高素质专业化公务员队伍的法律保障》，《中国人大》2019 年第 2 期。

现实中存在的问题。问题既是制度变革的动力，也是改革发力的方向。新修订的公务员法坚持问题导向，着力解决不作为、不担当、形式主义、官僚主义等突出问题，明确规定公务员的职务、职级实行能上能下，对不适宜或者不胜任现任职务、职级的，应当进行调整；新增专项考核，规定公务员考核指标应当根据不同职位类别、不同层级机关设置；加强与有关法律法规的有机衔接，增加监督管理公务员方面的内容，增加禁止性纪律规定，进一步扎牢从严管理公务员的制度笼子。同时，加大激励保障政策供给，完善表彰奖励、申诉控告等制度。这些修改和完善，全面贯彻了坚持严管和厚爱相结合的要求，对于加强公务员队伍的作风建设必将起到积极作用。

二、公务员法修订体现的公务员管理体系制度创新

2018 年 7 月习近平总书记在全国组织工作会议上提出要建立五个体系：第一，建立源头培养、跟踪培养、全程培养的素质培养体系。第二，建立日常考核、分类考核、近距离考核的知事识人体系。第三，建立以德为先、任人唯贤、人事相宜的选拔任用体系。第四，建立管思想、管工作、管作风、管纪律的从严管理体系。第五，建立崇尚实干、带动担当、加油鼓劲的正向激励体系。习近平总书记的论述对《公务员法》的修订及未来公务员队伍管理都具有重大的指导意义。作为国家政治体制和行政体制的一部分，新公务员法的修订体现了制度设计与本国政治、经济、社会、文化的发展方向与发展现状相适应，体现了未来的变化趋势要求和适应性要求，在公务员管理的各个环节都有着较好的制度创新和改革。以上变革主要体现为公务员管理的六个环节和方面：

（一）进入与退出方面的制度创新

公务员队伍在人员上既要保持一定的稳定性，又要具有一定的流动性，在进入与退出两个端口进行制度创新，可以更好地实现新旧交替。《公务员

法》（2018年修订）继续秉承2006年《公务员法》“公开考试、严格考察、平等竞争、择优录取”的原则，按照“综合管理类、专业技术类、行政执法类”分类考试与分类选拔。《公务员法》（2018年修订）在录用方面共有七个创新：

第一，第十二条公务员应具备的条件中，在“拥护中华人民共和国宪法”基础之上，增加了“拥护中国共产党领导和社会主义制度”的必备条件。

第二，第二十四条增加了“国家对行政机关中初次从事行政处罚决定审核、行政复议、行政裁决、法律顾问的公务员实行统一法律职业资格考试制度，由国务院司法行政部门商有关部门组织实施”的要求。

第三，第二十五条“不得录用为公务员”的人员类型中，增加了“曾被开除中国共产党党籍且未重新加入”与“正被列为失信联合惩戒对象”的两种人员类型。

第四，第二十九条将“考试内容根据公务员应当具备的基本能力和不同职位类别分别设置”修改为“考试内容根据公务员应当具备的基本能力和不同职位类别、不同层级机关分别设置”。

第五，对聘任制进行了更为具体的规定，允许对“专业性较强的职位”和“辅助性职位”实行聘任制，并限定“涉密岗位不能实行聘任制”，将试用期由原先的“一个月至六个月”改为“一个月至十二个月”。

2002年，中共中央发布《党政领导干部选拔任用工作条例》，规定党政机关部分专业性较强的领导职务实行聘任制。2006年的《公务员法》将该制度纳入法律文本。聘任制可以较快吸收高端专业技术人员进入公务员队伍。以上改革一是有利于以高薪激励用人留人；二是有利于以较低薪酬录用受教育程度与工作内容相匹配的人员，整体上降低行政人力成本；三是有助于用人单位与被聘用人员“能聘能辞”与“能进能退”，增强用人弹性。

第六，第一百零九条规定：“在公务员录用、聘任等工作中，有隐瞒真实信息、弄虚作假、考试作弊、扰乱考试秩序等不正当行为的，由公务员主管部门根据情节作出考试成绩无效、取消资格、限制报考等处理；情节严重的，依法追究法律责任。”这是针对近年来公务员招考中出现的一些乱象，进一步明确了法律责任和惩罚措施。

第七，第四十七条增加“社会遴选”，规定“厅局级正职以下领导职务出现空缺且本机关没有合适人选的，可以通过适当方式面向社会选拔任职人选”；第七十条明确“公开选调”，规定“国有企业、高等院校和科研院所及其他事业单位、人民团体和群众团体中从事公务的人员，可以调入机关担任领导职务或者四级调研员以上及其他相当层次的职级”。这两条规定打开了其他队伍中的精英进入高层公务员队伍的大门，为高层公务员的选拔开辟了新渠道，可以有效解决内部层层晋升的行政人员“年龄太大、学历较低、知识陈旧”等问题，同时为高层公务员增加了竞争动力，形成“鲶鱼效应”。

2018 年 12 月的《公务员法》的修订，体现出对公务员队伍建设“严把入口关”的法治精神，在退出方面则与原《公务员法》保持一致，形成了良好的政策规定的延续性。其中，灵活的退休时间规定有助于配合此次党和政府机构改革的深度推进。

（二）职务与职级方面的制度创新

《公务员法》（2018 年修订）将 2006 年的《公务员法》第三章“职务与级别”修改为“职务、职级与级别”，详细规定了领导职务、职级层次的划分标准。

《公务员法》（2018 年修订）的重大修改在第十六条，“国家根据公务员职位类别和职责设置公务员领导职务、职级序列”，把原《公务员法》设置的领导职务、非领导职务调整为领导职务、职级。领导职务的层次与原《公务员法》的设置相同，仍然是从国家级到乡科级五等十级，但职级由非领导职务中最高的巡视员到最低的办事员四等八级，调整为从一级巡视员到二级科员四等十二级，为公务员的晋升提供了一个更为广阔的空间。

第二十条将原《公务员法》规定的“公务员领导职务、职级与级别的对应关系，由国务院规定”改为“由国家规定”，进一步明确了国家的政治主体地位；并规定“根据工作需要和领导职务与职级的对应关系，公务员的领导职务和职级可以互相转任、兼任，符合规定资格条件的，可以晋升领导职务或者职级”，“公务员在同一领导职务、职级上，可以按照国家规定晋升级别”，明确了职务、职级之间可以同步走、单步走，也可以相互转换。

党的十六大提出职务与职级并行的构想，我国《2010—2020年深化干部人事制度改革规划纲要》予以明确。此次正式进入立法程序，将“职级”写入公务员法。职务、职级“双梯”晋升制度，为中低层公务员在职务晋升之路以外开辟了新的晋升渠道，为调动公务员的工作积极性实行更加科学的“职务+职级”的组合策略。

（三）晋升与罚降方面的制度创新

考核是现代人力资源管理的核心步骤，也是奖惩、升降的基本依据。2018年修订《公务员法》在考核方面也增加了新的要求。第三十四条在“全面考核公务员的德、能、勤、绩、廉，重点考核政治素质和工作实绩”的基础上，增加了“考核指标根据不同职位类别、不同层级机关分别设置”；第三十五条将“定期考核以平时考核为基础”扩展为“以平时考核、专项考核为基础”；第三十八条明确了“定期考核的结果作为调整公务员职位、职务、职级、级别、工资的依据”，增加了职位、职级两个内容。

晋升是人力资源管理中重要的激励手段。在公务员系统中，如果从低级职级岗升到高级职级岗，或从低级职务岗升到高级职务岗，或从同一级职级岗转为同一级职务岗，都被视为晋升，且后两种情况更具激励效果。具有职务的岗位才是核心岗位，才拥有法定的决策权与命令权。所以，《公务员法》（2018年修订）规定“公务员领导职务实行选任制、委任制和聘任制。公务员职级实行委任制和聘任制”。在职务系列增加了聘任制，并明确了职级的任用方法，对破除“四唯”观念，即唯票、唯分、唯GDP、唯年龄取人具有很好的作用。同时，《公务员法》（2018年修订）第四十五条还取消了原《公务员法》对于“越一级晋升职务”的限定，改为“越级晋升”，为特别优秀的人才创造出担任高层职务的晋升空间。

关于罚降，《公务员法》（2018 年修订）第八十七条增加了“责令辞职”，规定“领导成员因其他原因不再适合担任现任领导职务的，或者应当引咎辞职本人不提出辞职的，应当责令其辞去领导职务”。另外，第一百零七条对“公务员离职之后的行为”进行了新的限定。

（四）奖励与惩处方面的制度创新

《公务员法》（2018 年修订）第五十一条“奖励原则”中补充了“奖励坚持定期奖励与及时奖励相结合”的原则，并将第九章的“惩戒”改为“监督与惩戒”；增加了第五十七条“机关应当对公务员的思想政治、履行职责、作风表现、遵守纪律等情况进行监督，开展勤政廉政教育，建立日常管理监督制度。对监督发现的问题，应当区分不同情况，予以谈话提醒、批评教育、责令检查、诫勉、组织处理、处分”；第五十八条“公务员应当自觉接受监督，按照规定请示报告工作、报告个人有关事项”，明确了公务员应加强自我监督与接受组织监督的具体要求并规定了处理方法。第五十九条禁止性纪律规定中增加了不能“违反国家的民族和宗教政策，破坏民族团结和社会稳定”、“不担当不作为”、“违反家庭美德”等新要求，对公务员的行为管理从工作领域拓展到生活领域。第六十五条中，将“处分期满后，由处分决定机关解除处分并以书面形式通知本人”改为“处分期满后自动解除”，减少了行政监察的工作事务量，并避免发生因各种原因未收到书面通知而导致当事人的处分期“被延长”的情况。

奖惩的目的是奖勤罚懒、惩前毖后。《公务员法》关于监督与惩戒的相关规定，凸显了党和国家坚持依法管理公务员队伍的决心，切实突出了厚爱与严管并用的原则，做到事前教育、事中监管、事后惩戒。

（五）使用与培育方面的制度创新

《公务员法》（2018 年修订）突出了人力资源管理与开发并举的科学用

人育人思想，不仅强调适才适用，而且注重培训培养，首先明确了“对公务员进行分类分级培训”。未来的公务员培训将按照“综合管理类、行政执法类、专业技术类”三种类别与“职务、职级”两个系列进行专门设计。

第六十七条将培训内容扩展为“对全体公务员应当进行提高政治素质和工作能力、更新知识的在职培训”。公务员作为政府运行的具体承载人，更加需要进行全面的职业生涯规划与持续不断的工作能力培训，提高政治素质、身心素质、岗位技能，改进工作方法，特别是大数据时代的国家治理，公务员掌握数据治理技能更是迫在眉睫。

第六十九条将“挂职锻炼”从公务员交流方式中去除，只认定了“调任、转任”两种方式。第七十一条增加“上级机关应当注重从基层机关公开遴选公务员”，对基层公务员的晋升提供了制度保证。第七十二条将“根据培养锻炼公务员的需要，可以选派公务员到下级机关或者上级机关、其他地区机关以及国有企业事业单位挂职锻炼”修订为“根据工作需要，机关可以采取挂职方式选派公务员承担重大工程、重大项目、重点任务或者其他专项工作”。

第七十四条增加了“公务员不得在其配偶、子女及其配偶经营的企业、营利性组织的行业监管或者主管部门担任领导成员”的限制性规定。第七十五条将地域回避范围设定为“担任乡级机关、县级机关、设区的市级机关及其有关部门主要领导职务的”公务员，增加了“设区的市级”范围。

（六）权利与义务方面的制度创新

《公务员法》对公务员的义务与权利都进行了具体规定，并将义务列于权利之前，就是要求全体公务员能够切实认识到义务第一的职业品德要求。和原《公务员法》相比，《公务员法》(2018 年修订）没有修改权利的相关内容，但对义务内容进行了完善：一是将“模范遵守宪法和法律”完善为“忠于宪法，模范遵守、自觉维护宪法和法律，自觉接受中国共产党领导”。二是增加了“忠于国家”。三是在“全心全意为人民服务，接受人民监督”的基础上增加了“忠于人民”。四是在“遵守纪律，恪守职业道德，模范遵守社会公德”的基础上，增加了“带头践行社会主义核心价值观”与“遵守家庭美德”。

三、新时代公务员管理制度创新仍需新探索

系统谋划公务员队伍建设、科学编制党政人才发展战略规划，是为实现国家治理现代化打造高素质专业化公务员队伍的重要工作。《公务员法》的适时修订，并广泛征求意见，是我国公务员管理和队伍建设坚持走科学化、法治化道路的全面体现。《公务员法》的修订在很大程度上是巩固前期改革的创新成果，但相对于新时代的干部队伍建设要求，相对于国家治理体系和能力现代化要求的一批忠诚干净担当的高素质公务员队伍建设来说，需要建立源头培养、跟踪培养、全程培养的素质培养体系，需要建立日常考核、分类考核、近距离考核的知事识人体系；需要建立以德为先、任人唯贤、人事相宜的选拔任用体系；需要建立管思想、管工作、管作风、管纪律的从严管理体系；需要建立崇尚实干、带动担当、加油鼓劲的正向激励体系等制度。但总的来说，我们的制度体系还存在一些缺陷，如有学者认为分类管理不科学、缺乏有效的激励机制和竞争机制、对公务员行为约束无力。① 有学者认为在激励制度、退出制度、责任制度、惩戒制度四个领域存在缺陷。② 还有的学者认为即便是新修订的公务员法，其制度设计和管理规定中仍然解决不了关于基层公务员的地方性和流动性的问题，解决不了职务与职级的任命方式的协调安排问题，解决不了政社之间的“双向旋转门”的顺畅运转问题③以及诸多制度执行中涉及的公平与效率平衡等问题。这些问题都有待于今后进一步探索和推进改革。

---

① 景亭：《服务型政府视角下公务员制度的缺陷与重构》，《江苏社会科学》2007 年第 3 期。

② 翟校义：《我国公务员管理缺陷的实证分析》，《政法论坛》2010 年第 1 期。

③ 贾海薇：《新时代公务员队伍的建设路径：科学化 + 法治化——以〈公务员法〉（修订草案）为视角》，《行政管理改革》2018 年第 12 期。

总之，千秋基业，人才为本。为政之要，唯在得人；治国理政，关键在人。新时代中国特色社会主义行政改革一定要坚持和贯彻新时代党的组织路线，坚持新时代好干部的标准来选配公务员队伍，创新新时代公务员管理制度，着力培养一支高素质专业化的公务员干部队伍，不断提高干部的制度执行力和治理能力，为提高国家治理体系和治理能力现代化提供组织保障和人力保障。

参考文献

一、专著类

《马克思恩格斯全集》第18卷，人民出版社1964年版。

《马克思恩格斯选集》第1卷，人民出版社2012年版。

《列宁全集》第24卷，人民出版社1990年版。

《毛泽东选集》第1—4卷，人民出版社1991年版。

邓小平：《建设有中国特色的社会主义（增订本）》，人民出版社1987年版。

《邓小平文选》第2卷，人民出版社1994年版。

《邓小平文选》第3卷，人民出版社1993年版。

《江泽民文选》第三卷，人民出版社2006年版。

胡锦涛：《坚定不移沿着中国特色社会主义道路前进　为全面建成小康社会而奋斗——在中国共产党第十八次全国代表大会上的报告》，人民出版社2012年版。

习近平：《决胜全面建成小康社会　夺取新时代中国特色社会主义伟大胜利——在中国共产党第十九次全国代表大会上的报告》，人民出版社2017年版。

《习近平谈治国理政》，外文出版社2014年版。

《习近平谈治国理政》第二卷，外文出版社2017年版。

习近平：《之江新语》，浙江人民出版社2007年版。

《中国共产党第二次全国大会议决案》，《中共党史参考资料》，人民出版社1979年版。

中共中央文献研究室编：《十三大以来重要文献选编》上册，人民出版社1991年版。

中共中央文献研究室编：《十七大以来重要文献选编》上册，中央文献出版社

2009 年版。

中央档案馆编:《中共中央文件选集》,中共中央党校出版社 1991 年版。

中共中央宣传部:《习近平总书记系列重要讲话读本》,学习出版社、人民出版社 2014 年版。

中共中央文献研究室:《习近平关于全面依法治国论述摘编》,中央文献出版社 2015 年版。

中共中央宣传部:《习近平新时代中国特色社会主义思想三十讲》,学习出版社 2018 年版。

《中国共产党第十二次全国代表大会文件汇编》,人民出版社 1982 年版。

《中共中央关于全面深化改革若干重大问题的决定》,人民出版社 2013 年版。

《党的十九届四中全会〈决定〉学习辅导百问》,学习出版社、党建读物出版社 2019 年版。

《中共中央关于坚持和完善中国特色社会主义制度　推进国家治理体系和治理能力现代化若干重大问题的决定》,人民出版社 2019 年版。

《〈中共中央关于深化党和国家机构改革的决定〉〈深化党和国家机构改革方案〉辅导读本》,人民出版社 2018 年版。

刘智峰:《第七次革命》,中国社会科学出版社 2003 年版。

朱光磊:《当代中国政府过程(第三版)》,天津人民出版社 2008 年版。

杨小云:《新中国中央与地方关系沿革》,世界知识出版社 2011 年版。

《政府工作报告——2018 年 3 月 5 日在第十三届全国人民代表大会第一次会议上》,人民出版社 2018 年版。

《政府工作报告——2019 年 3 月 5 日在第十三届全国人民代表大会第二次会议上》,人民出版社 2019 年版。

唐鹏、孟照莉、刘琼、孙泽红:《互联网 + 政务:从施政工具到治理赋能》,电子工业出版社 2016 年版。

[印] 阿马蒂亚·森:《贫困与饥荒》,王宇、王文玉译,商务印书馆 2001 年版。

[美] 赫伯特·A. 西蒙:《管理行为》,詹正茂译,机械工业出版社 2013 年版。

[美] 奥斯特罗姆:《美国公共行政的思想危机》,毛寿龙译,上海三联书店 1999 年版。

［美］福山：《政治秩序的起源》，毛俊杰译，广西师范大学出版社 2012 年版。

［美］罗纳德·英格尔哈特：《现代化与后现代化》，严挺译，社会科学文献出版社 2013 年版。

［美］潘恩：《潘恩选集》，马清槐等译，商务印书馆 1981 年版。

［美］杰伊·M. 沙夫里茨、艾伯特·C. 海德、桑德拉·J. 帕克斯：《公共行政学经典（第五版）》，中国人民大学出版社 2004 年版。

［意］乔万尼·萨托利：《最新政党与政党制度》，雷飞龙译，韦伯文化国际出版有限公司 2003 年版。

二、期刊类

《习近平谈政府职能转变》，《开放潮》2001 年第 3 期。

习近平：《在党的群众路线教育实践活动总结大会上的讲话》，《中国纪检监督》2014 年第 20 期。

习近平：《加快建设社会主义法治国家》，《求是》2015 年第 1 期。

习近平：《在党的十八届六中全会第二次全体会议上的讲话（节选）》，《求是》2017 年第 1 期。

习近平：《加强党对全面依法治国的领导》，《求是》2019 年第 4 期。

习近平：《在新的起点上深化国家监察体制改革》，《求是》2019 年第 5 期。

《人民日报》评论员：《建设高素质专业化公务员队伍的法律保障》，《中国人大》2019 年第 2 期。

方流芳：《从法律视角看中国事业单位改革——事业单位法人化批判》，《比较法研究》2007 年第 3 期。

王成兰等：《回应性政府：构建和谐社会对政府治理模式的必然要求》，《探索》2005 年第 5 期。

王澜明：《改革开放以来我国事业单位改革的历史回顾》，《中国行政管理》2010 年第 6 期。

中国行政管理学会课题组：《习近平新时代中国特色社会主义行政管理体系建设思想研究》，《中国行政管理》2018 年第 6 期。

中国事业单位改革与非营利组织建设课题组：《我国事业单位改革：回顾与展

望》，《新视野》2004年第1期。

包国宪、霍春龙：《中国政府治理研究的回顾与展望》，《南京社会科学》2011年第9期。

左然、左源：《40年来我国机构改革的经验和启示》，《中国行政管理》2018年第9期。

石亚军：《简政放权提质增效须加速法律法规的立改废》，《中国行政管理》2016年第10期。

朱光磊、侯波：《对理顺中央地方职责关系和构建简约高效的基层管理体制的几点认识》，《中国机构改革与管理》2018年第6期。

朱旭峰、吴冠生：《中国特点的央地关系：演变与特点》，《治理研究》2018年第2期。

陈鹏：《改革开放四十年来我国机构改革道路的探索和完善》，《浙江社会科学》2018年第4期。

陈振明：《政府治理变革的技术基础——大数据与智能化时代的政府改革述评》，《行政论坛》2015年第6期。

陈潭、邓伟：《大数据驱动"互联网+政务服务"模式创新》，《中国行政管理》2016年第7期。

何增科：《政府治理现代化与政府治理改革》，《行政科学论坛》2014年第2期。

李志、兰庆庆、何世春：《习近平关于新时代干部队伍建设论述的思想蕴涵》，《重庆大学学报（社会科学版）》2018年第6期。

李莉等：《中国社会治理的制度内核分析：以社会资本为视角》，《武汉科技大学学报（社会科学版）》2015年第3期。

李宜春：《论分权背景下的中国垂直管理体制——概况、评价及其完善建议》，《经济社会体制比较》2012年第4期。

李瑞霞：《我国事业单位的发展现状与改革取向》，《学习月刊》2008年第7期（上）。

李春林、张国强、李首军：《事业单位分类改革中面临的深层次问题及其启示——来自鄂尔多斯市和包头市事业单位分类调研报告》，《中国行政管理》2008年第8期。

沈荣华:《分权背景下的政府垂直管理:模式和思路》,《中国行政管理》2009 年第 9 期。

沈荣华:《国家治理变革视角下深化政府机构改革的重点和思路》,《行政管理改革》2018 年第 4 期。

张敬荣:《事业单位改革滞后原因探析》,《山东社会科学》2007 年第 1 期。

张春林:《网络舆论监督反腐败的制度化思考》,《重庆大学学报(社会科学版)》2013 年第 3 期。

宋世明、王君凯:《我国政府机构改革历程与取向观察》,《改革》2018 年第 4 期。

宋世明:《深化党和国家机构改革推进国家治理体系和治理能力现代化》,《行政管理改革》2018 年第 5 期。

吴知论:《统筹优化地方机构设置和职能配置》,《中国机构改革与管理》2018 年第 5 期。

孟川锦:《"互联网 + 政务服务":以数据为核心的政务改革》,《中国行政管理》2016 年第 7 期。

周民、贾一苇:《推进"互联网 + 政务服务",创新政府服务与管理模式》,《电子政务》2016 年 6 期。

周民、吕品:《"互联网 +"政务外网——新时期国家电子政务外网发展思路》,《电子政务》2015 年第 8 期。

范文:《习近平新时代中国特色社会主义思想的理论框架》,《国家行政学院学报》2018 年第 2 期。

范文:《治国理政新理念新思想新战略的内在逻辑》,《行政管理改革》2017 年第 10 期。

林新典、汪文来:《国家治理主体现代化的路径分析》,《淮海工学院学报(人文社科版)》2015 年第 9 期。

竺乾威:《机构改革的演进:回顾与前景》,《公共管理与政策评论》2018 年第 5 期。

姜明安:《行政的现代化与行政程序制度》,《中外法学》2008 年第 1 期。

胡税根、王汇宇、莫锦江:《我国事业单位改革政策发展研究》,《北京行政学院学报》2018 年第 2 期。

胡仙芝、胡佳铌:《我国领导干部体制改革四十年的回顾与新时代改革前瞻——以治理主体现代化的视角》,《中共福建省委党校学报》2019 年第 1 期。

赵立波:《统筹型大部制改革:党政协同与优化高效》,《行政论坛》2018 年第 3 期。

赵立波、朱艳鑫:《事业单位改革进展、难点及推进战略》,《行政论坛》2012 年第 4 期。

曹闻民:《行政改革 30 年:中国政府发展之路》,《甘肃行政学院学报》2008 年第 6 期。

徐思远:《促进建立"四个政府"推进治理现代化——基于国家审计的功能视角》,《财政监督》2017 年第 6 期。

徐志群:《依法推进放管服改革确保改革措施全面落实》,《中国党政干部论坛》2017 年第 9 期。

贾海薇:《新时代公务员队伍的建设路径:科学化 + 法治化——以〈公务员法〉(修订草案)为视角》,《行政管理改革》2018 年第 12 期。

逯峰:《广东"数字政府"的实践与探索》,《行政管理改革》2018 年第 11 期

曾凡军、韦彬:《整体性治理:服务型政府的治理逻辑》,《广东行政学院学报》2010 年第 2 期。

景亭:《服务型政府视角下公务员制度的缺陷与重构》,《江苏社会科学》2007 年第 3 期。

翟校义:《我国公务员管理缺陷的实证分析》,《政法论坛》2010 年第 1 期。

[英] 格里·斯托克:《作为理论的治理:五个论点》,《国际社会科学(中文版)》1999 年第 2 期。

三、报纸类

中共中央国务院:《关于深化行政管理体制改革的意见》,《人民日报》2008 年 3 月 5 日。

《中共中央关于全面深化改革若干重大问题的决定》,《人民日报》2013 年 11 月 16 日。

《中共中央关于全面推进依法治国若干重大问题的决定》,《人民日报》2014 年

10月29日。

《中共中央关于坚持和完善中国特色社会主义制度　推进国家治理体系和治理能力现代化若干重大问题的决定》，《人民日报》2019年11月6日。

习近平：《领导干部要加强党性修养提高综合素质》，《人民日报》2009年3月2日。

习近平：《在十八届中央纪委三次全会上的讲话》，《人民日报》2014年1月15日。

习近平：《在省部级主要领导干部学习贯彻十八届三中全会精神全面深化改革专题研讨班上的讲话》，《人民日报》2014年2月17日。

习近平：《在庆祝中国共产党成立九十五周年大会上的讲话》，《人民日报》2016年7月2日。

《习近平在全国组织工作会议上强调建设一支宏大高素质干部队伍确保党始终成为坚强领导核心》，《人民日报》2013年6月29日。

《习近平主持召开中央全面深化改革领导小组第十次会议》，《人民日报》2015年2月28日。

陈希：《深化党和国家机构改革是加强党的长期执政能力建设的必然要求》，《人民日报》2018年3月15日。

黄坤明：《建设总揽全局、协调各方的党的领导体系》，《人民日报》2018年3月17日。

牛占元：《加快推进事业单位改革》，《人民日报》2018年5月25日。

马敏：《从历史视角看中国特色社会主义进入新时代》，《人民日报》2018年11月7日。

于长革：《加快建立新型央地财政关系》，《中国经济时报》2015年3月31日。

王晓晖：《坚持优化协同高效推进党和国家机构改革》，《人民日报》2018年3月19日。

宁吉喆：《强化对权力的制约和监督》，《人民日报》2014年12月2日。

许耀桐：《应提“国家治理现代化”》，《北京日报》2014年6月30日。

朱光磊：《“两化叠加”：中国治理面临的大难题》，《北京日报（理论周刊·新论）》2016年10月24日。

陈曙光：《新时代的划时代意义》，《人民日报》2017年10月31日。

何玉芳:《40年政治体制改革的发展脉络》,《人民论坛》2018年10月12日。

邹雅婷:《政务服务植入互联网基因》,《人民日报》2016年11月23日。

杨晓渡:《构建系统完备、科学规范、运行高效的党和国家机构职能体系》,《人民日报》2018年3月14日。

林尚立:《构建简约高效的基层管理体制》,《经济日报》2018年4月18日。

周佑勇:《从国家战略层面推进对行政裁量权基准的统一立法》,《法制日报》2016年2月24日。

郭声琨:《坚持以人民为中心推进党和国家机构改革》,《人民日报》2018年3月16日。

袁曙宏:《建设职责明确、依法行政的政府治理体系》,《人民日报》2018年4月25日。

袁家军:《深化"最多跑一次"改革加快建设数字政府》,《浙江日报》2018年6月1日。

高小平:《提升政府现代化治理能力的重要手段》,《人民日报》2016年12月16日。

楼继伟:《推进各级政府事权规范化法律化》,《人民日报》2014年12月1日。

谭评、吕冀平:《贯彻落实好新时代党的组织路线》,《中国纪检监察报》2018年8月16日。

魏礼群:《党的十八大以来社会治理的新进展》,《光明日报》2017年8月7日。

后　记

《新时代中国特色社会主义行政改革研究》一书系2018—2019年度中国行政体制改革研究会基金课题（课题编号：2018CSOARJJKT006）的结项成果之一。该课题由本人主持，中国行政体制改革研究会副会长、中共中央党校（国家行政学院）一级教授许耀桐任课题的顾问和学术指导。课题组成员有国务院发展研究中心研究员包雅钧、中共浙江省委党校副教授吴国干、中国行政管理学会副研究员曹胜、中央民族大学讲师傅景亮、福建师范大学副研究员许珍、中共北京市委党校助理研究员余茜、中共河南省委党校副教授刘祺、浙江省社会科学院助理研究员胡佳铌、中国行政体制改革研究会研究部一级主管刘非、中央党校（国家行政学院）博士研究生马长俊、李晴等。本书执笔分工情况如下：

绪　论、第一章　胡仙芝；

第二章　许珍；

第三章　李晴；

第四章　马长俊；

第五章、第九章　刘祺；

第六章　吴国干；

第七章　刘非；

第八章　包雅钧；

第十章　傅景亮；

第十一章　胡佳铌、胡仙芝。

全书由胡仙芝统稿，李晴等参与编辑校对工作。

本书付梓之际，谨代表课题组对以下方面表示真诚的谢意：感谢以主任委员魏礼群、副主任委员王满传为代表的中国行政体制改革研究会学术委员会对本课题的重视和对我们课题团队的信任委托，感谢中国行政体制改革研究会行政改革研究基金给予的课题资助和管理服务；感谢参加课题中期检查和结项评审的中国行政体制改革研究会常务副秘书长王露、北京师范大学朱光明教授、中央党校（国家行政学院）吕鸿业研究员、中央党校（国家行政学院）李军鹏教授、中国人民大学毛寿龙教授、清华大学刘精明教授、中共中央党校（国家行政学院）丁元竹教授、中国行政体制改革研究会执行局常务副主席邓文奎研究员等各位专家给予中肯而宝贵的意见建议；感谢许耀桐教授为本书作序并对课题全程的精心指导和对书稿严格审改；感谢全体课题组成员的精诚合作和不厌其烦的修改；感谢人民出版社责任编辑毕于慧的精心工作和全面支持。

中国当前处于全面深化改革的新时代，中国特色社会主义行政改革是当前中国迈向国家治理现代化的不可回避的重要议题。改革实践往往会领跑于理论研究，故虽然我等已经尽量靠近前沿，但难免还会有疏漏，文献不可能同步更新，观点也会有诸多不足，恳请各位读者的包涵、理解。欢迎为我们提出批评和建议，以便我们在今后的研究中进一步改进和提高。

胡仙芝

2020 年 7 月

责任编辑：毕于慧
封面设计：姚　菲
版式设计：严淑芬
责任校对：徐林香

图书在版编目（CIP）数据

新时代中国特色社会主义行政改革研究 / 胡仙芝等 著 . — 北京：人民出版社，2020.10（2024.12 重印）

ISBN 978－7－01－022197－7

I. ①新…　II. ①胡…　III. ①行政管理－政治体制改革－研究－中国　IV. ① D63

中国版本图书馆 CIP 数据核字（2020）第 099493 号

新时代中国特色社会主义行政改革研究

XINSHIDAI ZHONGGUO TESE SHEHUIZHUYI XINGZHENG GAIGE YANJIU

胡仙芝 等　著

人民出版社 出版发行
（100706　北京市东城区隆福寺街 99 号）

北京九州迅驰传媒文化有限公司印刷　新华书店经销

2020 年 10 月第 1 版　2024 年 12 月北京第 3 次印刷
开本：710 毫米 ×1000 毫米 1/16　印张：20.25
字数：281 千字

ISBN 978－7－01－022197－7　定价：85.00 元

邮购地址 100706　北京市东城区隆福寺街 99 号
人民东方图书销售中心　电话（010）65250042　65289539